大连外国语大学 2015 年度学科建设经费资助出版

智者不役于媒

媒介化社会的理性传播与表达

Sober Voice in the Mediatization of Society

章彦　著

中国戏剧出版社
CHINA THEATRE PRESS

图书在版编目（CIP）数据

智者不役于媒 ： 媒介化社会的理性传播与表达 / 章彦著.
-- 北京 ： 中国戏剧出版社，2017.9
ISBN 978-7-104-04539-7

Ⅰ. ①智… Ⅱ. ①章… Ⅲ. ①传播媒介－研究－中国
Ⅳ. ①G219.2

中国版本图书馆CIP数据核字(2017)第162477号

智者不役于媒：媒介化社会的理性传播与表达

项目策划：张恒军
责任编辑：王松林
项目统筹：杨晨叶
责任印制：冯志强

出版发行：中国戏剧出版社
出 版 人：樊国宾
社　　址：北京市西城区天宁寺前街 2 号国家音乐产业基地 L 座
邮　　编：100055
网　　址：www.theatrebook.cn
电　　话：010-63381560（发行部）010-63385980（总编室）
传　　真：010-63383910（发行部）

读者服务：010-63387810
邮购地址：北京市西城区天宁寺前街 2 号国家音乐产业基地 L 座

印　　刷：三河市灵山红旗印刷厂
开　　本：787mm×1092mm　1/16
印　　张：19.25
字　　数：270千字
版　　次：2017年9月　北京第1版第1次印刷
书　　号：ISBN 978-7-104-04539-7
定　　价：68.00元

前 言

20世纪末法国哲学家及社会学家波德里亚（Baudrillard）属于较早使用“媒介化”这一术语的学者之一。2009年，挪威奥斯陆大学社会学博士，著名的媒介研究学者克努特·伦德比（Knut Lundby）也在其著作《媒介化》[①]中对这一概念做出过精辟论述。现在对“媒介化”一词比较通行的英文解释中，Mediatization逐步获得了更多的认可，但在这之前有关“媒介化”的另一个词汇是Mediation（中介化）。英国传播学教授兼媒介社会学著名学者尼克·库尔德利（Nick Couldry）认为，这两个词语实际上只是反映了这类媒介研究的国别传统，他指出“媒介化”一词普遍适用于德国和斯堪的纳维亚语国家，而“中介化”则多用于英语和西班牙语国家。[②]不过出于语言的融合和使用的便利性需要等原因，“Mediatization”已经开始被广泛使用。而对于“Mediation”学界则更习惯将其解释为“中介性”或“中介化”。其主要揭示的是“中介”属性，换句话说就是联通和传递属性，其更倾向于一种物理技术属性说明，或者抽象的社会学用语范畴，有意思的是目前“中介化”也受到了学界越来越多的关注。

在笔者看来，“媒介化”指的是媒介对社会组织进而对整个社会产生影

---

① 克努特·伦德比：*Mediatization*。New York：Peter Lang（2009）

② 尼克·库尔德利：《媒介、社会与世界：社会理论与数字媒介实践》，何道宽译，复旦大学出版社，2014年5月版，第141页。

响的程度，目前这一现象已经引起国内诸多研究机构和专业学者的重视，如复旦大学"985"创新基地——"新闻传播与媒介社会化社会研究国家哲学社会科学创新基地"以《科学发展观与媒介化社会构建》重大项目为依托，展开了关于媒介化社会与中国当下发展等问题的详细研究，并发表了一系列包括论文、专著之类的研究成果。[①] 除此之外，从20世纪90年代后期至今，关于数字媒介社会以及与媒介化社会的相关文章、观点和著述比比皆是，可以说对于该话题的研究正处于方兴未艾阶段。

媒介化社会的出现和发展是我们这个时代发展的产物，更准确地说是媒介与社会交融发展的结果。在这一研究领域中，有一些中心议题是我们不可回避的，比如在新媒体环境下，个人与媒介与社会之间的沟通发生了哪些意想不到的变化？社会各组织和机构在传播环境日新月异的条件下如何去调整适应并有序高效运作？社会公众人物怎样在不同的媒体的平台与受众对话？诸如此类，不一而足。解答这些问题，并不简单，首先，从微观角度来讲，人与媒介、社会之间的关系的嬗变从来都是复杂的，其中涉及政治、文化、法律、道德、习俗等多个层面，难以一言以蔽之。其次，对于不同国家不同民族来说，媒体的影响有其范围，更有其特点，并且世界上越来越多的国家加大了对媒体与国家发展这一关系的重视，以国家、地区等为代表的外在权力机构作用于媒介的意图愈来愈明显，这无疑对媒介与人、与社会之间的关系会产生重大影响。另外，从宏观角度来看，全球化、一体化的语境正在日益形成，媒体尤其以网络新媒体为代表，其既是该背景环境的缔造者，也是受益者，在这一条件下，去掉国家标签，走向融通和谋求共赢的国际化媒介希望尽快建立起合乎全球传播规范的媒介伦理与规范。因此，不管从哪一方面来看，它们都是值得探讨的话题。

除此之外，媒介化社会的来临给我们普通人带来的影响和冲击这一议题

① 复旦大学新闻学院孙少晶的论文《媒介化社会：概念解析、理论发展和研究议题》、北京大学新闻与传播学院谢新洲等的论文《互联网、媒介化社会及其对社会结构的影响》等都直接针对媒介化社会中心议题进行了比较具有前瞻性的介绍和论述。更有学者是在媒介化社会这一背景下另辟角度，对具体的、微观的问题或领域进行观照和研讨，如孙信茹、杨星星的《"媒介化社会"中的传播与乡村社会变迁》，夏德元的《媒介化社会隐私权保护面临的新挑战》，张涛甫的《媒介化语境下的舆论风险》等。

可能更容易引起大家关注，因为不论从个体的角度还是社会的角度来看，它是基础的、具体的和可感的，也是所有社会关系变化的根基。目前来看，有关这一议题的焦点主要集中在如下方面：

传统的媒体和新媒体的内容给个人带来了哪些不同的体验？

个人在社交媒体和网站中的行为受到哪些因素影响，个人与他人进行互动时的表现与现实中的表现有哪些方面的差异？

在当下媒体环境中，个人如何公开自己的个人信息才是安全和合理的？

不同信源如何相互作用，又怎样影响个人、组织结构、国家和社会？

新媒体领域如何建构公共的话语空间，个人隐私性和公共性应该如何界定，其表达权利如何得到保护，其是否有表达自由方面的禁锢和限制？

在海量的信息网络中，个人处理信息的能力需要得到哪些提升？在对待不同信息时的情绪反应和行为是不是应当有所规范？

在人人都是传播者的时代，什么样的传播形式和内容才是被需要的？

这些作为媒介化社会中围绕个人行为所设置的议题极具现实意义，就如同在现实社会中，“为人处世之道”总是一个经常被提及和讨论的话题。在新媒体环境下的“为人处世之道”又是什么样子？一般来说，每个人对媒介的使用习惯和态度都不相同，他们能摒弃不同来遵守我们在这里所讨论的规范吗？这也是一个有趣的问题。

不管怎样说，我们目前能看到，媒介化社会中的个人、组织、国家、社会之间的关系在动态地、复杂地维持着一种长期的平衡，但是在短期内偶尔的失衡比比皆是。小到个人语言和行为引爆热点事件，推动网络舆论哗然，大到局部利益冲突引发利害攸关以及国际舆情多变，这些都是媒介化社会研究需要正视的问题。我们越来越多地发现在新媒体条件下，人们对某些媒介信息和事件的反应“涟漪”越来越大。那么这也意味着我们要关注的东西越来越多，辐射状的扩散和联动效应让每个身在媒介化社会中的人都感到了不一样，这正是笔者要捕捉和论证的主题。

Contents
目录

第一章

媒介化社会的形成与发展

在本书中，有三个基本问题需要先行略作了解。第一，媒介的具体所指是什么？第二，媒介化社会是什么样的社会？第三，它对我们的影响是否真如你想象的那么强大？

众所周知，时间是条单行线，自有文明史记载以来，它所经过的每一个节点都发生着影响将来的变化，而这些变化当时的人们无法预测，今天的人们无法描述。我们没有办法穿越时空隧道去观察彼时彼刻发生了什么，至少在真正的现代媒介出现前，我们除了依赖卷帙浩繁的史书去拼出一些场景以外，剩下的只能依赖想象。

我们现在所处的社会环境无疑是复杂而又丰富多彩的，且相较于过去我们有了更多的选择来与历史对话。如果把媒介作为了解历史的主要窗口，我们可以发现一个令人惊讶的事实：你从一卷录音带或者一段影视图像中了解到的比阅读十来本书所得到的收获要真实和丰富得多，而这就是为什么我们今天无比相信和重视媒介的原因所在。准确地说，我们相信的是现代媒介即本书中的"媒介"所指，而它们的代表是以一定现代科技技术如无线电波、信息编解码以及互联网等为基础的新一代媒介，这些媒介现在广泛而又密集地存在于我们的社会当中，无时无刻不在参与现代人的生活，从物质世界到精神世界无一处无其影踪。为此，我们可以说，在一个日益被媒介包围和影响的社会环境中，社会也被媒介化了。"媒介化社会揭示的是一种媒介与社会的互动关系，在这种互动中，媒介对社会造成深刻的影响并进而形成对社会的重新建构，而社会对媒介形成一定的依赖，这种依赖突出地表现为受众对于媒介信息的依赖关系，这是推动社会媒介化的主体力量。"[①]所以在媒介化的社会里，媒介、社会环境、人、机构以及其他社会组成之间的关系研究是一件具有现实价值和指导意义的工作。故而，本书的第一章由此展开。

① 张晓峰：《论媒介化社会形成的三重逻辑》，载于《现代传播》，2010年第7期，第16页。

第一节　媒介化社会的诞生背景

今天，我们所知的“媒介”与西方所说的“大众传播媒介”意义接近，后文中将不再解释。但“媒介”从来就不是一个狭隘的概念，20世纪中叶传播学在美国产生，30多年后被介绍至中国，在西方传播学的研究中，类似报纸、广播、电视、电影、期刊等都属于大众传播性质的媒介，但是半个世纪前，我国国内大部分读者和观众并没有对这类“媒介”的概念有多少了解，他们只是简单地替换成了“我每天读读报”，“晚上就大结局了”等类似这样的描述，但是对于生活中的其他跟媒介有关的活动，他们几乎很少参与，所以很长一段时间以来，媒介虽然存在，但它们作为人类日常生活之余的消遣品和调剂品的功能似乎更为突出。如果时间这条单行线能够折回，我们有幸看到媒介出现后经历的一些节点上的情况，也许大家会有一些不一样的发现。

现在，我们尝试来找出这些节点，并梳理出它们出现的原因、发展进程及其他相关背景。

一、媒介化社会的前期过渡

（一）早期的媒介活动分析

人类社会发展的早期，口耳相传的人际传播和以语言文字为主的符号传播是人类文明延续和发展的一个基础手段。我们今天在各类文化馆和博物馆中看到的有关早期人们交流活动和信息传播的记录大多数集中在如传信物件、经典史籍、书画信笺等介质之上。我们看到，它们与今天所说的大众传播媒介其实存在一定差异。其主要原因有三：第一是因为这些介质不具备在民间广为流传的属性，它们各自具备的私藏属性倒是更为突出，比如书画、物件和信件；第二是以经典史籍为代表的传播媒介在很长的历史时间里其实都是识文断字者的专享物品。以中国为例，有数据显示新中国成立之时，全国总人口接近6亿，其中4亿多是文盲，占比接近80%，那不妨往前推想，在更早的时候又能有多少人能看书用书？最多听书而已。第三是早期社会的生产力水平有限，发展速度亦有限，在这样的条件下，大众传播媒介的出现除了存在技术问题之外，还包括内需刺激的不足，除了战事紧急之时的烽火速递、飞鸽传信以及快马加鞭，可能人们只需要自给自足、安土重迁，而对于外部环境他们并没有什么值得去迅速观察、了解或者去研究的必要。

另一方面，据考证，世界最早的报纸出现的中国唐代，其代表是为邸报，宋、明、清等朝代都陆续有类似邸报的官报系统存在，这是否又是真正意义上的大众传播媒介呢？答案是否定的，因为中国古时的官报主要用于朝廷君臣议事记录和军事情报发布，其中对于民间百姓生活的记载相对较少，最需要关注的是，官报只服务于统治者和上层社会，普通百姓极少接触，而对于一些重要的消息，则会在一段时间过后才被大众听闻。对此，英国的媒介社会学研究学者戴维·巴特勒曾说，大众传播媒介产生之前，信息的传播是非常缓慢、非常不准确的。大多数人对外部世界的认识是微不足道的。现在，我们已经掌握了大众传播媒介，是很难意识到这一点的①。目前来看，这个说法非常有道理。真正意义上的大众传播活动和传播媒介的出现并不与古时的传播活动同步，当时的媒介对于人们来说完全不属于衣食住行不可缺失的东西，换句话说，媒介化社会在当时远未到来。

（二）现代报刊的意义

在漫长的媒介发展史中，如果选择现代化报纸酝酿和出现的大致时间来看，应该是在15至16世纪，以德国改进过后的印刷术和新闻纸生产为主要技术产品标志，规模化的新闻传播开始出现，英、法、德、奥地利等欧洲国家随之在现代报纸的生产和发行上超越了古中国漫长而经久不变的邸报抄录和官报发布系统，以有别于古代报刊的另一种新闻传播形态开始了他们走向世界的第一步。现代化报刊的出现虽说不能简单地拿来与文艺复兴、环球旅行

① 戴维·巴特勒：《媒介社会学》，赵伯英、孟春译，社会科学文献出版社，1989年版，第13页。

以及发现美洲新大陆来做比较，但是对于我们今天了解媒介发展的路径来说，其意义非凡。

首先，现代报刊不管是在内容上还是形式上都区别于以往的手抄报或者官方报刊。以德国十七世纪最早的日报《莱比锡新闻》和英国较早的周报《牛津公报》来说，两者都属于印刷出版，发行周期固定，虽然《莱比锡新闻》在样式上仍是新闻书的装帧，但内容已不受限制，除政事机变、社会趣事以外，还比较多地涉及经济商贸之类的消息，后来的《牛津公报》更是以散页形式出版，并且与今天的报刊在内容上并无二致。因此，我们可以说现代报刊的内容和形式在17世纪已经奠定，它与我们当下对报刊的初步印象相吻合，也是我们接触较早影响较深的现代媒介之一。

其次，现代报刊的出现突破了以往消息传递范围的局限，直接与更为广泛的读者见面。从17世纪到19世纪，现代报刊经历了一个非常重要的时间段，那就是借陆路水路交通发展之利，将办报这一新兴行业推广到了世界各地，对于当时的读者来说，他们接收消息和了解新闻的消费习惯在不知不觉中被培养，当然这也得益于文艺复兴后文化知识的普及，越过了贵族等上层社会后，越来越多的普通人可以进行一般的阅读和传诵他们所知道的新闻。在这一点上，现代报刊的普及与读者群的形成其实是相辅相成。

此外，现代报刊为后来的媒介形态及功能奠定了较为稳定的发展基础。由今思古，我们发现媒介的发展变化遵循一定的规律，比如说发布日常新闻、提供行业间消息、沟通两地或者多地情况等，在现代报刊出现后，这些基础功能大受欢迎。又如，广播、电视等对报刊传播固态模式的突破，让人们在获取新闻享受娱乐方面得到了更惬意生动的体验，这些都是当时的新媒体在传统基础上的改进，但不管如何，它们最终都以优质的内容作为落点和皈依。这也正是现代报刊出现后，人们在较长的发展时期里获得的基础认识和经验。

现代报刊出现，开启了大范围、规模化、日常化的传播时代，读者群体与报刊这一媒介的接触相比以往则更加频繁、深入。按照卡尔·马克思对于社会形成的基本观点之一，即社会是人们交互作用的产物，应该不难理解媒介社会的形成属于过程渐变，而在人与媒介、媒介与社会、社会与人的交互作用过程中，上述每一个对象作为因变量都各自发展，终成今日我们所处的社会环境。现代报刊与读者的交互作用，以及其对社会发展的影响分为方方面面，且从数个世纪前一直延续到现在，其作为媒介社会初期的表征比较明显。在这里我们可以从如下方面来考量：一是现代报刊日益成为人们了解本地消息乃至世界的一个主要工具；二是其在后来的经济生活中逐步凸显出了不可小觑的产业宣传推广功能如广告与报刊的天然结合；三是现代报刊作为人们日常使用的语言符号系统和文化知识传播载体，既拥有古之书籍的传统教育功能，又具备提供百姓兴趣话题的特殊功能，这一点无疑是报刊更受读者欢迎的原因。由此，我们不难理解，为什么在媒介化社会过程中，现代报刊作为首发阵容存在并在长时间里既广泛又深刻地介入到了人们的生产和生活。

（三）广播电视的作用

广播和电视的出现是在现代媒介的链条上让人兴奋不已另外两个节点，它们是电子大众媒介的首要代表，并彻底改变了人们对于通信和消息获取途径的感性认识。在那之前，报刊是纸张、文字和印刷的结合，数百年的时间里，它还曾以书籍的样式存在，因此人们至少感到在形式上它并不“标新立异”。但是广播和电视则不一样。广播在20世纪20年代投入实验并正式播出节目以来就非常受欢迎，美国无线电公司经理萨尔诺夫在当时瞅准商机不遗余力推出收音机及相关收听器材，有资料显示当时他们所得利润超过8000万美元，这无疑是一个惊人的数字。它也恰好从侧面反映了广播这一媒介对人们带来的冲击力。准确地说，广播是媒介化社会形成的第一个可辨识性坐标，因为它的出现让人们惊讶于媒介的神奇力量，声音的穿透和现场的感觉张力是听众们从未感觉到的。人们在很短的时间内就被这种媒介完全俘虏，广播也迅速地与普通人建立起了一种稳定而又牢固的传受关系。所以，我们能够理解为什么1933年美国人听了富兰克林·罗斯福的广播讲话便对美国经济复苏有了信心；为什么1938年时哥伦比亚广播公司（CBS）一场广播剧

《火星人入侵》就能使听众信以为真倾城出逃。因为他们钟情于广播，并且无比信任广播，这种情势在当时已如《火星人入侵》中的外太空人一样入侵到了人们的日常生活，并且已经开始成为他们生活的一部分。传播效果论当中，“魔弹论”或称之“皮下注射理论”就来自以上广播媒介史实，它充分地说明了当时的人们受到广播的影响之后表现出来的状态，属于媒介强效果理论之一。

作为广播升级版的电视来说，它自然又是媒介冲击的另一波，但好在人们对电视的感知和体验建立在广播基础之上，具备了一定的基础，并且它的出现紧随广播，但是人们对电视的兴趣和痴迷很快超过广播，这是不容否认的事实。坦白而言，广播和电视的发展首先依赖的是无线电波技术的发展，但是科技作为深层原因的存在，当时不受人关注，人们关注的是他们听到了什么看到了什么，所以我们在表象之上看到的是媒介这种具体形态的存在，20世纪20至80年代的美国，以及世纪之交20年间的中国，其实都处于为电子媒介的纯朴魅力所倾倒早期阶段。

有意见认为，人类社会进入电子传播时代后，从某种意义上说就开始进入了一个可以用“媒介化社会”来命名的社会，这说明广播电视对当时人们的生活存在重大意义。事实上，媒介对人、对社会更彻底的融入和更深刻的改变发生在离我们更近的当下。但试想，社会媒介化的发展链条上，少了现代报刊、广播、电视这些节点，我们又能够用什么去代替呢？这个想象也许超越了你我的认知，无法完成，就如历史，我们永远不可能去设想“如果没有……”或者“如果有了……”。因此，无论我们将以上种种情况的出现称之为媒介化社会的前期，还是将其视为从局限性传播时代到规模化大众传播时代的过渡也好，我们都不可忽略它对于今天的意义。接下来，我们说说现在。

二、媒介化社会的形成关键

关于“媒介化社会”这个概念，可以简单理解为社会越来越媒介化，而媒介越来越社会化。与该说法相近的一种观点认为媒介化社会是一个动态的进化过程，而不是一种终结状态。我们当下正处在“无处无媒”这样一个社会环境中，所以对媒介化社会的理解应该不难，但要找到这一动态发展过程中的关键点则需要回头去重新审视。有观点认为“媒介化是在媒介融合基础上所形成的，它不需要严格区分口语化媒介、平面化媒介、电子化媒介，它更注重的是媒介如何更加广泛、深入地对社会产生‘化’之影响。毋庸置疑，促使媒介化局面形成的关键因素莫过于网络等新媒介。”[①]“互联网的应用出现了许多新变化，虚拟社会与现实社会的融合，大大推进了我国社会媒介化进程，成为促使社会结构变化的重要推动器。”[②]综合多方观点，我们通常会认为这一关键点出现在互联网技术广泛运用于现代生活之后。究其原因，一方面是因为互联网的出现打破了之前我们对报纸、广播、电视等传统媒体传统印象和使用习惯，令人耳目一新，并且它直接带来了信息传播方式、内容、发布渠道等诸多方面的颠覆式改变；另一方面是以“网络”或者“移动互联”等为主要基础的新型媒介工具现在已经是我们社会中宛如空气、水源、食物一般的必备物质，不可或缺。“媒介及赖其进行的新闻传播已经成为人类须臾难离的中介，成为当代人类交往的基本形态，成为社会的总体表达形式。”[③]它们的表现状态可以用一句话来形容“你在不？”意思是，只要使用媒介并与网络联通，你就存在了。而当你没有联网时，人们无法联系你，也就意味着你不存在。我们不妨把这种貌似形而上的“唯网主义”看成媒介化社会的一个哲学写照。那么关于媒介化社会进入和发展的关键要素则可以从互联网技术的角度来考察。

（一）互网络技术开创人际传播新篇并掀起媒介化社会一角

互联网的雏形虽然出现在20世纪60年代，但真正面向公众却是在80年代。1983年1月1日，基于互联网应用的传输控制协议和网际协议即我们今天

① 童兵：《科学发展观与媒介化社会构建》，复旦大学出版社，2010 年 7 月，第 7 页。

② 谢新洲、张炀：《互联网、媒介化社会及其对社会结构的影响》，载于《媒介化社会与当代中国》，复旦大学出版社，第 77 页。

③ 童兵：《让每个社会成员分享媒介化社会成果》，载于《新闻与写作》，2006 年第 1 期。

熟知的TCP/IP协议被正式指定为互联网的标准协议，这相当于互联网拥有了统一的使用语言。但是早期的互联网并不“平民化”或者“大众化”，并且，广播和电视这两大媒介当时在世界范围内具有绝对的霸主地位，尤其是电视，毫无争议地被认为是最为火爆最有前途的媒介。根据早期的一项调查，人们看电视的时长最多者几乎占据了除去睡觉之外的所有时间，甚至有人看电视成瘾，即便今天的互联网发展对电视媒体造成了一定冲击，但其作为主流媒体的地位在短期内仍难以撼动。

其时，互联网作为一项新技术应用，正处于创新扩散传播模式中爆发式增长的第一个临界点前端即缓慢酝酿成长期，其使用的技术门槛也相对较高，一般多用于国防、科研、教育或者商务等领域，如美国在八十年代使用电子邮件来服务于商务会议和国际谈判活动等，直到万维网出现，它才真正等同于我们今天所说的互联网。“欧洲粒子物理实验室的蒂姆·伯纳斯·李（Tim Bernerse Lee）在1989年提出的万维网的技术构想，从根本上改变了这一现象，也从根本上为互联网成为一种大众传播媒介奠定了基础。”①我国自1994年开始接入互联网，但在当时对网络以好奇、试探、随机性接触和任务式了解者居多，最开始的几年时间里能够使用电脑的人群也以计算机专业人员或是电脑游戏者为主，但“亲民”后的互联网的特点和魅力很容易被发现，凡接触者尤其是年轻人无不被其吸引，它的超文本链接功能、海量信息库存、简单有趣的操作界面和人机融为一体的新鲜感等确实让人惊艳。人们在网上使用ICQ 、聊天室等早期的网络聊天工具进行联络沟通，并日益喜欢甚至迷恋网络聊天交友，因为在那之前，没有哪一种媒体能够如此有意思地去改变和创新人际传播新模式。可以说，除了在网络上获取新闻、游戏娱乐、论坛发帖交友和电邮往来以外，网络最大的吸引力是将虚拟人际关系的拓展延伸到了人们真实的生活空间，而这是人们与网络媒介发生亲密关系的开始，也是人们喜欢并依赖网络的第一步。但这一步与之前的大众传播媒介有着本质不同。在这里我们用下图来表示：

① 彭兰：《网络传播概论》（第三版），中国人民大学出版社，2016年4月，第7页。

媒介使用主体	传播媒介	传播形式
人	报纸	大众传播
	广播	大众传播
	电视	大众传播
	互联网	人际传播+大众传播

这里，我们已经可以断言，单纯的、传统的大众传播形式被打破，人际传播与大众传播的第一代结合发生在互联网上，它使得人们对待网络这一传播工具比对待报纸等传统媒体更感性更用心，这也是互联网融入我们每个人生活的基本原理和手段。

（二）以用户为中心的新一代网络技术推进社会纵深媒介化

上个世纪90年代以来，互联网在全球的发展令人咋舌，它浑然不觉地嵌入到普通人的日常生活，并且这一过程中也伴随着互联网自身的技术革新。来看今天新一代的互联网，它所蕴含的技术指标变得更加丰富和奇妙，点对点技术、云计算、以及物联网等概念逐渐进入人们视野。进入21世纪后，互联网的发展以“去中心化”和“交互性”为最主要特征，逐步建立起了以用户需要和参与为主的网络内容生成和输出模式。换言之，基于Web2.0技术的互联网使用者个人或者网络用户能够更自主、更随意地决定自己的线上行为比如发布内容、上传音视频等，他们成为庞大网络当中的一个节点、纽带甚至“进化”为一种自体媒介。在这一方面有维基（Wiki）、谷歌（Google）、百度（Baidu）等网络服务商开放途径允许个人和客户更新并共享所有内容，还有博客（Blog）、微博（Microblog）、脸书（Facebook）、推特（Twitter）等之类异军突起，这类媒体直接影响和导致了人们对媒介社交功能的全新认识。它们被称之为社会化媒体，“这样一种平台要产生大众传播的效果，还依赖于人们彼此间关系的集成，也就是说要在人们的社交和互动基础上产生较大规模的社会聚合。”[①]与传统媒体如报纸和广播电视对人们生活的影响明显不同的是，社会化媒体的影响是直接的、具体的且深入的，尤其是在以Web3.0为代表的移动互联网技术日臻成熟后，智能手机应用在人们的日常生活中占比越来越重，这为社会化媒体进驻提供了千载难逢的机会。

据中国互联网信息中心（CNNIC）2016年4月发布的《2015年中国社交应用用户行为研究报告》显示，即时通信工具使用率占据手机网民的90.7%，而这其中以微信（Wechat）为代表的社交应用就已覆盖90%以上的手机，达6.9亿用户，且月活动用户超过6亿。另外报告还是指出，虽然每人使用各类社交应用的主要目的不一，从与朋友互动、了解新闻热点、关注兴趣内容到获取帮助分享知识不等，但都能不同程度地满足从认识新朋友、发现潜在客户/机会到加强社区或者群体纽带等需求。并且，82.7%的人接触互联网的时间在5年以上，61.7%的人通过手机上网的年限也在5年以上。从社交用户平均每日接触互联网的时长来看，整体上网时长、手机上网时长在6小时以上的用户分别占36.9%、22.8%，每日上网时长在2小时以上的用户分别为79.5%、60.5%，网络重度用户较多，社交应用成为网民生活中不可缺少的一部分。[②]以上数据及内容向我们展示了一幅图景：在人们的当下日常中，网络和社交应用成了一个组成部分。这类媒体突破了之前我们对所谓的媒体的想象，因为至少很多时候我们面对广播电视等传统媒体时还能随时抽离，但是面对这些新媒体时我们竟然发现，不知在什么时候我们竟然已经毫无意识地沦陷了。因为今天的生活已经很难跟它们分开，我们的教育、工作、社交、甚至婚恋和家庭关系等无一不借助其进行和维持，有些人甚至把它作为自己生活中很大的依赖部分。

三、媒介化社会的发展逻辑

社会在媒介的作用下，从生产、组织方式到消费、运转模式都发生了相

① 彭兰：《网络传播概论》（第三版），中国人民大学出版社，2016年4月，第12页。

② http://www.cnnic.net.cn/hlwfzyj/hlwxzbg/sqbg/201604/t20160408_53518.htm

应的变化，这些变化的结果是一方面使得社会不论从物质或是精神形态不断自我调整与适应，另一方面也促使传播媒介在其中进行不间断的改造和革新。在媒介化社会动态发展的进程中，社会与媒介之间的互动关系和作用机理在很多学者看来都很值得研究探讨。例如威尔伯·施拉姆在其著作《大众传播媒介与社会发展》中说到，“争论是信息创造了某些社会组织和社会形式还是一些社会组织与形式创造了传播发展的某个阶段是徒劳的。这二者之间无疑存在着有力的相互作用：传播的新发展影响着社会，而社会在别的方面的新发展也影响着传播。”[①]另有意见认为信息环境的构造正是媒介化社会的外部特征和结果，此外媒介技术和受众是媒介化社会形成的推动力和牵引力，媒介、受众以及社会这三重因素彼此的交互作用影响塑造了今天的媒介化社会[②]。

以上看法肯定了社会媒介化和媒介的社会属性彼此之间存在影响，同时也确认了媒介化社会存在一定的发展规律和逻辑。从马克思关于社会发展的理论角度来看，社会发展的内在因素首先是生产力与生产关系的矛盾运动，由此可见媒介化社会的形成和发展的基本矛盾在哪，其发展逻辑的答案就在哪里。前文中，对媒介化社会形成起至关重要作用的因素中提及的互联网技术显然是其中要义之一，下面我们将尝试用以下图示来做更直观且完整的解释。

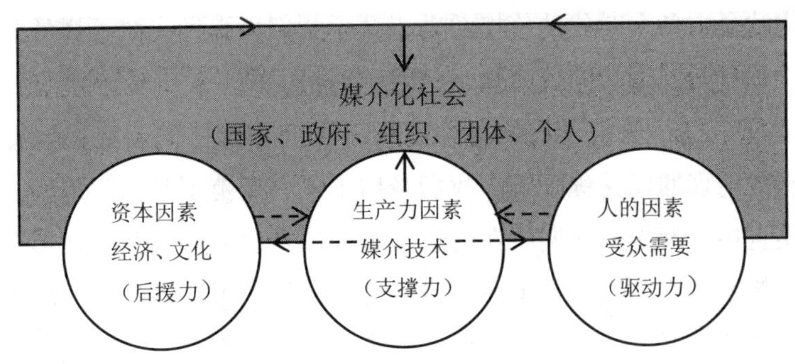

媒介化的社会形成和发展

① 威尔伯·施拉姆：《大众传播媒介与社会发展》，华夏出版社，1990 年版，第 41 页。

② 童兵：《科学发展观与媒介化社会构建》，复旦大学出版社，2010 年 7 月，第 9 页。

设想我们所处的媒介化社会是一趟奔驰向前的列车，它的牵引力和燃料分别来自于以广大受众和科学技术生产力，那么图示中所列出的各个元素及各元素之间的关系和相互作用则一目了然。

（一）媒介化社会的发展水平由媒介技术来决定

科学技术从来都是第一生产力，这条规律在媒介化社会中依然适用。自古以来，人类传播活动中的质的飞跃都与媒介科技的率先突破有关，古登堡改进印刷术，所以圣经得以大量付印传布遍及欧洲；无线电波的发现和影像传输试验的成功直接作用于广播和电视与广大受众见面，前者还开辟了新闻的现代传送的新路径，大大提升了信息发送和接收的速度。促使我们所处的这个社会进步与发展的要素不一而足，从新闻传播学的视角来说，媒介化社会的形成离不开作用于媒介的科学技术，而从社会学的角度来说，媒介的发展正是推动我们社会发展的要素之一。过去我们在看报激动时读出声音，在听广播栏目时会沉浸于思考，今天我们在看电视时慵懒随意，在玩手机时忘乎所以。这似乎可以说明，当媒介的选择有限时，我们对待媒介认真而审慎，在选择变得多不胜数时，我们变得大方而从容，可以说媒介在塑造我们的生活状态，当然，我们对生活的态度也在使用媒介中被表现出来。反思一下媒介化社会中各个时代的传播活动表征，我们可以做一个这样的归纳：在传播活动的速度方面，我们的媒介化社会经历了一个“慢传播”到“快传播”的过程；在获取信息的便利性方面，我们再无任何门槛，信息唾手可得；在传播内容的广泛程度上，我们经历了从一定范围到无限空间的跨越。以上现实直接呈现出了我们所在的这个媒介化社会的影像和存在形态。如果没有媒介技术的不断进步和革新，也就是说缺失了推动发生质变的力量，那么媒介自身的发展无疑会滞留原地无法进步，人们与媒介之间互相作用的模式也不会发生改变。在今天，支撑媒介功能不断增强和人们使用越来越得心应手的关键技术如：指纹和人脸识别技术、保障网页访问更快更安全的IPV6技术、使得APP应用更为简洁的网络核心语言HTML 5.0技术规范等都将对未来我们与媒介之间的互动模式和作用习惯产生重大影响。可以推想，有什么样的媒介技术就会出现什么样的媒介化社会形态，尽管人、媒介、社会之间的交互关系复杂，但媒介技术对它们内在关系的决定性作用确是最为基础和重要的，这正如上图中可以观察到的，生产力因素是支撑力要素，也是推动媒介化社会存续的核心，它对生产关系的影响简单而直接且重大。

（二）媒介化社会的发展方向由人类需求来掌舵

无论处在社会发展的哪一段历史时期，人与社会的关系都是我们研究的课题。大众传播媒介出现后，便成为人与社会的“中介”，也相应引起了人文社会科学各领域的关注。人们意识到媒介越来越多地介入了社会的自我更新和调整，在社会不断媒介化的过程中，以马歇尔·麦克卢汉为代表的媒介技术决定论者较为推崇技术的作用，但众所周知，技术的创造、改造、发明、应用等都存在使用和满足这一前提，而“服务于人”正是现代社会系统中各政府组织、生产组织、社会团体等组成部分的基本职责，也是所有技术的创改和运用前提。媒介化社会中，从传统媒介到新媒介的无数次技术更新始终都是为了人们对媒介信息的期冀和需要。媒介依赖论的代表人物德弗勒和鲍尔·洛基奇将以上观点归纳为：人们依赖媒介提供的信息来满足他们的需求并同时实现他们的目标[①]。人类对信息的需求决定了他们如何去接触和使用媒介。事实上，从早期的报刊到广播，从广播到电视，人们因为对媒介的想象经验不足，所以较少主动去构想和猜测即将到来的媒介。相反，技术的发明和创造在当时似乎明显引领了人们对媒介的具体需求，这说明人们对媒介的需要有待被引导被开发，而一旦人们通过接触媒介获得了较好的体验，人们对信息的需要就随之变成媒介化社会的驱动力和方向盘。这正映证了“需要是同满足需要的手段一同发展的，并且是依靠这些手段发展的。”[②]在数字电子媒介出现之后，上述规律的表现更具有代表性。比如电脑，在较早时人们将其视作消息的来源补充和通信工具，但是随着互联网的普及和信息

① 斯蒂文·小约翰：《传播理论》，中国社会科学出版社，1999年版，第609页。

② 《马克思恩格斯全集》第23卷，人民出版社，1975年版，第783页。

需求的旺盛，人们在使用传统媒介之余，还希望随时随地获得信息，所以更快更便捷是人们当时对信息传播的要求，随之而来的移动互联以及智能手机应用成为当今媒介发展业态中备受重视的问题。“事实上，人类传播的产生与发展过程就是一个受众、媒介与社会之间相互依存和相互促进的过程……从印刷媒介、电子媒介到新媒介，与人类的政治、经济与文化的依存关系越来越紧密，人类传播能力获得延伸的同时，人类认识世界、改造世界的能力也相应提高，人类的社会认识加深，也促使其自身进一步融入社会，成为社会变革的主体。简言之，信息传播行为是人们解决生存问题的客观需要，大众传播事业是满足社会大规模信息需求的产物。”①

（三）媒介化社会的成熟程度与经济文化发展正相关

当一个变量发生变化时，另一个变量也随之发生相应的同等变化，这是正相关的具体含义。那么对于媒介化社会的成熟程度这一变量而言，它与社会的经济文化发展水平之间的关系正是如此，并且二者互为自变量和因变量。我们了解，媒介化社会不仅意味着媒介的使用频率和存在规模大大提升，更意味着媒介从物质到精神诸多方面给人和社会带来了不可小觑的影响。“如果不是利用了大众传播媒介或其他有关迅速而有效的信息工具，要按照目前的经济社会发展时间来发展国家的经济和社会，是绝对不可思议的。”②反过来也可以说，如果国家的经济和文化等水平长期封闭落后，那么无疑也会阻碍作为社会组成部分的媒介的发展和改革，当媒介的发展水平较低时，它所能带来的民主讨论、信息公开、舆论自由等活动则难以实现。不管从哪一方面来看，媒介的发展以及媒介化社会的形成都与社会所处的经济文化水平有联系，它们既互为促进，同时又互相制约。如果在中国的语境中来观察这一事实，可以知道，媒介化社会是我国现代化社会建设目标当中的一个小目标，我们期待通过在生产力上的不断改进和突破来努力发展社会，

① 童兵：《科学发展观与媒介化社会构建》，复旦大学出版社，2010 年版，第 16 页。

② 威尔伯·施拉姆：《大众传播媒介与社会发展》，华夏出版社，1990 年版，第 98 页。

保证国家各方面按照一定增速稳步前进。而从媒介研究者和工作者的角度来看，他们还期望作为国家发展辅助工具的媒介能够有序发展并在这其中起到积极、主动和良好的后援作用，同样，中国在经济、文化、政治外交条件上的由弱变强趋势也为国内媒介机构拓展、专业队伍建设、传播内容质量改进及其他方面的不断成熟提供了最好的支持。关于这一点，将在后文中继续展开。

第二节　媒介化社会对传统社会的三重解构

人们对于信息社会、知识经济社会等并不陌生，我们承认信息和知识等元素在社会发展中起到的重要作用，并将其直接反映出来表述为以上概念，而媒介化社会这一概念也同样借鉴了上述方式，可以说，媒介化社会是信息化社会的特征之一，并且媒介、人和社会之间关系的更迭变化是我们理解媒介化社会的切入点，也是媒介化社会研究的核心内容。在研究媒介与社会发展的关系时，发展传播学观点认为社会发展总是从传统向现代过渡，这一过程中人们对于传播媒介的了解、使用和参与程度各不相同。反之，如果从媒介传播的角度来观察社会的发展形态和特点，同样可以了解到传统社会是如何被媒介尤其是新兴媒介深入影响和解构的。按照传统社会的某些特点在信息技术革新和媒介化程度加深后逐步消解重塑的这一线索，可以将这种解构大致划归为三个层次。

一、网络的去中心化特性渐进式分解权力中心

从历史角度来讲，不论是在极权社会还是在民主社会中，“平等开放”“民主自由”等都是社会有识之士追求的目标，也是现代社会标榜的特征之一。然而除了采用改良、革命等形式来初步实现以上目标之后，社会还需要长期的、明确的制度及其配套保障。以报刊为代表的大众传播媒介自出现后，一方面它作为传统社会中长期的配套统治工具而存在，用以宣传教化普通民众。另一方面，它客观上也是人们了解环境的渠道所在，同时还是人

们议政的对象和内容，报刊中有关政治决策、权力运用等方面的内容是人们的关注重点，也是舆论的生成和酝酿场所，这种媒介上的议论不同于以往所谓的“民情民意”，因为它有专门的传播机构、明确的议论对象以及可查可考的具体记录，从这一点来说，无怪乎东西方的权力统治者和国政主持者都异常重视媒体，因为媒体是最适合舆论发布的载体，公之于媒体上的言论既是定形之物也具定性之义，最高权力者无法忽视这些在很短时间里就能天下皆知的意见文字。可以这样认为，媒介尤其是现代自由媒介与生俱来的特性之一就是影响人们的看法，推动议论的开展，这一特点使得其诞生以来就作为政策制订者的对立面或者是批判面，因为不论是权力领导者还是政治推行者，他们与生俱来的工作特性就是接受监督和评议。

当互联网出现，信息价值占比加大，社会越来越媒介化时，以上特性就越来越明显。如在媒体遍布的现代社会，各种信息层出不穷，权威与非权威信息可能同时出现，从属的与主导的意见披着相同的外衣，人们分不清哪些是重要的、可信的，很多时候，在以新媒体为代表的领域常常能看到喧宾夺主的传播状况，主流的威信往往被消解，个人的、零散的、非主流的反而能成为关注和讨论中心，这种情况在社会信息化和媒介化的过程中频频出现。“信息革命增加了个人权力，打破了等级组织结构，使得诞生于工业时代的世界秩序的三大支柱——国家主权、国家经济和军事力量面临严峻的挑战。”[①]所以，曾经的权力、经济等中心在媒介化社会里变得不稳定、易颠覆，而不断涌现出的各类信息和意见都可以在一段时间里成为社会焦点和中心，这亦吻合了互联网的“去中心化”特点。

这一解构的结果是人们在现代社会中更容易释放出打破权威后带来的快感和痛感，增强类似于现实逆袭的媒介体验。另一方面由互联网纵深推进的媒介化也确实起到了分解传统的政治权力的作用。如当人们在利用各类媒介参与政治讨论和协商时，权力机构和代表重视来自于人们的真实的意见，并通过互动和意见采纳等将这些看法及时消化。较之于过去封闭、慢速、反馈

① 俞晓秋：《信息革命与国际关系》，时事出版社，2002 年版，第 57 页。

贫乏的传统社会而言，目前通过媒介舆论来影响和决定政府和社会各领域决策的过程变得开放、迅捷、反应灵敏，从某种意义上来说，这就是政治权力下放到媒介的结果，也正是政治权力分解的主要表现。“事实上，由于互联网的出现以及网民的意见参与，公众舆论的形成过程与前相比已经大大缩短，它不再是由量变的缓慢积累而逐渐发生质变的可控、可测、可逆的过程，而是在短期内就有可能因量的急剧增加而发生质变的不可控、不可测的过程。”①对于权力集中的社会体统来说，一切决策都是可以通过顶层操作和主观意愿更改来进行掌控的，而具备互联网特征的媒介化社会则降低了权力集中的可能性，使不可控、不可预测成了决策过程中权力分散的表现形态。

二、虚拟的信息环境跨越式代入现实社会生活

在信息化社会中，了解信息和利用信息是重要的生活智慧，也是将来生活的必需。信息的生产、加工和传输等过程与媒介紧密相关。当大众传播媒介逐渐成为人们生活中最主要的信息来源时，广为流传的信息几乎就没有脱离大众媒介而存在过。媒介上的信息和内容现在正以相当快的速度广泛作用于人们的日常生活。再普通不过的例子如出行住宿、吃饭穿衣等，它们都可以借助信息网络的力量快速完成和实现。与传统的社会生活相比，媒介化社会中最为明显的优势是它提供给了人们更舒服便利的选择，而不需要依靠自己的经验或花费额外的人力资本来完成任务或达到目的，这正是媒介数据给人们带来的最大好处，也是我们在媒介环境中享受到的信息红利。我们清晰地感觉到，信息和媒介自身正在构筑起一个巨大的生活工作环境，这样的环境尽管不具备有形物质的社会样态，但它的组成元素无一不是现实社会的原样再版甚至升级版，并且因为借助科技手段，这个信息环境使得人与人之间、人与组织之间、组织与国家之间、国家与国家之间的沟通交流、事务处理、矛盾解决、关系发展等诸多方面发生了与传统社会极为不同的变化，它的沟通方式更为直接简洁，完成效率更为快速显著，获得利润更为丰盈

---

① 程曼丽：《从历史角度看新媒体对传统社会的解构》，载于《现代传播》，2007 年第 6 期，第 95 页。

可观，花费成本却更易控制、更加低廉。也因此，人们越来越倚重媒介和信息。

另一方面，从媒介文化学者和社会学专家看来，媒介和信息除了帮助人们更为便利的生活以外，更值得注意的是它们交融形成的虚拟环境，这里指的是在计算机互联网络的物理架构背后，网络使用者们在异次元空间进行精神交流的虚拟世界。网络等新媒体自出现开始 便逐步深度入植人们的内心世界。拿“代入”这个词来说，它本是数学公式代换中的一个常用词，但现在该词却被常用来说明虚拟环境模拟现实条件的逼真度，以及形容人们在网络和文学环境下“身临其境”的感觉。我们周围真实的存在空间是不容怀疑的，就如空气、水分和阳光都是客观存在，而在媒介所营造的如博客论坛、网游世界以及交友聊天环境中，它们都具备很高的真实身份和社会现实代入感，对于部分长时间使用媒介，比较依赖虚拟社交的网络重度使用者来说，他们甚至会认为在网络媒介中的电子人格才是不加修饰的最真实的“本我”。当下，数字化信息技术的日臻完善，现实生活与虚拟世界的穿插交汇的结点越来越多，我们在虚拟世界中获得的社会体验往往成为我们真实体验的实验先导版本，而依靠媒介创造出的空间几乎成为部分人的全部生活空间。这一现象在传统社会中或者说在媒介化社会早期不太可能实现，但是在今天它代表了一种极有可能代替人们去体验未知的、创造理想生活世界的合理趋势。在这一趋势之下，由媒介反映和呈现出的虚拟社会对传统社会解构也一并出现。语言学的研究者们发现媒介中的语言及文字的使用自成体系，其生成和使用习惯与过去传统的用语体系存在很大不同；而媒介社会学家们则捕捉到了网络上的社会关系时而松散易变，时而牢固不破，并且虚拟的关系竟然可以延伸至现实之中发展成真实关系如此之类。“上网时间的延长，网络使用频率的增加，必然会对现实世界中的社会关系，包括交友方式、婚恋方式以及家庭关系等产生深刻影响。”[①]普通人在媒介环境中常常会打破原来在现实社会环境中的种种局限和禁忌，所以在虚拟环境中人们的交往习

① 程曼丽：《从历史角度看新媒体对传统社会的解构》，载于《现代传播》，2007 年第 6 期，第 95 页。

惯、文化习俗、伦理道德等都会出现渐次的调整和改变。概论之，通过媒介信息所创造出的虚拟世界是我们现实世界的倒影，它影影绰绰地反映出了现实社会的各种关系但也打破了现实生活中的相对整齐有序的平面规则。另外有趣的一点是，我们中的部分人不愿停留现实的彼岸上过真正的生活，却更愿意在水中的倒影里游得更加恣意欢实。

三、媒介作为基础性资源隐性重构社会新阶层

1970年，美国传播学家蒂奇诺（Phillip J.Tichenor）领导的明尼苏达小组在通过一系列实证研究后提出“知识沟”假说，其内容为“随着大众传媒向社会传播的信息日益增多，社会经济状况较好的人将比社会经济状况较差的人以更快的速度获取这类信息。因此这两类人之间的知识沟将呈扩大而非缩小之势。”[①]这一假说在后来虽被质疑但也有新拓展，如1974年社会学家卡茨曼（N.Katzman）提出“信息沟”理论，其以新媒体技术应用作为背景研究发展了知沟理论，其主要观点包括：①新传播技术的应用必然会使整个社会的信息流量和信息接触量都有所增大，但并不是每个社会成员都能够均等地获得新技术应用所带来的利益；②现有的信息富裕阶层通过及早采用和熟练使用这些先进的信息处理机器，能够拥有相对于其他人的信息优势；③在社会信息化过程中，新的媒介技术会不断地出现并以逐步加快的速度更新，因为“信息沟”的发展趋势可能会是“老沟”未平，“新沟”又起。[②]

“知沟”理论中对于个人知识体系的优劣系于信息获得速度的这种观点笔者并不认同，卡茨曼的观点中对于新的媒介技术因素的补充则稍显成熟完善一些。但不论是“知沟”还是“信息鸿沟”，上述论点中有一点应该引起我们注意和反思：即获取信息数量的多少，更新信息速度的快慢以及接触信息的早晚等与人们在现代社会中的经济状况或者某些利益的获得优势直接相关。综合而言，两位传播学大师皆围绕媒介信息传播和社会分层两者之间的

---

① 沃纳·塞弗林、小詹姆斯·坦卡德：《传播理论：起源、方法与应用》，郭镇之等译，华夏出版社，2000年版，第292页。

② 陈力丹：《大众传播效果研究的几个理论假设》，载于《东南传播》，2016年第7期，第47页。

关系做出了实证的定性分析，其前提都是因为他们认同媒介信息对于社会某一阶层存在特殊性和有用性。实际上，如果将其观点上升至国家信息应用层面，那么在将来，所有信息构成的大数据库都可能成为一个国家最有战略意义的基础性资源。①

过去，对于媒介信息的资源属性并不乏观点，但不少人认为媒体是一种特殊资源存在。由于长期以来媒体主要表现为国家权力中心或者资本占有者的服务工具，同时又作用于人们的意识形态领域，所以其作为政治经济配套的上层建筑的属性更引人关注。但随着媒介化社会的形成，媒介的功能和影响对社会中的每一个普通人都具备了实质的、具体的意义，这时，媒介作为社会中最为基本的、必要的生活和生产资源属性才被充分表现出来。当媒介日益成为社会生活中的基础性资源时，其所具备的社会性和不均衡性等诸多特点也随之出现：媒介资源的丰富和使用便利程度与社会阶层地位以及富裕程度成正比。

另外，根据卡茨曼的观点——更早地熟练地使用先进的信息处理机器便可获得信息优势，我们还可以推断出对于当下的新媒体及其技术的掌握将不可避免地成为获得信息优势的条件之一。无独有偶，复旦大学新闻学院周葆华教授数年前从资本角度提出了“新媒体资本”的概念，这一概念基于人们在生活场景中动态、多元地使用新媒体的能力以及媒体资源的可得性等，创造性地阐释了新媒体资源在不同社会阶层之间存在的不平等分布的客观事实。②他的想法亦正好从新媒体的发展使用上反观了我们目前所处的社会阶层的变化。对全球化颇有研究的社会学家萨基亚·萨桑（Saskia Sassen）因此认为，表面上去物质化的过程里存在着“物质条件”，这些条件在地域和权力结构中分布不均。因此，媒介不会消除规模的等级，而是产生重构规模的效应。③

---

① http://finance.sina.com.cn/stock/t/2016-05-17/doc-ifxsephn2547327.shtml

② 周葆华：《新媒体使用与阶层认同：理论阐释与实证检验》，载于《媒介化社会与当代中国》，2010年，第17页至39页。

③ Sassen，S. *Territory Authority Rights*. Princeton：Princeton University Press.(2008）

从这一点来看，媒介化社会中，只能够有限接触媒介及其相关技术产品的普通人日益成为社会弱势阶层；具备较好的信息接收条件或能力，具有一定媒介资源的社会大众会逐渐增多并日益成为媒介化社会中的最大群体；另外，还有就是占据了较为集中的媒介资源和拥有领先的媒介技术的强势阶层或者意见领袖等，他们无疑组成了这个社会中不同阶层的代表。

总之在媒介化社会，媒介作为信息最主要的载体，其基础性资源作用越突出时，人们会越来越强烈地感到其重要，而越是能察觉到这种相关作用，并懂得率先利用信息、技术和媒介传播优势的人则越能够获得其他的社会资源如人力、物力甚至资本。现代社会中，我们不难看到，能够一夜登上世界富豪榜的人往往不是传统意义上的实业者或富二代，而是那些具有前瞻想法和懂得挖掘资源的开拓者，并且他们当中以年轻人居多。如果说，现今的社会分层有何特点，那么最主要的特征就是它不再是简单从经济地位或社会状况上区别富裕或贫穷，而是从技术和信息占有上进行区分。

第三节　媒介化社会的典型特征

人们总是在社会的不断发展中思考和发现，对于其所处社会的每一处变化和每一个异动感觉灵敏，对于其将带来的结果是利是弊预先判断，对于媒介化社会的认识，我们经历了一个比较迅速的过程。20世纪90年代这一概念被提出后便陆续有学者分别从文化、政治、经济乃至到人们的意识形成等诸多方面论述媒介所施予的重要影响。从以上角度来思考媒介化所产生的影响，也许会更清晰明白接下来我们会经历什么。本小节中，我们即将来观察媒介化社会的典型特征，毫无疑问，我们倾向于从正面的角度去理解这些特征的出现。

一、媒介化的政治活动及其变革特征

大众传播媒介的发展与政治领域之间的关系向来是人们关注的内容之一。英国学者P·艾瑞克·洛（P. Eric. Louw）在其著作《西方媒体如何影响

政治》中就曾经使用了“媒介化政治”“电视化政治”等词来形容媒介对政治的这种影响。关于政治与媒介之间日益交融的现实即媒介化政治是媒介化社会的要义之一，甚至可以说政治的媒介化是媒介化社会的中心。瑞典哥德堡大学教授Stromback在《政治媒介化的四个阶段》中将“政治媒介化”这一概念从下面四个维度来展示。[①]

个人是最重要的信息来源	←→	媒介是最重要的信息来源
媒介依赖于其他权力机构	←→	媒介独立于其他权力机构
媒介内容受制于政治逻辑	←→	媒介内容受制于媒介逻辑
政治活动由政治逻辑决定	←→	政治活动由媒介逻辑决定

Stromback在上述图表中着重描述的对象为媒介化的政治，其推断政治的媒介化是一个随时间推移和国家发展不同而动态变化的过程，并由此提出了评价一个国家的政治媒介化程度的理论框架。根据上述框架我们知道媒介化政治的表现如下。

（一）媒介与政治活动的交融度渐深

对于大众传播媒介与政治领域的关系，用一句话可形容为范围上的全覆盖和深度上的全交融。这包括两层含义：首先，从媒介所涉及政治活动的广度来看，政治事务及相关活动无论规模大小、关注众寡或者紧急与否，都基本上进入大众传播媒介视野，有意见认为媒介化的政治现在已经成为现代政治的重要形态。这说明凡是政治领域发生的事务，媒介基本上都会表现出积极了解和融入的姿态，在现代政治过程中，大众媒介发挥着极为重要的功能，比如促进政治参与、监督政治权力、进行政治沟通、实施政治控制、设置政治议题、进行政治社会化。[②]尤其是政治权力的更迭和使用、政治和外交

① Jesper Stromback：*Four Phases of Mediatization: An Analysis of the Mediatization of Politics*

② 张昆：《政治传播与历史思维》，华中科技大学出版社，2010 年，第 147 页至 155 页。

活动的开展和进程、政府和民众议事的过程等更易成为大众关注重点，并基本无死角地出现在媒介各类报道中。

其次，从新闻传播的角度来看，我们所了解的政治活动的本质是以政权、政体、政事等为核心而进行的信息交流和传递活动，而媒介正是其实现以上传播活动的重要载体。自新兴媒介如互联网和手机应用崛起后，政治活动的开展和深入几乎都与媒体报道节奏保持同步，从大众云云的表象到不为人知的暗事，凡属政治领域中各类事项，其曝光度越来越高，这使得人们对政治的关注热度较之以前有了提高，同时也使得政治权力以及政府行为逐次实施的规范性与合法性接受到了来自媒体和普通民众的监督。对于普通的民众而言，媒体在政治领域的最大的作用是问政、资政以及督政，从国家政治运行和发展的角度来看，媒体的深度介入是一种有利于政治进步的有效手段。而对于大众传播媒介而言，揭开并还原政治活动的深层面貌是它吸引人们并谋求自身发展的最好方式。

（二）媒介对政治变革的作用力增强

大众传播媒介的快速发展，给政治领域带来了难以想象的影响。通过历史的经验，我们知道一个国家进步和发展的动力和手段之一是进行变革，自上而下的变革是主动性的及改良性的，而自下而上的变革则常表现为反抗式和颠覆式的。我们这时可能会发现一个有趣的现象，过去，在大众传播媒介并不发达的历史时期，变革的方式多以自下而上为主，今天我们的变革却多数来自政府和领导阶层，这意味着什么呢？笔者不敢妄论，但是我们可以藉此来反思。有人认为“大众媒介往往是政治行为者的重要工具，用以推动政治变革，无论是进行政治革命还是进行政治改革，掌握和利用大众媒介都是必不可少的环节。”①不妨这样说，大众传播媒介甚至改变了政治改革和进展的一般逻辑。虽然媒介的作用不是决定性的，但至少它是辅助性的，在某些方面来说甚至是不可替代的。就如西方学者所认为“尽管传统的诸多形式，

① 刘远亮：《大众媒介与政治的互动规律》，载于《湖北行政学院学报》，2014 年第 3 期，第 13 页。

如挨家挨户式的游说、政党活动及其他社会运动的开展等仍然没有消失，人们也依然可以在没有媒体参与的情况下直接进行政治讨论。但是很多的政治组织已经认识到，如果没有媒体多方面的运用，政治统治以及一系列相关的步骤是不可能以其现有的方式顺利实施的。”[①]现代国家对于政治变革的态度往往积极但慎重，媒介在其中起到的作用也主要表现为这样几个方面。第一是媒介在政治变革之初提供大众意见发表平台，营造公共话语空间，具体则表现为收集和整理民众的议论，为政治变革做前期的舆论调查和准备；第二是媒介在政府推行变革的过程中进行舆论监督和信息反馈，从而间接确保变革顺应民众意愿的方向，并且直接影响变革的进程；第三是在变革的整体步骤和实施效果上，媒介起到告知、宣传以及反馈等不可替代的作用，也及时疏通并协调在变革进程中的误解、矛盾等诸多问题。

简单来说，媒介在政治活动中发挥的依然是信息沟通和意见综合的基础性作用，但是不可谓不重要。在当今世界，政治体制弊端、政治系统故障、政治角色异位等问题层出不穷，过去诉诸于武力解决的途径显然不适合当下，除非矛盾不可调和。那么在寻求其他解决途径的过程中，媒介作为新兴协调和中介力量的特性被看好就变得顺理成章了。

二、媒介化的文化样态及其传承特征

所谓文化，其内在含义是指被人们选择接受并经过多年沉淀积累而来的具备一定群体性特征的社会意识、行为、习惯、现象等的总和。文化与媒介的结盟是文化所具备的延续性和传承性使然，尤其是“在现代信息社会，大众传媒已经渗入到人类生活的每一个角落，它们无时无刻不和受众见面，通过版面和节目向人们传播资讯。而文化的变化和演进正是以资讯的传播为基础的。”[②]媒介化社会中，文化资讯、文化审美、文化现象等无一不通过现代媒介这一载体来传播和表现。正如有学者指出，媒介这一技术因素给当代审

---

① 《媒介化政治：政治传播新论》W. 兰斯 · 本奈特 (Bennett.W.L.)，罗伯特 · M. 恩特曼 (Entman. R.M.) 主编，董关鹏译，清华大学出版社，2011 年，第 1 页。

② 蔡雯、蔡骐：《大众传播：文化的继承与扬弃》，载于《新闻三昧》，1998 年第 4 期，第 46 页。

美文化带来的第一个明显标志是文化的媒介化，或者说是正在转向媒介化的文化。[①]理解媒介化的文化，首先需认同大众媒介对当代文化传播的不可或缺的重要作用，其次需要了解由于当代文化与大众媒介存在共生关系从而表现出来的文化类型和属性，以下将从两方面来具体论述。

（一）媒介成为大众文化的重要载体

大众文化与精英文化不同，它是适合大多数人审美水准和心理需求的文化，一般具有最广泛的群众基础。其中，“‘大众’兼有数量、时间和空间的三种规定性。其一是数量庞大，大众文化大量复制消费对象或受众人数众多，与曲高和寡的所谓‘文化精品’截然不同；其二是时间迅速，大众文化借助现代传播手段广泛传播，在极短的时间内甚至是几乎同时被人们迅速认同和接受；其三是空间广阔，大众文化辐射范围宽广，能冲破政治、经济、宗教、教育等因素造成的障碍，跨越年龄、性别、职业、阶层、地域等的界限，为大众所喜闻乐见，雅俗共赏。”[②]反思大众文化的形成，可以发现其形成与媒介的出现并不同步，有观点认为口头传播时期，大众文化因为媒介形式的单一而缺席。印刷媒介出现后才逐步出现大众报刊和相应的通俗文化，但这只是大众文化的缘起，真正的大众文化是在电子媒介出现后，其主要表现形式是电影、电视中的肥皂剧和各类娱乐性的电视节目、广播电台中广播剧和流行音乐等，尤其以电影、电视等为代表的视觉媒介普及之后大众文化才具备了大量的传播对象并因此勃发生机。[③]关于电视和电影对当时人们的影响已经在无数专著和论文当中提及，这里我们要注意的是大众文化正是伴随着这种影响而渗透人们的生活空间，塑形人们的大众审美。无论从历史角度还是从技术角度，我们都确信大众文化与大众传播媒介的普及都密不可分，一方面，大众文化日益成为现今媒介传播的主要内容，另一方面，大众媒介

---

① 周宪：《审美文化中的工具理性和表现理性》，载于《国外社会科学》，1997 年第 4 期。

② 柳杨：《当代传媒的大众文化品格及其价值引导》，载于《辽宁教育学院学报》，2002 年第 5 期，第 87 页。

③ 赵勇：《不同媒介形态中的大众文化》，载于《辽宁大学学报》，2011 年第 4 期。

在大众文化的生成、发展和壮大过程中发挥了巨大作用。可以说，大众媒介和大众文化这二者相互铸就并形成了各自的特质，大众媒介传播速度之快，辐射范围之广，影响力度之深等特点俱成为某一文化流行的最佳配置，大众文化的流行和深入人心又使得人们对媒介的喜爱和依赖逐渐加深。因此，大众传播媒介与大众文化的结合本就是一种极为自然和令人欣喜的文化现象。尽管20世纪法兰克福学派中部分学者认为依赖媒介出现的大众文化是一种标准化、复制性、大批量生产的“文化工业”，并且批判其是社会信仰和价值中心历史性解体结果[①]，但媒介在此过程中表现出的传播技术优势、内容影响力度等是不可否认的。

（二）媒介文化成为文化传承的本体

文化与媒介的交融发展已经长达百年（如果从电影和电视媒介诞生开始），彼此之间很难割离。今天，当超越了普通电子媒介的数字网络媒介出现后，原先多限于从传播内容范畴去理解的“文化”在形式上也有了“媒介化”的特殊性。笔者提到这一论点并非偶然，其依据在于媒介成为大众文化传播的重要载体之后，除了传播文化之外，它还成了文化本身。“大众文化已融入种种媒介文化形式之中，成为生成媒介文化的内容或元素。这样，大众文化仿佛隐而不见，却又无处不在。它依附于种种媒介文化获得了新生，也具有了合法存在的理由。于是在这一时期，我们更应该谈论的内容是媒介文化而不是大众文化。”[②]因此，我们可以把媒介文化看作是大众文化发展到另一新阶段之后呈现的文化样态。目前，媒介文化正成为社会领域和文学领域最关切的焦点问题，但在这里我们探讨的却是文化的媒介形式并非内容。设想在将来，人们了解文化的主要渠道和基本介质会是什么？书籍、报刊、影像资料以及一切传承了各种文化符号的有形实体和非物质文化遗产等。而这些都可以被媒介所反映，并且以保真性极高的方式留存下来。再环视当

① 朱立言等：《哲学与当代文化》，中国人民大学出版社，1998年版。

② 赵勇：《媒介形态中的大众文化》，载于《辽宁大学学报》，2011年第4期。

下，我们现在用以传播、交流和普及相关文明、修养、道德、意识形态的首选手段又是什么？几乎都是现代传播媒介，而且多以数字网络媒介为主。

众所周知，文化的传播和继承是人类社会共同的责任。不同时代的文化继承都会具备相应的时代特点，从古至今，书籍作为最基础的文化载体存在，我们相信在将来它依然是传承主体之一。但是处在互联网时代的文化继承，它所具备的最大特点就是将新媒介的使用与文化传承紧密结合，后者将深深地打上新媒介烙印。从这一维度来解释媒介文化作为文化传承本体并不困难。换言之，“这意味着媒介文化既与大众文化存在千丝万缕的联系，同时也呈现出一些新的特征。而这些新特征很大程度上又是被新媒介本身的特征所决定的。比如，有了网络，就有了网络文化；有了手机；又有了短信文化。由于这种文化对特定媒介的依赖性很强，所以我们甚至可以说，失去了这种媒介，其文化形式将不复存在。”①

总之，我们可以观察到，现代新兴媒介的诸多特点已进入到当代文化的深层肌理结构，使当代文化呈现出媒介化特征。

三、媒介化的经济活动及其消费特征

这里首先要理清，媒介化的经济活动属于媒介经济学研究的对象之一，但跟“媒介经济”或称“传媒经济”这类稍具抽象意义的概念相比，媒介化的经济活动更具有现实的、具体的现象性的特征。比如，媒介经济关注的是与媒介、媒体、传媒产业相关的经济现象并将其视作宏观经济中的一个有机构成，而我们现在关注的是经济活动，这些活动并不一定都发生在传媒领域，但是却直接或者间接地受到大众传媒的影响，例如生产消费、贸易谈判、价格竞争、投资并购等的纯市场行为通过媒介力量的介入而发生变化，这就是媒介影响力作用的结果。很长一段时间以来，现代社会中越来越多的经济活动与大众传媒的关系变得密切而有趣，这正是我们关注的焦点所在。如前文所述威尔伯·施拉姆在20世纪80年代就对该类现象表现出了兴趣，并

---

① 赵勇：《媒介形态中的大众文化》，载于《辽宁大学学报》，2011年第4期。

指出如果没有大众传播媒介或其他迅捷的信息工具，谨按照当时的经济社会发展速度来发展国家的经济和社会，是绝对不可想象的。[①]时至今日，大众媒介对社会各方面的影响较之以前更为广泛深远，经济活动被媒介所影响俨然已形成当今经济活动的常态。对此，我们将其归纳为以下几方面。

（一）媒介促成市场沟通与繁荣

“西方报纸是资本主义商品经济的产物”[②]，如果以西方十九世纪报纸的大规模生产和发行活动作为观察视角，或者看向更早时期的报刊传播活动，我们就会发现这样一个事实。从中世纪手抄新闻报开始到大众化报刊这数百年时间里，报刊业因市场需求而逐步发展壮大，同时它也持续服务于城市和国家的经济信息交换和沟通。如果不刻意强调报纸的政治属性和意识形态属性，那么从报刊现代化的历史来看，其商品属性更带有本质属性的特点。事实上，报刊只有在满足了人们经济获利这一需求，并将其发展成为自身所能提供的经济服务性功能时，它才能快速地、大幅地完成再生产和盈利。回顾传媒事业发展早期，报刊作为主流媒介为商品经济活动中的主体如船舶、港口、公司、个体资产经营者无疑提供了相当重要的交流渠道。今天，生产和服务主体愈加多元和广泛，社会分工愈加精细复杂，经济活动的发生频率之快、涉及范围之大都无法计算，包括报纸在内的大众传播媒介尤其是网络的经济服务性功能更加突出。“大众传媒是企业经济决策的主要依据。企业的生产、流通、销售各个环节，人力、财力、物力的调配管理，战略决策和战略规划，都离不开对社会环境和人们需求变化的了解。而社会环境与人们需求的变化，是大众传媒最重要的播报内容之一。有远见的企业家都是善于运用大众传媒提供的各种经济需求来进行企业的科学决策和有效精英管理的。”[③]

在资讯发达的现代社会，经济信息的瞬息万变直接导致大小企业实体的

① 威尔伯·施拉姆：《大众传播媒介与社会发展》，华夏出版社，1990 年版，第 98 页。

② 李良荣：《新闻学导论》，高等教育出版社，2006 年 8 月，第 65 页。

③ 童兵：《科学发展观与媒介化社会构建》，复旦大学出版社，2010 年，第 67 页。

兴衰，商业信息掌握的早晚和多少也会成为经济主体进行市场竞争的筹码。而对于普通人而言，媒介中发布的相关金融产品信息或者经济政策调整等，都是他们了解社会经济状况，主动管理财政的依据。在媒介化社会前期，经济的发展并不像今天如此依赖媒介信息，所以与之相适应的是慢节奏的经济生活方式，社会生产和消费的周期相对较长。但是如今处于依赖媒介信息的时代，信息成了促使贸易沟通、经济发展的利器，通过简单的信息传递和交流就能直接或者间接地获得较丰润的利益回报，这在以前是无法想象的，但是媒介化社会中，这一切都再正常不过。可见媒介化社会带给了今天的经济活动更大的活跃性和变动性，重要的是它也给普通人带来了更多的机会。

（二）媒介引领消费增长与方向

生产、分配、交换和消费是经济活动的四个环节，在这四个关键环节中，信息的传递贯通其中，生产和消费作为其中的一首一尾更需要进行信息畅通，才有可能进入良性的循环。随着经济发展和生活水平的提高，人们在消费领域的习惯和理念也有了很多变化，人们现在普遍认识到只有足够的消费才能产生足够的生产动力，所以正处于消费社会的人们自然拥有更多的消费需求，媒介在这一方面则起到了非常关键的刺激和引导作用。“在某种意义上，大众传播媒介被用来刺激人民，提高人民对世界上美好事物及其更美好生活的期望。”[①] 有学者认为，媒介经济既是注意力经济，更是影响力经济，如果参考该说法，我们可以推断媒介通过吸引大众注意力和施加其自身的影响力而带来的市场效应非常可观。丹尼斯·麦奎尔认为，如果从市场的角度考虑问题，市场可以定义为“为特定的媒体或讯息所指向的、具有特定的社会经济侧面像的，潜在的消费者的集合体。”[②] 言下之意，消费市场是通过媒介信息所勾勒形成的用以吸引消费者的“热钱流入地”。那么媒介的哪些内容是指引消费的信息来源呢？首当其冲是广告，广告对消费的刺激是

① Daniel Lerner，*The Passing of Traditional Society*，New York，Free Press，1958，335

② 华文：《媒介影响力经济探析》，载于《国际新闻世界》，2003 年第 1 期，第 80 页。

其存在根本。广告塑造了一种消费趋向性，“使消费者们重新部落化，就是说通过一种同谋关系，一种与信息但更主要是与媒介自身及其编码规则相适应的内在的、即时的勾结关系，透过每一个消费者而瞄准了所有其他消费者，又透过其他消费者瞄准了每一个消费者”①。广告的反复播出对于人们来说是最为直接有效的消费诱惑，并且广告的形式和内容在不同的时代有所不同，从以前的媒体纯广告到现在的植入式的制作精良的软广告，可谓无处不在，一般条件下，人们很难抵御这种防不胜防的随处可见的信息入侵，也就自然而然形成阅读和观看的随机性和适应性。

除去广告的刺激和引导，大众传播媒介上的其他内容也会左右人们的消费方向。从国家权力和职能部门发布权威信息指导消费者购买行为，到电视或网络上出现关注度较高的人物和事件时引发的短期模仿式消费行为，再到影视剧中的演员和公众场合中的明星的衣饰打扮影响现实潮流时尚，吸引一拨又一拨粉丝跟随性消费等，这些都是媒介信息作为消费催化剂的直接结果。

上述内容反映出现代社会中的政治、经济、文化领域各因媒介影响而发生的改变，在英国传播学教授尼克·库尔德利看来，除政治之外，教育、宗教以及艺术等都是“媒介化”的主体内容，当今社会各有机组成部分不管是渐进式的还是倾覆式的变化都属于这一“化”之过程，它们所体现出的局部特点日益呈现出了媒介化社会的整体特征，笔者在此先将其简单表述为两方面，其余内容在第二章节中详细阐述：第一方面特征当属人与媒介之间关系的嬗变，人对媒介的依赖增加了，媒介接触和使用者人数也在迅速增加。“社会总体的媒介消费方式呈现出向信息狩猎、网络创造方向变化的大趋势，人们主动利用信息的程度和能力大大提高，这又反过来使得作为信息来源的大众媒介对人们的生活的影响越来越明显，人们对互联网以及整个大众媒介系统的依赖程度也越来越高。”②；第二方面特征是媒介深入到了人们

① 鲍德里亚：《消费社会》，南京大学出版社，2000 年版，第 134 页。

② 谢新洲、张炀：《互联网、媒介化社会及其对社会结构的影响》，载于《媒介化社会与当代中国》，2010 年版，第 79 页。

生活的各个方面，无孔不入，一个媒介化的生活圈正在形成。据2017年1月中国互联网络信息中心（CNNIC）发布的第39次《中国互联网络发展状况报告》显示，截至2016年12月底，中国网民规模达7.31亿，互联网普及率达到53.2%，比上一年底提升2.9个百分点，超过全球平均水平3.1个百分点。同时，新增网民中使用手机上网的群体占比达到80.7%，并有向低龄和高龄人群渗透的明显趋势，可见，移动互联网塑造的社会生活形态进一步加强，"互联网+"行动计划推动政企服务多元化、移动化发展。①我们能强烈地感觉到，媒介之于人，不再是简单的外物，而是生活不可缺少的一部分。甚至有观点说"我们这个社会已经被充分媒介化，以致任何人，如果不按照媒介所规定的'议程'思考和行动，就会成为落伍者，成为同伴取笑的对象，或者干脆成为社会的边缘人，乃至丧失起码的生存条件。"②

---

① http://www.cnnic.cn/gywm/xwzx/rdxw/2016/201608/t20160803_54389.htm

② 夏德元：《电子媒介人的崛起》，复旦大学出版社，2011 年，第 52 页。

第二章

媒介传播工具的使用与进阶

很多情况下我们都认同这样一种说法，媒介只是工具。但工具又是什么？爱迪生说，地球上的一切工具，不过是人肢体和知觉的发展。爱因斯坦则说，科学是一种强有力的工具，怎样用它，究竟是给人带来幸福还是灾难，全取决于人自己，而不取决于工具。这两句名言分别从两个方面解释了“工具”的特点。第一，工具是人的主动性创造发明的结果，并且为了满足一定的实用性目的而出现，其最终成为人更好地感知和改造整个客观世界的手段；第二，工具本身没有社会属性，但人们使用工具所达到的效果和影响却具备了是非善恶等评价性特征。由此来看，工具对社会人来说一方面是可以代替人与客观世界发生联系和作用的客观手段，另一方面它在被使用过程中也成了人的主观目的的表现介质。所以我们今天看到的对于媒介的分析和观察中，有不少人从工具创造和发展的角度来定义媒介这一对象，这其中就包括著名的传播学大师马歇尔·麦克卢汉。

麦克卢汉对媒介的认知独到且深刻，半个世纪前在没有做任何实证研究的情况下他探索性地提出了一系列在今天看来依然振聋发聩的预言和判断，例如“媒介即信息”，“媒介是人的延伸”等，语出惊人，并且今天这些论断在不断得到验证。从媒介工具论角度来看，以上说法应该算中规中矩。除了从工具本质特点的角度去理解媒介以外，我们还应该看到媒介作为一种工具，也具备了应需求而产生和改变，并也因为不适合需要而被淘汰弃用的特点。正是因为这一特点，故我们从发展的角度去看待媒介这一对象工具产生和存在的历史以及现实，并且探索媒介这一工具的原始应用属性以及人们在使用这一工具时的行为习惯、改进初衷、环境要求等是可行的。比如说，我们在使用媒介时应当是遵循了一定的习惯和逻辑，虽然我们自身并没有明显意识到它们。当然，这里说到的不是个人的习惯比如有人喜欢在看电视时吃零食或者一边看报一边读出声音，而是在使用某一类型媒介时人们表现出来的有异于其他类型媒介的从行为到心理的使用特征，即我们现在所说的媒介逻辑内涵。媒介逻辑是一个并不新鲜的提法，早在20世纪70年代，就有学者专门著述。[①]我们大致可以认为媒介逻辑是确认媒介文化和新闻生产标准的一个重要窗口，也是描述和解读社会发展变化的重要思考路径。它包含媒介传播的物理形式，媒介内容的定义框架，选择标准、组织结构和呈现方式，以及媒介语法等。[②]依据该观点，我们在使用媒介时所做出的选择和对媒介的反应很可能在某种程度上由媒介的物理属性所决定。

举例来说，电话和广播通讯，这两种传播媒介都以传递声音为全部表现形式。法国小说家马塞尔·普鲁斯特在其代表作《追忆似水年华》中曾描写自己第一次打电话的感觉，声音似乎很近——实际却相距遥远！这种感觉新奇而让他痛苦，因为在电话这头的他清楚意识到自己并不能拥抱到电话那头的爱人，这种真实的感觉源于电话基于声音这一传播介质给人带来的不确定感。所以，人们对声音这种传播介质衍生出了一系列的反应模式和认识逻辑，我们可以从这些模式和逻辑上去感受媒介工具的发展路径规律。

综上，我们要在此章来挖掘不同时期媒介的工具属性的变化，并由此观察人们利用其属性去发展和实现个人化的、多样化的目的，将能够帮助我们自己更好地理解媒介。

第一节　媒介的阶段性进化

众所周知，媒介按照不同的标准可以被分成很多类型，麦克卢汉曾经把媒介的发展分为口头传播、印刷传播和电子传播三个阶段，也因此有了印刷媒介和电子媒介等相应的说法。在本文中，关注焦点始终是大众传播媒介工具，但大众传播媒介的具体所指并非一成不变。比如书籍曾是小众人等能够阅读的工具，但是在印刷技术和文化教育被普及后，它便成了大众文化知识传播工具；再如电话，在最开始只是人际沟通与处理事务时所用，但是在移

---

① Altheide D.L.& Snow R.P. *Meddia Logic*. Beverly Hills,CA:Sage(1979)

② 孙少晶：《媒介化社会：概念解析、理论发展和研究议题》，《媒介化社会与当代中国》马凌、蒋蕾编，复旦大学出版社，2011 年 10 月，第 7 页。

动互联技术成熟后，手机便具备了大众传播工具的功能和特点。所以对于媒介这种传播工具的认识，从来都不是简单的分类可以囊括和描述的，任何一种类别划分在将来都有可能被打破。重新审视作为传播工具来使用的媒介，无论是大众传播工具还是人际传播工具，从媒介技术发展史来看无疑都经历了从一个从低到高的过程。恰好相反，从人类接触媒介和体验媒介的门槛变化这一角度来看，则出现了一个由高到低的过程。在这一过程中，媒介在各个阶段的存在形态和其具体的功能是不一样的，综观每个不同阶段，我们可以发现其发展进化的方向和内在使用逻辑。基于以上论述，我们接下来的阐释也将主要围绕这两个方面来进行。

一、单一向性媒介

“向性”这一概念若按照生物学观点应属于应激性的一种，是指单向的环境刺激下，某些生物的定向运动反应。单一的向性，与多元的复杂的环境刺激正好形成对应。如何从媒介工具的角度来理解这种单一向性呢？从广义上来说，工具是用以改造客体的手段，相较于一般生产工具作用的客体对象是物质世界而言，媒介工具的特殊性就体现在它作用于人。换言之，媒介工具依托于其物质形态作用于人的精神世界。所以，笔者认为，从媒介的物理性能角度和人对媒介的感知角度来理解单一向性是不错的选择。

作为传播工具，每一种媒介都具备自己的物质形态特点和功用特点。但自从媒介出现开始，人们的关注重点就从来不在其自然属性。正如“生产工具不是天然之物，而是人造之物，因而其本质不是某种自然属性，如硬度、强度、速度等，而是某种社会属性，即制造生产工具的人与这种物的关系。作为自然属性，一件生产工具具有哪些物理化学性能，有怎样的结构和有多大的能量，对于表示其技术范畴的性质是有意义的。但技术范畴的性质尽管直接表示生产工具作为某种物质的性质，却不表示生产工具作为某种物质与人的关系，因此，生产工具的本质与其技术范畴的性质无关。”①这可以用来

① 陈永正:《马克思的生产工具思想及其当代启示》，载于《南京政治学院学报》，2015年第5期。

解释，为什么人们最初在使用诸如经籍、报刊等大众媒介时为何没注意到这类媒介自身的一些物理性能。所以今天当我们回头看时，作为了解单一向性媒介的一个角度，其自然属性正是一个新入口。

单一向性的媒介在物理属性上具备这样的特点：它只能够通过一种符号或者一种渠道与人发生作用。如书籍和报刊，它们唯一能凭借的是文字符号或者图形符号来传达意义，纵使人们可能同时通过文字和图形来读懂书籍和报刊，但他们却只能通过视觉传递接受这一渠道完成，其他特殊传播渠道，例如盲人通过触摸点字来获得消息也是单一渠道，并未借助多个信息传达途径。另外，单一向性媒介大多数都是线性的、平面化的，从头到尾，从古至今，很多读者对于书报的感觉都停留在一卷竹简、一本装订书册或者一张新闻纸页上，尽管人们的阅读节奏不同，有人一目十行，有人逐字逐句，阅读姿势亦有差别，有人正襟危坐，有人轻松随意等，这些都是个人阅读能力和生活习惯与媒介发生联系时的表现，较具个性化特点和阶段性特征。但是对于在人们在使用单一向性媒介时所表现出的适用其物理属性维度的特征就是另外一种情况了。

笔者认为，单一向性媒介与使用群体的以下共性特征是相匹配的，如：

对环境的要求，安静或者封闭；一般来说读书读报都需要安静的环境，更有助于读者的对于内容的吸收。封闭的环境则不易受到外来事物的干扰，也有助于读者集中注意力。从这一点来说，阅读书刊等也带领人们进入了易于联想的空间，促使他们进行更为丰富的、沉浸式的思考。早期有相关科研小组在长期的实验调查验证基础上，提出较早接触书报刊物等工具对人的脑力如逻辑思维和生活习惯等是具备利好作用的，这也是为什么会有观点认为“书是让人思考，电视却让人傻笑”。

对能力的要求，受过教育或愿接收新知识；阅读书报，收听广播等都是我们提倡的生活方式，其中识文断字是阅读的基础，因为从文字符号信息接收和消化的过程来看，它是需要数度解码后才能被读者真正记忆和理解的。而对于愿意从媒介渠道来获取信息来源的人来说，广播是一个不错的选择，不管是在安静环境下收听还是在车辆上收听，不少人的最终目的是在伴随状态下获得自己关注的节目和消息，其次才是打发时间。这与使用电视的目的不太一样。

反过来，单一向性媒介由于自身的物理特点，所以也形成了相应的一些传播优劣势交融现象，这主要体现在人对媒介的使用感受和经验上。例如，单一向性媒介优势之一是能够充分地利用和发挥其所依赖的表意符号，文字、图形、语音、声响等。以文字来说，文字本身就是一个民族文化的象征，同时它也是文化传承的载体，通过约定俗成的使用规则形成各种表情达意的词、句、篇章等，无数人曾赞美文字带来的形象美和表意美，这些都是文字符号的优势。再如声音，不管是人畜声还是自然声响，都是人类社会和自然社会活动的有声记录，优美动听也好，恐怖尖锐也好，各类音响都可以满足人们的听觉感官刺激。单一向性媒介正是以利用上述这些符号元素作为基础，而这些符号也被最大限度地开发，且这种开发与人自身的发展以及社会文明的发展是同步的。但是，作为媒介的传播符号来说，单一向性媒介所借助的表意符号有限，作用于人的感官渠道唯一，所以在经过了较长时间后，这种单一的符号或者渠道环境刺激开始表现出后劲不足，人们的视觉或者听觉会出现习惯性疲劳或者麻木。当环境中出现其他刺激时，人们可能会放弃这类媒介转向其他，这无疑又是单一向性媒介的劣势所在，无怪乎有学者指出“平面化传播文化特征之一的线性、逻辑的思维方式，现在受到了多维、直觉的思维、观赏和认知方式的挑战”①，这在今天早已被验证。说到这里，其实我们已然明白，单一向性媒介或有时亦称之为单一型媒介不管从哪个方面来看，都代表了大众媒介发展早期的媒介形式，在所有传播工具中，它们是最为基础的一种，正是因为有了这些基础性质的媒介形式，所以才能在不远的后来进行逐步积累，研发更迭至更复杂多元的媒介形式，这其中媒介化社会的发展逻辑起着巨大的作用，从社会需要出发、以技术革新辅助，至社会业态变化，这是一个无法跳越或按下快进键的历史过程。

---

① 童兵：《科学发展观与媒介化社会构建》，复旦大学出版社，2010 年 7 月版，第 6 页。

二、综合感官媒介

据说，电报、电话等都“征服了时间和空间”，如果按照这一观点，我们也可以将广播、电视、网络等列入其中，它们都能传递或播放彼时彼刻的声音或图像，再现彼时彼刻的场景和故事过程等，这几乎是所有电子媒介的特点。但从更细微的角度来看，这些媒介又有不同的类别特征。这里，我们将要说到的是电视和网络等，从某种意义上分析，它们更具有相近的物理特性和使用特点，且在电子媒介领域中别具一格。

这里，先要介绍“感官媒介”这一说法，很明显该说法是从不同媒介给人带来的感官体验和生活方式出发进行归纳定义，但实际上这个词脱胎于麦克卢汉在《理解媒介：人体的延伸》中所提到的主要观点即：媒介是人类感官的延伸。作为人类另一类特殊的“手耳眼鼻”，媒介最大程度地帮助人实现了与客观世界的交流，就像人们自己亲眼去看，亲耳去听，亲手去做一般。正是从这个意义上来说，我们现在的传播媒介工具就是扩大化的、增强化的人体感觉器官，这也是“感官媒介”的意义所指。但是对于之前讲到的单一向性媒介而言，由于其感官刺激和体验受限，所以人们并未能真正全面地认识和了解“感官延伸”的意义。这种情况在广播、电视以及后来的网络出现后便有了质的变化。“以广播和电视为主体的电子媒介为人类传播带来了具有里程碑意义的变革：它形成了人类体外化的声音信息系统和体外化的影像信息系统。电子传播技术不仅带来了一种全新的认识和感知方式，而且具有与传统媒介时代完全不同的时间、空间、符号和物理结构的‘偏倚’[①]。”需要指出的是，由于广播和电视出现的时间非常靠近，所依赖的电讯传播技术基础存在共通之处，因此研究者们长期以来将这二者都以电子媒介作为类别归属，并不习惯从两者之间的感官体验差异方面来进行区分。鉴于分类的形式需要和叙述的方便我们在此可以将广播视作从单一向性媒介到综合感官媒介的一种过渡，但从符号使用来看，将其归于单一向性媒介更为适合。

综合感官媒介是针对单一向性媒介而言。从环境和感官的刺激角度来

① 童兵：《科学发展观与媒介化社会构建》，复旦大学出版社，2010 年 7 月，第 6 页。

看，综合感官媒介实现了对使用者的多层次影响，改变了之前媒介作用渠道单一的状态，完成了对人们多个感觉器官的刺激过程。比如电视，从20世纪30年代真正意义上的电视节目开播以来，人们津津乐道的就是电视提供的画面图像和活动影像，而声音的同步传播，使得电视区别于单纯的传声工具例如广播，也使得电视区别于19世纪末出现的电影默片， 它的出现被视作刷新了当时所有的声音或者图像媒介如电话、留声机、摄影机等，当然也包括广播。如果说电子革命是人类传播时代最伟大的成就，那么电视媒介应该算是这一成就中的最具代表性的综合性成果。电视的作用和影响，早就从其发明之始被重视。在笔者看来，电视这一媒介作为传播工具的最大突破在于其在历史上第一次以传播符号叠加的方式来满足了人们当时潜在的需要，并且这业已成为传播工具的改进规律，在后来的网络发展中发挥了巨大作用，我们现在的媒介几乎都是以“电视+”的形式来进行创新，这无疑与现在经常提及的“融合”媒介发展相吻合。

另一方面，与单一向性媒介相比，综合感官媒介对环境的要求相对来说不算太高，无论是安静场所还是喧闹场合，由于综合感官媒介能全面占领人的眼睛、耳朵等信息接收器官，所以被环境中其它杂音干扰的机会相对较小。当人们使用这类媒介时，身心投入速度快，很容易享受其中，时间往往在不知不觉流逝。以计算机互联网而言，人们在使用过程中无论是聊天、观看视频、参与游戏等，都能比较轻松地获得满足感。这里需要借用麦克卢汉在20世纪曾提出两个著名概念“冷媒介”和“热媒介”。他认为热媒介传递的信息比较清晰明确，接受者不需要动员更多的感官和联想活动就能够理解，它本身是“热”的，人们在进行信息处理时不必进行“热身运动”。电视，漫画是冷媒介。书籍、报刊、广播、无声电影、照片等是“热媒介”，因为他们都作用于一种感官而且不需要更多的联想。[①]对于这种说法，不少人士已经表达了疑惑，因为麦克卢汉关于冷热媒介的分类并没有前后一致的标准，在逻辑上也存在矛盾。因此有人说“冷热媒介”的分类本身并没有多

① http://baike.so.com/doc/6498217-6711932.html

少科学和实用价值，重要的是它给我们的启示：不同媒介作用于人的方式不同，引起的心理和行为反应也各具特点，研究媒介也应该把这些因素考虑在内。 由于麦克卢汉对冷热媒介分类标准的不一致，人们对热媒介的概念难免产生不一样的理解，比如有人认为，所谓热媒介就是信息量非常丰富，使得接受者很容易建立交流的媒介；电子出版物也是热媒介。①

综合麦克卢汉的所提到的概念以及大家后来的理解，我们可以看到对于媒介的物理性质以及所传送信息的特点的研究是我们了解媒介的一个重要角度，那么对于综合感官媒介来说，它所具备的特征非常明显：充分使用文字、声音、图像等多种元素，清晰易懂，不需要人们作过多理解，所以本身有迅速吸引人注意力的特质。此外，由于多处感官的刺激，人们体验到的信息量和由此形成的真实现场感要远远超过单一向性媒介，开始越来越沉浸于这种传播工具的刺激和影响中。同时，由于多个感官分担了不同的信息内容的输送数量，也使得人们不易在长时间里产生疲劳，这也正是单一向性媒介所不具备的优势。这里，笔者认为不管是用冷热媒介的概念去界定，还是从电子媒介和印刷媒介的分类去考察都只是一种分析方法和理解角度，综合感官媒介主要是相对于单一向性媒介而言。这类媒介作为传播工具来看，其满足了人们更多方面更高层次的体验和信息接收需要，多感观的传播和接收在今天是轻而易举的，特别是当它成为人们自然而然的生活和工作习惯时。笔者认为，综合感官媒介的下一步是做到传播的“去介质化”，其含义是让媒介及其信息成为人们生活中最自然而然的一部分，即媒介可能简化成一种最为快捷和方便的工具，甚至可能营造出可与真实媲美的环境，让人们感觉到“ 媒介即生活”，这可能是媒介工具在不断变化和升级过程中的必然，虽然此时笔者无法用更多观点去辅助这种猜测，但身处于媒介化社会当中，我们无法不遐想连篇。

从历史角度来看，媒介的发展经历了技术含量从低到高、形式内容从简单到丰富、需求满足从单一到全面等一系列规律性的进化过程。并且这种进

① http://baike.so.com/doc/6498217-6711932.html

化过程在后来又出现了不同寻常的拐点，这就是互联网的普及。如果按照协同进化论[①]的观点，今天我们之所以能看到媒介发展一日千里，都源于互联网这股“洪荒之力”。例如有观点认为媒介的进化方式有两种：一种是补偿式进化，从纸质媒体到广播媒体、从广播媒体到电视媒体，都是遵循这种进化方式，新媒体兼容旧媒体，不断对旧媒体“查漏补缺”，共同满足受众的不同需求；另一种是替代式进化，互联网就是替代性的“媒介”，互联网改变了传统媒体的生存规则。[②]从这一点上来说，互联网是传统媒体杀手，它在加速推动新媒体层出不穷、以及新功能不断强大的同时，也在快速将传统媒体推向坠崖的边缘，这个速度比历史上任何一次传播工具的更新和演进速度都要令人惊讶。但不管进化结果的差异或速度的快慢如何，我们始终认为，媒介作为传播工具的功能性特点没有变化，新旧媒介一直以互相借鉴和影响的方式存在和发展着。

第二节 媒介与人相互作用

有观点说“在历史上，人与媒介的关系从来都不是一成不变的。最初，人与人之间的交流可能无法借助任何媒介，人只能作为媒介本身来进行彼此之间的联系和沟通。那是人类史前的自媒体时代。随着人类文明的进化和人类社会的进步，人的依赖关系发生了变化，人们之间通过媒介进行交往，人类交往的范围也逐渐扩大。社会分化为阶层，人与媒介的关系也发生分离。一部分人垄断了媒介，垄断了传播权。传播的权利和义务开始失衡。大众传媒的出现与社会分工的细化同步发生，媒介的社会作用日益明显。随着电子媒介的产生，媒介化社会雏形初具。电报、电话、广播、电视等电子媒介彻

① “协同进化”是向传统观点挑战的一个新理论，它是近年提出的有关生物进化的新模式，该模式认为一个物种群落是在一个较短的时期内作为一个整体一起进化的。“协同进化”模式提出，物种群落是作为一个整体，在一个被漫长的、物种演化速度较慢的稳定时期隔开的较短时期中发生冲刺式的快速演化。

② 王成文：《媒介进化论：媒体已死，媒介永存》，载于《燕京创意文化产业学刊2014年卷，总第5卷》。

底改变了人们关于世界的观念，也对人类的行为方式、交往方式产生了巨大影响[①]。”在电子媒介发展这一过程中其与民众的交互作用愈来愈明显，人们对于媒介所提供的娱乐、交流、消费、学习等诸多方面的便利青睐无比，媒介在这一阶段不仅名副其实地成为人们信息来源的最主要渠道，而且成了“信息”的代名词。

互联网时代开始后，更是将人媒之间的交互性推至更深处，媒介由此实现了替代自由人进行人际交往的奇妙作用，而对于这个结果，人们的感受远不如事实变化本身那么深刻。依据大众心理学研究的角度来看，“由于大众媒介介入了人与人、人与社会之间的交往，使得这种交往缺乏亲身性，个人在心理上越来越倾向于孤立，与他人、社会逐渐疏离，以致产生相当大的隔膜。”[②]因此在媒介化社会里的大众已经发生了变化，他们是随时与媒介信息和互联网络相连的连结点，但也是在茫茫人群中与现实抽离的孤独者。这也正验证了法兰克福学派关于媒介工具异化的相关观点。事实上，笔者认为，大众传媒的渗透之状虽犹如现代社会机体中的血管分布，而受众则犹如细胞存在，梳理这两者之间的关系显然没那么简单，因为二者交织太深。人们虽然在生活方式、心理状态、情感联系、观念形成以及行为模式等方面都在因媒介改变，但他们与媒介的关系亦未如同批判学派判断的那般具备危机感。而大众传播媒介作为一种传播工具从产生到现在，在与人的交互作用和影响中既完成了对人对社会的改造，也完成了自身的嬗变，目前，这一过程仍在进行中。

一、人的媒介化现实

作为通讯和交流工具，媒介始终是人们生活中不可或缺的，这一工具所具备的特殊属性使它同时作用于现实和心灵。换言之，媒介这一工具形态和功能无论发生何种变化，都有可能会直接影响到我们的精神世界和物质世界。

---

① 夏德元：《电子媒介人的崛起》，复旦大学出版社，2011 年，第 2 页。

② 刘艳：《论信息社会中受众的媒介依赖》，载于《社科纵横》，2004 年第 4 期，第 68 页。

（一）人的媒介化的技术条件

“媒介化社会从其本质上讲，意味着人的媒介化，或者说，每个人都是在媒介深刻影响下的‘媒介人’，对于生活在媒介化社会中的人来说，不仅对于世界的全部想象都由媒介来构建，其思维方式、个体意识也烙上了媒介化的印记。”①人们的社会交往和学习工作、社会活动的组织与开展、机构运转的转变和升级、国家交流的频率和效果等这些都是我们能看见的现象，它们无一不借助媒介来帮助实现。而另一方面，我们看不到的对象诸如人们的观念、伦理、道德、秩序等方面也切实被媒体传播的内容影响了。总之，现代社会处于被媒介彻底渗透的状态，人的媒介化也是该社会中最普通不过的一件事情。但真正理解“人的媒介化”这一概念，除了从以上两个方面来看以外，更需要注意的是技术发展和人媒交互方面给大家带来的令人惊讶而又兴奋的事实。

有学者曾提出“电子媒介人”的概念：电子媒介人即是指生活于媒介化社会，拥有各种电子媒介，具备随时发布和接受电子信息便利（条件），成为媒介化社会电子网络节点和信息传播主体的人②。这类“电子媒介人”目前在我们生活中比比皆是。在报刊和广播电视最受欢迎的时代，人们与媒介之间存在一个“只可远观”的距离，这个距离的存在使得媒体的传播者和接收者分别处于信息交流的两端，他们之间泾渭分明。广播电视作为无门槛的电子媒体，虽然在内容和传播方式上拉近了自身与受众们在感情上的距离，但是由于其内容制作过程相对专业和复杂，所以对于普通听众和观众来说，他们想要跨越这一距离并不容易。因此在原来的基础上我们再一次地划分出了具有专业素质的媒体传播者与的普通的媒体使用者。互联网络普及后，媒介化社会进程被大踏步推动，它对以往的媒介信息传播进行了颠覆式的改造，在这一改造过程中，原来存在的距离也随之消失，准确来说这一距离已被网络和社交媒体填满，并且它们直接将原来的线性传播模式替换为网状传播模式，在网络中的每一个人都是一个“节点”，我们不再需要寻找专门的

① 孟建、赵元珂：《媒介融合：黏聚并造就新型的媒介化》，载于《新闻传播》，2006年第2期。

② 夏德元：《电子媒介人的崛起》，复旦大学出版社，2011年，第63页。

媒体或者发布机构，因为每个人每天打开电脑连接网络后就成为一个媒介信息发送端。媒介化社会中“人人都是麦克风”，人们身在其中不但能快速方便地接收和传播信息，而且普遍懂得如何对信息加以利用，如搜索、上传、下载、保存、删除等。不仅仅如此，人们在网络媒介的使用频率之高和使用程度之深这两方面远远地超越了传统媒体时代，更具有代表性意义的是，原来属于报纸刊物的文字发表、广播录音、电视报道和短片等内容的制作不再是媒体人的专利，普通人只需要具有一定的文字叙述表达能力、通晓一定的音视频制作基础技术等，就可以完成相关的媒介作品并发布，而以上这些能力和技术在今天就如同写作、游泳、驾驶等技能一样，正日益被列为媒介化社会的基本技能项目。毫无疑问，人与媒介、社会之间发生的这些巨大变化是媒介技术和人媒关系发展愈来愈近的结果，它促使人们在媒介中“越陷越深”，最终每个现代人都将不可避免地打上媒介化的烙印。

需要单独提出的是，人的媒介化不再是媒介研究人员和社会学者提出的一个“抽象概念”，它正一步步向物理现实，因为人脑联通电脑的基础技术条件已经具备。实际上，从现实角度将电子介质与人结合从而产生真正的电子人，在上个世纪末就已经实现了。1998年，英国科学家凯文·沃里克就授意医生在其左臂肌肉中植入了圆柱形集成电路芯片，使自己直接成了可以发送和接收来自芯片指令以及人脑指令的反应体，并且自己脑中的神经脉冲也可以直接对话电脑，使之做出相应反馈。这类实验和相关应用在今天彼彼皆是，广泛地存在于各领域。因此，从该意义上来分析，人与实体媒介的交互作用不光发生间接的精神领域，它也直接且真实地存在于有机体中。

基于以上事实，我们非常有把握地预测，将来人们存活于媒介化社会中最需要的几种能力可能是在多媒体环境下的叙事和表达能力，信息数据的存取和支配能力，与机器交流和沟通的能力等。在这些我们目前相对陌生的领域中，每个领域当中一点小小的进步就可能助推人的媒介化迈上一个大大的台阶。

（二）人的媒介化的本质表现

人的媒介化除了具备上述生物学意义以外，更多地还具有社会学和人类学意义。人在媒介化的过程中最具典型社会特征的应当是出生于网络社会的新一代，他们具有与其前辈迥然不同的认识特性：他们积极地寻求信息，而不是被动地接受信息；他们将他们自己向更多的观众展示，使公众及私人生活的界线日益模糊；他们认为网络提供了认识新朋友和体验不同文化的大好机会，他们的全球意识将会使得人类更能彼此包容。他们对沟通没有任何预设立场，他们视信息的获得和意见的表达为基本的权利；他们充满好奇、探究调查及试图改变事物的个性，在创新的环境中吐故纳新，不断寻找能将事情做得更好的方式……①

笔者认为，以上叙述正是站在与媒介研究不同的视角上来看待人的媒介化。其内涵包括这样几个方面。

其一，媒介化的人与过去在传统社会里的人本质上存在一些不同，其最重要的差异主要表现在思维方式上，过去的人们思考问题可能往往只是占有自己的认识和经验，同时也经常受制于这种认识和经验。但是媒介化的人却能跳出这种局限，因为在媒介化社会里，最重要的一个词叫做“分享”，人们可以通过分享技术、评价、经验等来获得比以往更多的有用信息。因此在思考问题的方式上，人们会倾向于将问题抛出，获得直接帮助，利用群体智慧来解决实际问题，而群体智慧的能量是我们无法想象的，它简直就是解决任何疑难问题的神器。

其二，人的媒介化还表现在人们把媒介信息和媒介内容当成如同空气和水一样重要的东西，在心理上对其产生依赖。而作为生长在网络时代的人来说，他们对世界的了解就来自于各类媒介所供给的全景图，由此他们在心理上会将网络媒介视作一种精神上的特殊母体，当然，网络不能决定一个人的成长，但是当我们发现现在的年轻人把网络当成生活中无比真实的一部分，宁可相信网络也不愿回头观察现实时，我们就知道这种心理依赖有多么强烈

① 胡泳：《网络一代的兴起及其影响（中）》，载于《中国计算机用户》，2006年第48期。

了。这就好比，在小时候我们无比信任父母所说的一切，但是等到长大成熟，我们才会有所批判和怀疑，但不管怎样，我们还是会承认父母之言存在一定道理，因为这是一种依靠情感维系的信任。那么对于网络来说，它也具有类似的效应。

其三，人的媒介化进程是人对自身存在不足的一种有机补偿过程。正是因为“媒介是人的延伸”，所以当人们利用媒介可以做得更多，做得更快，做到更好的时候，他们就会不断去借助媒介的力量，并且不断去开发媒介其他方面的功能，这些功能又再一次帮助人进一步与媒介靠近，甚至须臾不离，人和媒介一次比一次更紧密地捆绑在一起，就如同今天人们使用智能手机一样，很多人已经习惯了将自己的信息、喜好、银行账户、好友名单、社交圈等非常重要的内容装在手机里，并借助这一智能工具去学习、生活和工作，在这一过程中，涉及吃饭、穿衣、购物、资讯、付款转账、约会聊天等诸多日常行为，但是如果你丢了手机，似乎以上种种事情做起来就没那么方便了。这一切就像是我们和媒介已经变成了一个命运共同体，当然其中的真相是：智能手机离开了你并没有什么关系，但是你离开了你的手机，仿佛立刻陷入周转不灵。这难道不是一个有意思的媒介化结果吗？不过，从有效论的角度来看，媒介对我们实现了作为人类得力工具的补偿作用，它是值得肯定的。但是接下要说到的可能就不一样了，我们必须看到人的媒介化中的另一面即媒介的异化。

二、媒介的异化表现

媒介化社会从早期到现在经历了“以人为媒”到“以媒为媒”到“以媒为人”的过程，媒介技术向“高”“精”“尖”的不断推进，可以解决很多问题或者替代人做很多事情，这足以让人们兴奋，但同时在这一过程中它又形成了对人类自身的某种威胁，因此“媒介异化”一说的出现并不是偶然。此处提及的媒介异化，准确来说应该是技术异化的一种表现，正如下面这段话所说：“数字技术的发展与‘云’的出现为人类生活打开了一扇方便快捷之门，甚至更为开放的社会也由此拉开了序幕。不过，所有的技术变革都是双刃剑，我们既要看到其革命性的积极效果，也要看到以此引发的危机，无所不在的数字摄取工具、精准的地理定位系统、云存贮和云计算又将人们推进一个透明的时空之中。数字技术存在异化的可能，人也许会被自己创造的技术奴役。”[①]在很多事情中，我们就是被媒介和技术驱逐的奴隶。

媒介的迅速发展所带来的种种社会现象早已引起了社会学家和专业人士的侧目。简单来说，媒介的异化即现代人在使用大众传播媒介工具的过程中，由于对媒介内容、技术、环境等对象物的过分推崇和依赖，反过来被媒介影响和控制，并有可能产生不合理行为的现象。若从哲学角度抑或人文角度批判性地来观察承载着强大信息互联科技内容之一的大众传播工具，其在很多情况下并没能使人获得彻底的自由，相反在人们通过这一工具得到了诸多便利和空间的背后，似乎隐藏着更大的束缚危机，即人们失去媒介工具将寸步难行。当媒介异化到足以控制人们生活的全部时，反省便已晚矣。这并不是危言耸听。因此，对于媒介的异化，我们需要更透彻和清楚的认识，从而引起警觉。

（一）媒介内容裹挟人的认知

人们使用媒介出于各种目的，比如社交、聊天、游戏、查询、浏览、学习或者购物等，说句题外话，目前随着电子商务的发展，购物已经成为很多人使用网络媒介的最大原因。总之，越来越多地利用媒介来获得各类信息做出各种决策，这是媒介化社会的必然。中国互联网络信息中心（CNNIC）在2016年发布的《第37次中国互联网络发展状况统计报告》中指出，中国网民的人均周上网时长为26.2小时，即平均每天使用网络时长为3.8小时，这一数据比全球平均值略低。但不要忘了，中国是目前世界上互联网增长速度最快的国家，也就是说在将来，中国的网民数和上网行为都有可能获得大的突破。

也许，事情就会从这里开始，先从某一方面逐步有一些变化，在进入媒

① 吴飞、敷正科：《大数据与被遗忘权》，载于《浙江大学学报》（人文社会科学版），2015年第2期，第70页。

介化社会后，我们发现几乎所有认知活动都与媒介有关。如果我们以完成学校教育与否作为一个简单的区分标准，那么所有的成年人或者上班族是已经完成学校教育的群体，他们中的大部分人在多数情况下使用手机或电脑上网获得信息，并认为这已经成为他们了解社会和学习新知识的主要渠道，与之呼应的一种情况是当下数字化阅读率超过纸质图书阅读率，2015年中国国民数字化阅读率达到64%，超过纸质图书阅读率5.6个百分点，其中60%的成年国民用手机阅读①。对此，我们可以理解为互联网媒介为我们一半以上的成年人提供了精神食粮和知识更新。那么，接下来看看正在接受或将要接受学校教育的孩子们，我们已经发现了一些有趣的现实，比如现在的学龄前儿童可能接触手机比接触书本要早，使用平板电脑玩游戏要比和同伴们玩游戏更多，学习中遇到不会的问题时很多中小学生首先会想到的求助通道是网络或者学习机，另在不少发达国家的校园里，几乎人手一台笔记本，上课可以非常方便地利用其来记录笔记、拍下授课视频或者课件、即时查阅各种资料。即便我们的学生在遇到非常具体的问题时，他们也会习惯性地去百度或者谷歌，一次又一次的搜索和查询构筑起了他们对某类问题和某个领域的基础认识。

如此看来，将来我们的知识除了通过传统的教育手段来获得以外，还有很大一部分来自各类媒介，其实，该观点早已有之并不新鲜，教育本来就是大众媒介所具备的基本功能之一。但问题的关键是，媒介所传播的内容正在时间上、数量上、影响能力上超越传统的教科书和其他读物另外还包括其他教育人力资源。比如，30年前我们每天看到和听到的东西可以来自多个方面，可能是书本、自然和社会，也可能是父母、老师和朋友等，现在这些资源依然存在，但却丧失了之前不可撼动的地位。如此一来，媒介愈来愈成为我们了解和认知这个世界的重要渠道，甚至在某些情况下，我们无理由地相信媒介上传播的内容，比如说，英语里有一个词叫做Cyberchondria（上网自诊症），它出现在20世纪90年代中期，意思是指某些人习惯通过网上介绍的

---

① http://news.dahe.cn/2016/11-18/107802122.html

某些症状内容而确定自己患有某类疾病的现象，实际上这就是互联网时代的讳疾忌医与胡乱问诊，但它也恰好验证了人们处处依赖网络以及网络上有关某一专业方面的内容对人的认知存在不可小觑的影响。

除此之外，媒介对于人的认知所形成的影响还体现在其认知结果越来接近频繁在媒介环境中表现出的观点，有的时候公众比较容易对媒介上出现的事件和人物产生趋同的判断，这无疑是媒介通过传播和构筑一定信息环境所导致的。“沉默的螺旋①”正是这种情况进一步发展后在20世纪得出的理论。实际上，媒介对于人的认知影响无从去量化统计和分析，我们也很难判断某个个体在特定情况下的言行决策是否就来自于媒介内容的刺激，但我们同时也无法得出相反的结论，即媒介对该个体没有造成足够的影响。现在的社会正在急遽变化发展，我们无法忽略媒介在物质和精神上给人们带来的各种结果。比如，我们真的看到了这些现象：人们喜欢直接用媒介上的报道案例来说服对方听劝，或者用影视剧目中的经典台词来评价事情的是非因果，又或抓住某些专家之言来驳斥对立意见等。可以认为，媒介上提供的各类内容都会被某一部分人“认真对待”，甚至被他们奉为某种论据或者真理，最后我们能看到的是每个个体的认知体系就这样每天被媒介内容构筑、刷新……这种情况可能是我们始料未及的。因为在过去，媒介对我们生活的渗透并不像今天这般深刻，我们以为是自己在使用和驱动媒介，殊不知现在正是媒介在决定我们的大脑里装什么以及怎么看待这个世界。

（二）媒介工具具备反噬特质

在相当长的时间里，媒介发展所依赖的科学技术备受关注，从最早的印刷造纸技术、通信电缆技术、模拟信号技术、数字通信技术到今天广泛使用的互联网技术等，每一种技术的出现都改变了媒介在人们生活中的样子，但请注意，它们同时也改变了人的身体和心灵。

---

① 德国学者诺依曼提出：人们在表达自己想法和观点的时候，如果看到自己赞同的观点且受到广泛欢迎，就会积极参与进来，这类观点就会越发大胆地发表和扩散；而发觉某一观点无人或很少有人理会（有时会有群起而攻之的遭遇），即使自己赞同它，也会保持沉默。意见一方的沉默造成另一方意见的增势，如此循环往复，便形成一方的声音越来越强大，另一方越来越沉默下去的螺旋发展过程。

法国著名学者雅克·埃吕尔最具影响力的技术自主性思想包括三个方面：第一，技术发展有其内在的逻辑和规律；第二，技术对社会的全面渗透或者整个社会的技术化使得技术摆脱了社会的控制；第三、技术对人的全面影响，特别是对人的思想观念和思维方式的影响，使得人依赖于技术而难以控制技术。[①]无独有偶，伟大的革命导师恩格斯也在其著作《自然辩证法》中表达过类似的观点，即科技的发展没有使人摆脱自然的强制性而获得身心的解放，却向相反方向转化为与人相对立的异己的力量。“反噬”一词的来由就与现在描述的情况有些类似，它本是宗教用语，多用于描述黑巫术，古已有之。其大概含义是指施展方术召唤邪灵以实施诅咒，若诅咒不成则有可能被自己召唤的邪恶力量反作用而受伤。媒介异化的一种表现就是技术的反噬作用，当然这与媒介技术本身是不是邪恶力量并无关系，作为技术它本无善恶之分，但使用或者正在享用该技术的人却不同。下面我们把媒介及其技术对人的反噬结果归纳为两个方面。

第一方面，媒介的发展逐渐取代了人的发展，最终人的身心发展被媒介所影响，这包括人自身的思考能力、表达能力、社交能力等的萎缩和退化。英国《每日邮报》此前[②]曾报道心理学及生物学家埃里克·西格曼一项长达10年的观察研究结果，该结果认为孩子在3岁之前，大脑需要完成约80%发育，而在这个时期，如果孩子经常看电视，就会延缓大脑发育。原因是：看电视不同于看书，后者可以促进发育，提高儿童的分析思考能力。而看电视是被动接受的行为，不仅影响视力还会阻碍孩子体会真实世界，限制其想象力。如果经常看电视，不仅会影响孩子的实力，还会限制孩子丰富的想象力，使他的大脑变得麻木、呆板，而且更可怕的是，这一不良影响是不可逆的，可能影响孩子的一生！除此之外，意大利和日本相关方面的调查甚至指出，经常玩平板电脑和看电视的儿童的语言发育和表达能力很可能不如那些接触此类媒介较少的孩子，还有部分孩子出现“电视自闭症”，因为沉迷于电视的孩子在生活中缺乏主动性，对电视的过度关注让他们忽略自己的玩具和小朋

① http://baike.so.com/doc/4311577-4515581.html

② http://baby.sina.com.cn/health/13/1908/2013-08-19/0852249927.shtml

友，守在电视机前看那些并不适合他们的节目，不愿意和其他人交流正是自闭症形成的关键原因。而这种情况现在不光出现在儿童群体中，在成年人当中，因为与电视或者网络媒介接触过多而产生对现实社交的不适应以及“社交恐惧症”的现象比比皆是，这些人很有可能在媒介上表现活跃口若悬河，但是一回到现实生活中就变得木讷和不善言辞，这便是现实人格和电子人格同时存在的结果。

另外，关于媒介对思考能力的影响，我们可以参考法兰克福学派左翼代表赫伯特·马尔库塞[①]提出的“单面人”的说法，他当时研究的是第二次工业革命后快速发展的资本主义社会，由于科学技术的快速发展，技术统治已经取代了政治统治，使得社会开始被某种力量整合并同化成为单向度的社会。其中大众传播媒介就是一种这样的力量，在传统传播时代，牢牢地控制人们的意识形态，从而使人们笃信媒介，成为失去独立思考能力的单向度人。后来，随着互联网的出现，传统的传播手段控制被认为极大减弱，所以有观点认为，单向度人正在逐步消失，但亦有对立观点认为，实际上网络或者其他新媒体的存在依然没有使人类自身摆脱技术控制，因此网络社会照样催生了大批的单向度人。在以上的观点交锋中，我们不用着急站队，倒是可以考虑抽身跳出这一话题看看它带来的另外一种启示，这就是媒介技术对人而言，始终存在一种威胁，除了像前文提到的有可能媒介会决定你思考什么和怎么思考以外，它还会让你失去独立思考的空间和时间。比如，在新媒体技术发展迅猛的今天，内容的推送可以同一时间精准地发至每个人的手机上，即便每个人使用不同的新闻信息服务端，但最后都被同质的信息覆盖，在这种情况下，我们每天的思考会因媒介信息潮涌趋同，我们还没来得及想明白，各种观点便已经甚嚣尘上，我们每个人都被卷入他人的看法和意见中去，留给自己深思和苦想的机会远远不如从前充裕，这对于我们自身独立思考能力的培养是极端不利的，在被电脑和互联网控制的世界里，人的自身发展也许不再是传统意义上的自然过程，倚重媒介会让人们记忆能力、判断能力减弱，

① 赫伯特·马尔库塞：《单向度的人：发达工业社会意识形态研究》，刘继译，上海译文出版社，2008 年版。

从而其思考层次可能就正如美国作家尼古拉斯·卡尔写的那本颇有意味的批判性著作——《浅薄》[①]。

第二方面，媒介技术的进步从某种程度上来讲诱发了人们更多需求和欲望，这如同利用媒介技术打开了潘多拉的盒子，结果导致人们反而更容易受到攻击，防不胜防。极速联通本是互联网诞生后最让人兴奋的事情，它连结起了我们现代社会中的每一个部门和每一个人，也使得大小事务的解决有了更好更快的途径，但是同样正是因为这种联通带来了“一损俱损”的效果，因为无论好坏，联通的作用都是成倍数成级数般地累积和叠加，并且一旦发生就很难控制，这种情况我们用蝴蝶效应或者是多米诺骨牌等词语去形容也并无不可。总之，先进的媒介联通技术能给我们的生活带来多大的奇迹，就亦能带来多大的伤害。比如在网上出现的“自杀联盟”，其成员可以遍布各个国家，另外，不良信息、谣言、暴力、血腥等内容越来越快地在被传播，互联网金融犯罪的逐年上升以及进行各种犯罪的行为层出不穷，这种种现象都源自在不断超越的媒介科技背后，人们贪婪、逐利的欲望和不满、仇恨等负面能量没有被约束，它们借助媒介科技的一次次进步反倒愈加变本加厉。这样一来，个体和社会在技术的进步中更需要成为被保护者，否则我们迟早便会被媒介技术控制。好莱坞多部脍炙人口的科幻片如《黑客帝国》（The Matrix）、《遗落战境》（Oblivion）等反映出的机器反客为主操控人类命运的终极话题正是对科技的异化本性做出的绝佳诠释，最近两年收视率颇高的美剧《黑镜》（Black Mirror）中频现与媒介传播方面的“黑科技”也恰巧说明了同样的问题。

（三）媒介环境让人沉溺其中

拉扎斯菲尔德和默顿于1948年合著发表的《传播研究》一书中，对大众传媒的负面功能做了详细考察，其观点被称作“社会麻醉理论”。该理论认为现代的大众传播具有明显的负面功能，它将人们淹没在海量的表层信息和

① 尼古拉斯·卡尔：《浅薄——互联网如何毒化了我们的大脑》，刘纯毅译，中信出版社，2010年12月版。

通俗娱乐之中，使人们沉醉于虚幻的满足而丧失行动能力[①]。确实，人们在使用媒介时，常常陷入媒介提供和营造的特定交流场中而不自知，甚至因为长期浸淫于媒介氛围中而产生了心理习惯和行为方式上的改变。比如人们从一开始使用电脑上网或者利用手机来跟亲友联系，到久而久之后，上网和使用手机变为人们生活中非常重要的一部分，尤其是现在人们会把不上网和不用手机的人看作是不可思议的，这就是典型的媒介依赖者的自然观点，因为他们一贯沉溺于一定的媒介环境中，并把这种环境看成了自己生活的环境本身。一旦有人与媒介环境不协调，他们就会认为这些人存在诸如脱离社会、落后封闭等毛病。可以说，媒介依赖者是我们现代资讯社会和网络化社会的最普罗大众，而与媒介化社会格格不入的可能寥寥无几。但实际情况又如何呢？媒介环境是否真可以与现实环境相提并论？我们可以从媒介发展的角度来做一个简单的分析

不必回溯太远，我们可以从电子媒介发展伊始来进行考查。其代表之一是广播，广播给听众带来的稍纵即逝感非常强烈，人们常常由于没来得及捕捉到一些关键内容，所以对广播时有失望。这一切都因为声音单向性和信息丰富程度相对较低。但是在广播出现的时代里，它真实地影响和俘获了相当多数人的认同和感情，至今有人对广播情有独钟，包括在今天，广播依然服务着一部分特殊群体，方兴未艾。在某些开车族驾车出行的路上，收听广播已经称为非常牢固的习惯，他们享受这种伴随收听的场境且不会轻易发生改变。电视出现后，情况有些变化，前文中提及了电视媒介是一种从单一的声音到跃动的图像、非常接近于真实交流现场的媒介工具。电视发展初期，它对人们交流现场的这种物理还原已经达到了让接触者目瞪口呆的地步，于是与电视有关的环境开始形成，它们可能是一家人在一起共赏某些节目，也可能是与二三好友聚在一起吐槽某部电视剧。从一个一个具体的媒介环境的建立和发展过程来看，每一中形态的媒介都会将我们带入它所特有的“场”。时至今日的移动智能手机时代，这种“身在媒介现场，随时可被联通”的效

① http://baike.so.com/doc/7218868-7443613.html

果更是了不得。因为手机“是在联通一个人。这种‘在场’特点导致我们对他人的回应传播请求的期望越来越高，而对传播对象不在场的容忍度越来越低。”[①]仔细回想，不管是在现实中还是在电视剧中，我们因为手机无法接通或者不能及时回复所造成的猜疑和误会还少吗？“在场（Availablity）方式的改变是现代科技的后果，手机、互联网等现代通信工具已经将人们生活的在场方式从本质上进行了改变，这种改变不仅改变了人们的交往方式，也改变了人们的情感结构和认同方式”。[②]以上种种都意味着我们虽然看不见这个巨大的媒介场，也不太明白它的磁力到底有多大，但是我们的心理适应性却切切实实地发生了变化。比如，很多人离开了手机就会一天心神不宁，坐立不安；到一个地方没有无线网络服务就觉得缺少了某类必需品；与此相应的就是我们动辄需要翻阅手机，而看书已经无法集中注意力，离开某一类媒介后易产生焦灼、暴躁、思维空白等现象。这与早前人们如果不能收听和收看到自己喜欢的广电节目而产生的焦躁如出一辙，而这些正是人们长期沉溺于媒介大环境中不可自拔的必然结果。

“大众传播媒介的高度发展和功能异化，对接受者的心理造成了普遍而深远的影响。因为大众传播刺激了人的传播冲动，又阉割了个人的传播能力、限制了个人的传播自由，使人在强大的传播机器面前产生一种难以言状的挫败感，甚而造成了巨大的心理创伤。”[③]这段话我们不妨解读为：人生来是传播的动物，人类社会的形成也是传播交流的结果，在能够利用媒介表情达意之后，人的传播欲望也逐渐被刺激和放大，不管是用哪种媒介去传播，也不论是公开或者私藏，人们总需要传达和释放自己，只不过方式不同而已。当现代媒介提供了比过去更庞大的空间和便利给人们时，这种传播本能也被放大，但是人们也由此被媒介这一环境所淹没。换句话说，每个人都在传播，能够被听到的人反而在变少，这种情况下的传播受挫感是很明显的。

---

① 孙少晶：《媒介化社会：概念解析、理论发展和研究议题》，《媒介化社会与当代中国》马凌、蒋蕾编，复旦大学出版社，2011 年 10 月，第 7 页。

② 张碧红：《从媒介工具化到媒介社会化》，载于《学术研究》，2012 年第 6 期，第 51 页。

③ 夏德元：《电子媒介人的崛起》，复旦大学出版社，2011 年，第 44 页。

第三节　媒介传播工具的发展趋势

进入21世纪以来，互联网应用进入了发展的快车道。不管是在当下还是在未来，大众传媒的发展无从预测，因为它的发展经常超越普通人的想象能力。从20世纪开始流行的媒介技术决定论拥趸者甚多，尤其是当下，有越来越多令人瞠目结舌的信息技术更新，让我们不得不产生一种联想，是不是在不久的将来，高级的工具将会在大部分领域取代人？这一猜测其实已经在媒介工具领域初露端倪，由此我们需要思考媒介对我们到底意味着什么。换句话说，如果换个时空和角度来思考，我们如何去理解媒介存在的意义？更具体一点，站在新世纪第三个十年即将到来的这一时间维度上，我们有谁能成为麦克卢汉，我们又怎么去预言和判断媒介的将来呢。

先来说说有关未来媒介发展的一个著名构想。刘慈欣，“中国科幻之父”，其作品《三体》三部曲2015年获得了由世界科幻协会颁发的雨果奖。他曾写了一封信给200年后的女儿，这封本身就让人不可思议的信中有一些让人脑洞大开的描述。

> 你是在哪儿看我的信？在家里吗？我很想知道窗外是什么样子。对了，应该不需要从窗子向外看，在这个超信息时代，一切物体都能变成显示屏，包括你家的四壁，你可以随时让四壁消失，置身于任何景致中……
>
> 好吧，你也许根本没在看信，信拿在别人手里，那人在远方，是他（她）在看我的信，但你在感觉上同自己在看一样，你能够触摸到信纸的质地，也能嗅到那两个多世纪后残存的已经淡到似有似无的墨香……因为在你的时代，互联网上联结的已经不是电脑，而是人脑了。信息时代发展到极致，必然实现人脑的直接联网。
>
> 你的孩子不用像你现在这样辛苦地写作业了，传统意义上的教

育已经不存在，每个人都可以在联入网络的瞬间轻易拥有知识和经验。但与人脑互联网带来的新世界相比，这可能只是一件微不足道的事，那将是怎样一个世界，我真的无法想象了，还是回到我比较容易把握的话题上来吧①。

瞠目结舌的想象在这封信里比比皆是，无须一一列出。

那么，我们对媒介，具体来说是对未来所有将基于互联网技术的媒介还能够提出更有说服力的发展构想吗？基本上，笔者认为围绕这个问题的讨论将是一个可以大胆想象但又不能完全脱离科学的非学术性的讨论。可无论如何至少在以下两个方面，我们可以尝试着做一些基础性的和方向性的思考。

一、部分媒体在融合趋势下消亡但媒介永存

从广义的视角来看，“媒体”就是“媒介”，一般情况下我们对这两个概念很少严格区分。但从专业角度来看，“媒体”和“媒介”内涵不同。根据《牛津英文词典》记载，媒介（Medium）这一概念出现于1880年前后，而媒体（Media）的概念出现较晚，是在广播成为商业媒体之后，即1923年才逐渐开始使用。“媒介”和“媒体”既有区别又有联系。媒体一般具备实体形态，可以直接对应某一具体的媒介机构如电视台，更进一步说如CCTV新闻频道，冠有具体名称的媒体能够将自己与其他媒体区分开来。媒介则是众多媒体的集合，它可以作为社会学研究的名词概念将自己与其他社会构成如政府、企业、学校等区分开来，往往我们将其全称为“大众传播媒介”，这一称法使得媒介与其他具备传播介质或渠道的非专业信息服务机构又区分开来。但时至今日，以上两种理解都出现了改变。比如现今有一种看法认为，由于互联网时代的到来，原来的传统媒体都被接入网络并依赖网络来进行更快速的传播，不仅是传统媒体，还有其他所有的一切事物都在联网，这也正

① http://www.wtoutiao.com/p/z06Oa7.html

是近年来备受人们关注的“物联网①”概念的存在基础。所以夸张一点来说，人们只要处于联网状态就能看到所有信息，但人们并不会在乎连接的到底哪一部分网络，抑或看到的到底是哪一个媒体传播的新闻。这种情况的存在对于媒介而言首先会令专业媒体的门槛降低，其他可替代的信息传播端口则层出不穷。故有意见认为“媒介”会一直存在，但是“媒体”却有自身的生命周期，一旦其社会价值被新兴事物替代，“媒体”势必走向没落。②这种情形，恰恰是媒介融合发展的必然。“融合”既是现在媒介发展的特点也是将来的趋势，“媒介融合”已经成为一门科学收到广泛关注。

与此相适应的是媒介的不断升级，但是每一次升级都会与旧的媒介形式相关联。“在人类的传播历史中，新的形式如果缺少同先前的发现存在形式的密切联系，就很少能得到采用。”③“新出现的传播媒介形式会增加原先各种形式的主要特点，这些特点用过去我们称之为语言的传播代码传承下去和普及开来。”④美国新闻学会媒介研究中心主任安德鲁·纳齐森将“融合媒介”定义为“印刷的、音频的、视频、互动性数字媒体组织之间的战略的、操作的、文化的联盟”⑤。从中可以理解为，融合媒介是媒介从物理形式、信息采集、内容生成、组织策划、传播方式、表达习惯等诸多方面的全方位互补渗透，这是取长补短与优势叠加的一个过程。实际上媒介化社会正是对口语化传播、平面化传播和电子化传播的融合，这些不同形态媒介和信息方式的叠加与融合构成了社会发展的一种动力，投射出处于不断变迁中的媒介化社会的一个缩影。⑥这些都说明，媒介从形式、内容、发布渠道等的不断融合会让原来的诸多媒体日益变成一个个每时每刻需要处理海量信息的“聚合器”和“发射器”，并且它们的运转都会变得相对简单，因为它只需要利用

---

① 物联网：Internet of Things(IOT)

② 王成文：《媒介进化论：媒体已死，媒介永存》，载于《燕京创意文化产业学刊》2014年卷，总第5卷。

③ 罗杰·菲德勒：《媒介形态变化：认识新媒介》，华夏出版社，2000年版，第14页。

④ 罗杰·菲德勒：《媒介形态变化：认识新媒介》，华夏出版社，2000年版，第21页。

⑤ Andrew Nachison，*Good business or good journalism?Lessons from the bleeding edge*，A presentation to the World Editiors’ Forum,Hong Kong,June 5,2001

⑥ 童兵主编：《科学发展观与媒介化社会构建》，复旦大学出版社，2010年7月，第8页。

网络完成两步，第一步是上传，第二步是下载，剩下的部分是任由人们在信息流通环境中各取所需。在媒介全方位的融合之下，信息的表达形式会越来越多样化，但是接收方式却有可能趋向单一。这就正如当下我们使用手机可以收到各种媒介信息，文字、图片、声音、视频甚至更高级的全景图片、虚拟现实场景等，媒介信息产品多样化了，但手机作为万众一致的信息接收工具却始终没变，而书籍、报刊、电视等却很可能被弃用，这是因为手机本身就是融合了以上各类媒介传受特质的一种多终端融合媒介工具。而手机本身作为媒介的一种，它自身的变化也无时不在惊艳人们的眼睛，手机研发者们认为它们完全有可能在将来变得更薄，薄至一块普通玻璃的厚度，并且也将拥有玻璃的外形，但却能够任意折叠，抗摔且不易损坏。人们携带着手机却并不感觉到它的存在，需要时才从衣兜里掏出或从衣襟上取下（因为手机可能会粘贴）。当所有媒介功能都可以由像手机这样的媒介来承担时，那么它就直接是融合媒介的代名词。

二、智能媒介在共享业态下发展但受控于人

有看法认为新闻传媒业界将来早已不在乎媒体是否没落这一话题，重要议题是媒介如何连接整个世界并让世界转动起来，其中一个议题是各类媒体在生存发展的压力下不断更新和突破从而取得更好的传播效果。如在2015年底，美国《纽约时报》推出虚拟现实新闻客户端，一方面是希望利用新技术、吸引年轻读者成为订户，另一方面是提前在虚拟现实新闻这一领域占位，在媒体竞争中夺得先机。此外，美国的许多电视台，利用3D合成等技术，给观众带来了全新的视觉冲击。此外，当今传媒领域大热的VR（Virtual Reality）、AR（Augmented Reality）等虚拟现实和混合现实技术，再一次把人们接触媒介的体验推向了全景化和可感化，新闻现场的模拟和重现又将是一场新变革，再次震撼和激荡新闻传媒业界。

另一个种重要议题就是人工智能对于媒介发展的深度影响。未来人工智能应该会从内容生产和消费两端给媒体发展带来变革，人工智能发展的速度和影响的深度、广度将超出想象。如果把大数据、云计算比作燃料，人工智

能将成为点亮互联网的火炬。人工智能与物联网、大数据深度结合，将催生真正意义上的“精准媒体”，在图像识别、视频处理、跨文本翻译、数据库激活等领域，推动媒体快速发展。①

以上诸多与媒介传播工具相关的变化，实际上都建立在网络共享和智能程序的应用技术之上，而关于“人工智能”的讨论从来没有停止过。较早的可追溯至1988年，IBM公司的国际象棋电脑“深思”第一个赢过国际象棋特级大师；1996年，作为第二代的超级计算机“深蓝”第一个赢了国际象棋世界冠军；1997年，“深蓝”又战胜了俄罗斯的国际象棋高手卡斯帕罗夫，成为第一个在多局赛中战胜国际象棋世界冠军的电脑。卡斯帕罗夫曾经说过，电脑要想战胜世界冠军，得等到2010年，“深蓝”把这个日子提前了13年。不仅如此，2015年谷歌旗下公司DeepMind开发出了AlphaGo，它是更为高端的人工智能程序，最大亮点在于它可以用人类的方式去思考、学习甚至进行提高。所以当AlphaGo与韩国围棋国手李世石对峙时，一度引起来全世界人的关注，科技界、媒体界对此更是津津乐道。就在2017年1月4号，AlphaGo的升级版Master以累计60胜的成绩横扫世界各国顶级围棋高手，让世人震惊，甚至有媒体发布大号标题感叹，人类已经无法阻挡AI（人工智能）进击的脚步了！年轻的以色列历史学家尤瓦尔赫拉利在2017年出版的新书《未来简史》中预测：人工智能强大后，大部分人将失去价值。具体来说，随着人工智能的发展，人会变得慢慢放弃决策权。计算机与人类的关系大概是三种形式：第一种，算法（以解决问题或完成任务为目的及计算机程序）相当于我们身边的先知，有问题可以咨询它，但决策权掌握在人手里；第二种，算法相当于我们的代理人，它告诉大致的方向和原则，它去执行，并且它可以决策执行过程中的小环节；第三种，算法成了我们的决策者，人们干脆什么都听计算机的。

基于人工智能的迅速发展，现在的人们不免心生疑问和忧虑，究竟是智能程序聪明还是人更聪明，人会被机器取代吗？这类问题被争论无数，但实

① http://news.xinhuanet.com/world/2016-06/18/c_1119067662.htm

际上意义不大。关键是人们应该如何懂得利用智能工具。所以当人工智能技术被应用到媒介工具上之后，这个问题就显然具体化了，例如智能文本语音转换、智能双语和多语翻译等。在各种新型智能技术的采用上，美国的新闻企业处于领先位置，比如最近两年无人机开始火爆，而美国一些新闻机构很早就在利用无人机进行新闻采访或者现场直播。此外，机器人采写新闻在今天已经不足为奇，无论中外新闻机构或网络技术公司如美联社、新华社、谷歌公司、腾讯公司等都拥有专门的机器人写手。在2016年的巴西里约奥运会上，由机器人撰写的稿件已占据一定比例，且这些机器人记者们的写稿速度和数据使用准确率都远远超过普通记者，例如最快的稿件可以在比赛结束后的两秒钟就出现在相关网站中。同时，人工智能运用到媒介传播中的可能性较之以往大大增加了，例如BBC邀请机器人作为嘉宾上新闻节目，更有趣的是可以直接让机器人向被采访者提问，真正做一名采访者，提问过程中机器人面部表情也会发生变化，这是最令人称奇之处。无怪乎新闻媒介人士会有危机感，认为智能机器人正在取代自己的地位。然而对于这一问题，其实担忧过早，人的传播主体地位一直以来就在人类自己手中，纵使机器人在某些特殊领域甚至在很多日常领域越来越多地出现，它还是依然处于辅助地位。从传播的角度来说，作为传播主体而言，其编码能力是最为重要的，机器人即便能记住和应对上千万种语言使用环境和具体的句子，但却难以应对那些人们没有遇见过或很少经历过的新的环境和条件，也就是说机器人所有的行为建立在人们已有的社会经验之上，万一发生从未出现的情况，那么机器人就束手无策了。对于智能媒介来说，也是如此，一切都在程序设计中进行，智能媒介依然受人掌控。

总之，传播媒介的发展与变化是难以想象和预言的，加速度式的前进是其一贯特征，从笔者为本书撰稿到该书付梓之时，这变化也许就发生了。正如伟大的传播学者威尔伯·施拉姆所说，从语言到文字，几万年；从文字到印刷，几千年；从印刷到电影和广播，400年；从第一次实验电视到从月球传回实况电视，50年；下一步是什么？[1]我们在信息时代和知识社会里，媒介对于我们每一个人而言就如同行万里路必须用到的双腿，读万卷书必须要用到的双眼，它像是一日奔驰千里的神驹，带我们看尽世界变化，带给我们万万没想到的惊喜。

这一小节，在笔者看来像是享受一场瑰丽的科技想象活动，其对象虽说是媒介，但却在描述整个未来世界。说到这里，很自然的一个问题是手机会不会被取代，这无法回答，笔者最狂妄的一个想象就是，将来能取代手机的有可能是人，或者说人机合一。前文提到“电子媒介人”已经出现，所以在这个基础上加上诸如“人工智能”“融合”“共享”的媒介技术特质，媒介发展出现任何可能性都不奇怪。正如有人认为：“人工智能发展对传播方式和媒介形式的影响，几乎会导致一种被重置和格式化的传播场景出现。有这样的‘信息实在’，媒介不再仅仅是人的身体向外的延伸，而开始向内延伸，植入人体内，最终同人的肉身、甚至同人的思维融为一体。这种不同的与人身合一、人脑合一的人工智能媒介平台，一定会有属于它的、以交互为其本质特性的媒体产品形式，类似论坛、博客、微博、QQ之于台式电脑，微信、手机QQ之于移动终端。在这样的智能传播形态下，曾经的大众传播模式，会永远消隐在网状或云状、双向或多向、计算和被计算的信息交媾运动中。此时此刻，媒介和媒体，媒介和内容，媒介和万物，万物为媒，媒即万物，不二如一，地久天长。”[2]

---

① 威尔伯·施拉姆、威廉·波特著，陈亮译：《传播学概论》，新华出版社，1984年版，第19页。

② 蒋亚平：《众媒时代、信息实在和智媒传播》，《新闻战线》微信推送文章，2016年12月26日。

第三章

媒介化社会的传播控制

传播媒介工具的发展变化以及人与媒介关系的疏密远近是人类社会变化投射在传播媒介领域的影像，它们在成像时间轴上的关键节点都是那么鲜明，令人印象深刻。不管是传统的报刊，还是今天的新媒体，它们都是这条轴线的构成部分，它们呈现出的发展曲线有高峰亦有低谷，有平滑稳定的运动亦有锐利陡峭的变化，但它们并不是单纯的客体运动，没有自动化行进能力，所有的发展运动无一不与传播媒介的控制因素相关。从传播活动过程来看，传播主体、传播渠道、传播客体、传播内容乃至传播效果等都不同程度地被左右和控制，颇有意思的是，这些控制因素发展到今天也相应地出现了变化，特别是进入到媒介化社会以来，它们从集成的、明确的、权威的形态演化成了多种形态，我们很难再从最初的意义上去进行定义和分析，但只有足够了解当今媒介化社会中的传播控制机制，我们才能更好地理解和利用媒介。所以，本章的主要任务是从现代传播活动的影像中抽取一帧一帧的画面，探究它们在环境的不断变化中如何生成、发展、结束、影响以及其中所涉及的种种力量的牵制与博弈。

控制研究在传播学研究领域中是一个重点。由于长时间以来，传播控制的研究主体对象是大众传播媒介，所以亦有“媒介控制”的说法。但就一般意义和用法习惯而言，传播控制更侧重于从技术上、过程上对传播活动进行分析研究，媒介控制则侧重于从社会外力因素和传播效果上进行分析研究。从性质上区分，前者接近于自然科学论证形式，后者则属于社会科学研究范畴，且后者受到了大多数社会学流派和哲学派别的青睐，法兰克福学派就是其中最为突出的代表。

法兰克福学派的媒介控制思想对媒介传播领域影响深远，其核心议题围绕着“媒介被（谁）控制”“为何控制”“如何控制”以及“媒介控制什么”“控制的后果”等展开。简单地说，这些议题主要分成两个方面，一方面是媒介作为控制者，另一方面是媒介作为被控制者。“媒介被控制，是指国家对媒介的控制；媒介的控制，指的是媒介作为国家权力控制的一种附属工具对社会的控制。前者是国家对媒介的控制，后者是国家通过媒介对社会的控制。国家对媒介的控制是对社会进行控制的前提，或者说媒介的控制不过是国家对社会整体实施控制的一个手段而已。”[①]所以很自然地，依照传统的以媒介作为评判对象的社会学研究方法，今天所有涉及媒介控制与被控制的讨论也多般从这两个层次展开，本书亦不例外。

然而，在新媒体环境下，传播媒介的角色、地位以及传播语境已经发生了不小的变化，本书为适应这种变化，故淡化媒介尤其是传统媒介的概念束缚，突出“传播”二字。因此还是选择传播控制这一说法。

第一节　传播媒介的控制来源分析

传播控制研究习惯于将传播媒介视为研究对象，它将传播媒介作为社会组成体系中的一部分，同时依赖一系列国家统治工具学说，强调外部力量对传播媒介的强大约束能力，在这方面，法兰克福学派的观点最为突出。因此，传播媒介在本质上无法获得自由学说所言及的绝对自由，这是西方新闻理论发展过程中的一个被长期关注的话题，也是本节中讨论传播控制的基础。或者说，传播媒介自出现开始，其实就处于多种力量的制衡影响之下，一般来说，我们所熟知的主要来自于媒介外部的宏观控制因素，或者出现在媒介传播活动过程中的诸多具体把关环节。

一、媒介外部的宏观控制因素

（一）政治形态控制

在所有的制约因素中，政治形态的控制涉及国家政治体制，具体来说它以国家、政府和政党等为代表，涵盖了国家政体、领土安全、政党立场、政令政策、行政力量等，这些制约因素具有决定性的、标签式的特点且影响力巨大。

① 邵培仁、李梁：《媒介即意识形态——论法兰克福学派的媒介控制思想》，载于《浙江大学学报》（人文社会科学版），2001 年 1 月，第 103 页。

“诸如广播、电影等大众媒介是完全受到国家权力控制的。它的功能即是在控制下发挥的功能，它的力量就是国家的力量。[①]”因此，政治形态控制因素首先以政治权力对传播媒介的渗透和影响作为标志，。一般来说，政治权力及其衍生权力可能对媒介实体的创办、内容的生产、管理的方式及发展的方向等具有决定性的影响。综合来看，有三种形式是我们比较熟悉的：第一种是国家模式，对传播媒介实行国家占有或垄断，所有权归属国家，对媒介传播活动进行指导性干预；第二种是公共模式，公众作为媒介的占有者享有对媒介活动和发展的决定权，同时也最大可能地遵循最广大公众的意愿和利益，政治或政策干预效果不明显；第三是法律模式，大众传播媒介虽然不受政权直接制约，属于独立的社会组织或企业，但其传播活动受到相关的法律法规约束，这在当今欧美国家较为普遍。除以上三种，另还有政党控制模式。该模式是以某政党利益为指向，对传播媒介在宏观上进行意识形态的控制，只有不违背国家或政党意志才可能不受追惩。这种控制方式存在于在政党报刊较为普遍的时期，由于政党权力对媒介的全方面渗透，所以媒介被冠以“政党宣传工具”之名。以上模式虽然说明了政治形态对媒介存在着真实而深刻的控制，但在今天，不论媒介所在国家的制度如何，现代化的传媒业都试图从一定程度上消除社会权力机构的信息控制与传播干预，不断争取各个具体报道领域里更大的自由。另一方面，自20世纪中期以后，西方政治权力机构一般也会避免直接干涉或限制媒体的传播活动，而改为通过公关和利益博弈来达到其影响传播媒介的目的。只有在一些特殊情况下，当国家利益受到威胁时，政治权力对媒介的控制才会明确地体现出来。

另外，我们长期以来习惯先用“体制”二字来对媒介做定性研究，在其影响下，我们承认媒介体制在一定程度上能够反映该国的政治体制特点，反过来则是国家政治体制的不同决定了媒介体制的不同，但“体制”二字反映的是最主要的、能决定事物主要性质的情况，并非全部情况。实际上，今天各国的媒介发展都有不同程度的新变化，虽然这些变化不能改变媒介的原来

① 邵培仁、李梁：《媒介即意识形态——论法兰克福学派的媒介控制思想》，载于《浙江大学学报》（人文社会科学版），2001 年 1 月，第 104 页。

性质，但却能够反映出世界各国在包括媒介体制在内的政治、文化和经济等方面的相互借鉴、影响和交流。例如美国既有世界知名的商业媒介，也有政府和各社会团体扶植的公共媒体，而对于占比最大的私人媒介来说，执政党及其政府也并非不闻不问，而是对传播媒介及活动采取宏观控制的方式，并不直接参与，在某些情况下，他们还会考虑通过法律修订或者社会其他组织的制衡力量来达到控制和影响传播媒介的目的。再如，中国与美国政体截然不同，其媒介体制特点为国家占有，但在媒介具体的经营活动中，国家不予过多干预，只负责意识形态上的引导。另外值得注意的是，不论中、日还是英美等国，都关注和促进本国媒体在海外的落地和发展，这样使得一大批跨国媒介集团和主流媒体必须适应所在国的政治环境、法律制度等，因此在媒体日益国际化的趋势下，跨越“体制”的壁垒，进行去意识化的媒介研究，注重相互之间具体的学习和交流是当今传媒领域的一个值得关注的变化。

（二）经济命脉控制

源自西方的一个普遍观点认为，传播权附属于经济权，这并非空穴来风。我们必须直视的是，对于现代化的传播媒介而言，经济控制相较于政治控制而言显得更具利害性，毕竟传播媒介不会时时与政府或者国家为敌，也不会摆明了去冒危害国家安全或对抗既定政策的风险，它们懂得政治控制的底线在哪里。但是经济控制就不一样了，如果说政治控制抓住的是媒介的双脚，好让它知道应该怎么走路，那么，经济控制掐住的就是媒介的咽喉，好让它知道应该如何呼吸。美国的媒体就是很好的例子，它们宁肯与政府叫板或者抨击公共政策也不愿违逆站在其身后的财团意愿，因为前者虽有风险但却可能让它获得民众的关注和支持，但是后者却能让它一筹莫展，关门大吉。

从某种意义上说，经济控制作为媒介外部宏观控制来源的一种，其与媒介及其工作人员息息相关，因此它是具体可感的，不论是对于国有媒介还是公共媒介。它决定了媒介能否继续生产和再生产，以及能继续生产多长时间等，它们的具体代表包括在以商业媒体为主的欧美国家媒介所为之广泛服务的各广告主，还有各大集团、垄断企业等，另还有直接拨款和赞助的政党、政府组织。在所有的经济控制来源中，最大的广告主、财阀和最重要的财政援助等的控制作用最为突出。需要注意，对于媒介而言，其所有的经济来源并不意味着都能反过来成为经济控制来源，除了以广告费用注资和直接划款支持这些经济来源之外，其他包括发行收入，收视、收听费或会员费等在内的这些来源作为利润或者收入，本身并不会对媒介产生控制力。因此，经济控制的关键主体是对媒介具有生杀予夺力的大广告主或资助机构。

在公营媒介和国家媒介当中，经济控制因素让位于政治控制，因为这两类传播媒介生存和发展之基础在于顺应政治形态，服从政权领导或者维护公众利益等，在这个基础上，经济的支持或者收入即可随之而来。而对于商业媒介来说，经济控制则是最为关键的控制因素，除大广告主以外，其他作为经济控制来源的公司或企业一般会以参股或控股媒体的方式参与进来，他们虽然都很少直接对媒介发号施令，但却会在一定程度上对媒介授意，尤其是当媒介的信息传播与其利益相关之时。具体来说，由于商业媒介的运作一贯坚持利润最大化原则，所以其会主动考量采访活动和报道内容等是否会对股东或广告主产生任何不利影响，如果能预见到媒介报道可能影响该企业的形象和声誉，那么媒介会慎重考虑是否予以发布甚至不予发布，这在西方商业媒介中屡见不鲜，而这也正是媒介经济控制的最突出表现，对于商业媒体而言，它们会尽量遵循不触及最大公司股东利益这一基本原则。

（三）法律法规控制

20世纪以来，以西方社会为代表的大众传播业与宪法、法律的制定和修订相互推进。在更早的时候，传播活动的出现和开展更是需要政治、经济之外的法律许可。14世纪，古登堡发明西式活字印刷术，让当时的文化传播有了技术支持。但在英国及其附属国家，印刷许可证只能由皇家授予给被认为绝对安全的少数印刷商人。如果不打破这种管制，则无法让普通印刷商和更多的民众了解消息、交流思想，所以这成了出版自由革命的呐喊者们斗争的“初心”。值得注意的是，在自由革命和社会革命完成之后，以英、法、美为代表的欧美国家都非常明确地将出版和言论自由写进了各国的宪法。从那时起，以宪法作为根本法，以专门法和相关法律法规来作为传播媒介活动和应对社会批评的传统得以建立。

如今，法律法规对传播媒介的控制已经上升至比较重要的位置，也可以说它将成为对传播媒介行为和相关案件的最终评判标准。不论西方国家或者发展中国家，都非常重视通过建立和完善相关的法律制度来管理、约束和评判传播媒介及其活动，并据此来审理各类新闻诉讼。目前世界各国的法律控制模式大致分为三种情况：第一种是以通过严格的立法程序而生成的条款分明、有据可循的新闻法律，如《新闻法》《大众传媒法》等。它与其他法律法规一同构成某一国家或地区的法律体系，并且作为所有新闻侵权案件、违法传播行为的审判和量刑标准。目前有新闻法的国家如法国、俄罗斯、韩国等。第二种是将以往涉及媒介报道和新闻传播的案件评审结果作为判例，为新的类似的诉讼提供审判依据和参考标准，这实则沿用的是英美海洋法系的判决方式，并重视民众陪审团的意见，美国、加拿大、新加坡等国家都属于该种情况；第三种情况是将国家、政府或者相关机构出台的有关新闻政策、传播管理规定，或者在其他法律法规文件中提取出的跟新闻传播媒介有关的条款等作为约束、管理和审理本国相关新闻诉讼的依据。

与政治控制和经济控制相比，法律法规控制更具基础性、严谨性和普适性。如果将其放置在今天全球化的趋势下，各国与媒介传播等相关的法律在原来的适用原则上应该更具有国际适用的背景，各国之间的相关法律应该可以互相参考和借鉴。对于传播媒介而言，法律法规控制并不意味着束缚，它是最普通和最广泛不过的社会控制形式，也是传播活动得以正常有序进行的前提。以中国为例，中国虽然还未出台新闻法，但最近十年针对新闻出版、影视传播等领域出炉的各类意见、条例、办法、纪律、规定等远超过去，尤其是在互联网信息传播和新媒体领域，中国正日益加快步伐，在愈来愈快的媒介技术和愈来愈新颖的传播景观前，相关法律和法规作为传播媒介发展的基础框架是非常必要的，但随时的修订和调整也必不可缺。

（四）其他控制来源

英国学者J·科纳认为，大众传播是通过大型组织的工业生产活动产生出来的，这种生产组织的政策和职业规范存在于社会的政治、经济和法律结构之中①。正是出于这种考虑，所以我们认为它们是传播控制的主要外部来源。同时也要看到，除以上制约因素外，还存在其他的控制来源。如以道德和文化习惯为代表的制约因素，它们后天形成，具有潜移默化、约定俗成式的特点，其影响力同样不可小觑。再如传播技术水平，也直接对传播媒介的发展起掣肘作用。在此之外，一个国家的道德标准、文化观念、宗教信仰和民族习惯等也在无形地影响着传播媒介。如果传播媒介的内容有违传统道德主张和主流文化，或是其言行对于宗教或民族情感产生亵渎和冒犯，那么极有可能给媒介声誉和形象带来损害，并由此背离受众对媒介的感情。

在宏观控制层面，政治因素、经济因素和法律因素是必然的，其影响任何个体很难摆脱。同时在现代社会，对传播媒介的控制呈现出多层次多样化。过去半个世纪里，随着社会生产力和科学技术的发展，大众传播媒介日益商业化、亲民化、便利化，媒介的社会影响在持续不断地壮大，而在最近十年，传播媒介更是深入到人们生活的方方面面，因此，宏观因素的施加必然是一个历时性的的过程，现实情况也总比你我能想到的要复杂。而传播媒介的活动一直在这些控制因素的左右下生存发展，用博弈论的观点来说，所有的媒介传播活动结果可以认为是在这些力量的博弈之下生成。

以上所涉及各种具体的博弈关系中，媒介与政府这对关系古往今来最受关注，媒介与政府的紧密程度以及配合程度经常被用来作为界定传播媒介基本属性的标准，它也是我们长期以来了解一个国家的媒体特点的最简单有效的途径。另外，媒介与广告主之间的关系则更为直接，它们是服务与被服务的关系，更体现为经济来源控制形式，这在遍地都是商业媒介的英美国家再普通不过。如果媒介归属于国家或政府，但同时又拥有企业或相关组织的经济来源，或者反过来，媒介归属私人所有，但同时又与政府和政党关系密切

① [英]阿克顿：《自由与权力》，上海文艺出版社，2001年。

甚至接受其财政支持，那么我们则需要在具体情境下了解到底哪种制约力量是最主要和关键的。

二、传播过程的具体控制因素

美国传播学家拉斯韦尔在其五W模式中将传播者、传播内容、传播渠道、接收者和传播效果作为其分析传播活动过程的五个重要因素。如果分析这五大因素及其在传播过程中起到的不同作用，则可以提取出三大控制节点，它们分别是传播者、传播渠道和接收者，传播学上称之“把关”。这些把关因素与政治、经济和法律等控制因素不同，它们更为直接，且立竿见影，可以说这些把关人或者说控制环节与媒介每天的内容和生产结果点滴相关。

（一）传播主体

传播者即传播主体，每一个具体的传播活动连接的都是传受两端，作为信息发布端的传播主体，它拥有一种“传播特权”，这包括它“想传播什么”“想怎么传播”“想什么时候传播”“想面向哪部分人群传播”“想在哪个地区传播”等，可以说，传播主体在所有的传播活动中地位突出，以大众传播媒介的发展为代表的人类传播史历程中，存在着一个时间跨度相当长的时期，在这样一个时期里传播权利全部或大部分地被大众传媒所享有，并且这种状况仍在继续。因此，大众传媒一直以来是作为传播主体的角色存在，具体来说这个主体包括：所有的媒介创办者、报道的组织者、信息的制作者、编辑审查者和发布者等。这些把关者决定了相关内容能否与大家见面，并塑造着它面世时从头到脚的样子。因此回过头来看一看，我们有一个惊人发现，原来竟是无数个这样的传播者提供和勾勒了我们从媒介中看到的世界，他们站在各类传播媒介的名字牌后，在整个传播流程中首先对世界本来的样子观察审视、评头论足，然后回头选择其中一二来转述给我们听。世界浩渺，变化无穷，如果不是有这样的传播者，也许我们看到的、听到的和学到的会少之又少，纵然以批判的角度来看，他们似乎掌控着我们看到的世界面貌，但是没有这些人的存在，世界可能无从了解，或者生活可能了无趣味。

（二）传播载体

对于传播主体而言，适应和善于运用传播载体是其工作的基础。载体的功能是传送信息，它们既包括我们平时对不同类型的媒介的称呼，报刊、广播、电视、手机等，也包括我们对纸质平面媒介工具和电子智能媒介工具的理解。载体的不同或者说传播渠道的不同决定了传播内容制作模式的千差万别。经过长时间的发展，每一种载体对自己的传播内容都形成了一系列力求达到最佳传播效果的制作要求，这也说明了为什么会存在关于报刊、广播电视以及网络等媒体技术发展常识及其各自业务技能知识的教育和培训体系。传播载体各自不同的物理特点和传播手段对内容的制作直接提出了相应的要求，比如适合在报刊、杂志上的婉转诗意的文字报道风格很可能在广播、电视上就会显得酸溜做作，而换上浅白、直接、风趣的表达就能取得相得益彰的效果。因此，传播载体对传播内容甚至传播效果的潜在控制可见一斑，只有研究传播载体及其传播特点，挖掘最适合载体的内容和表达方式，才能吸引更多的受众。当然，这其实是对传播者提出的要求。

（三）传播客体

如果把传播媒介的活动放置到市场经济的背景下来观察，会发现一个有趣的现象。媒介信息的市场环境中一直以来就存在着一对不太协调的供需关系，它们是信息供给者和信息消费者，正是这对供需关系的矛盾运动促进了传播媒介的发展。表面上是供给者提供媒介产品，消费者购买其产品，但实际上是供给者必须拿出消费者喜欢的产品才有可能被消费者接受，这是一条真正起作用的规律。长期以来，我们了解媒介传播活动，首先肯定的都是媒介作为传播者的主体地位，但从上述供需市场的角度来看，消费者的地位不容小觑，消费者就是传播客体，即传播媒介服务的对象也就是“受众”，它处于传播过程的另一端。传播客体的地位在过去几十年里发生了巨大的变化，它变得越来越重要，并且反过来作用于主体，也影响着整个传播过程。具体来说，传播客体对整个传播过程的作用表现在：它影响了媒介所有者创办媒介的总体战略和设计方案；决定了媒介作品的篇幅（时长）、风格、形式；左右了传播内容的取舍；刺激了传播主体对自身传播的不断改革和创新等。尤其是在今天，受众的喜好取向直接决定了媒介所有产品的卖点，并且他们对传播媒介的认可程度已经成为吸引广告客户的最主要手段，因此不仅可以说传播客体不仅控制着传播活动的多个关键环节，即便说它决定了传播媒介命运也无不妥。

在本节当中，虽然传播媒介被描述成了社会组织中一个不自由的、被束缚的客体存在，但这显然不是全部事实。从另一方面来看，传播媒介也可以看作是一个具备生命力的活体，它可以生长，它的影响力可以积累，只要牢固占据受众这块根基，那么在足够强大的时候，它就能够成为强大的发力机构。与早期相比，现代化的传播媒介已经不是一个被动的控制对象，而是在积极地参与和推进社会各个方面的发展变化，尤其是各国主流媒体或知名媒介，其影响和威力在关键时刻堪与其他控制来源如政党、财团等相比甚至抗衡，这种状况说明媒介在被控制的同时，自身也作为一种特殊力量在与其他力量共同推动社会的整体发展。“大众传媒天生便与权力有难以言说的不解之缘，所以它参与编织了一张社会权力的表现和执行之网，从而寻找一种多分平衡的支点。我们所理解的大众传播在媒介控制意义上其实是一种制度化的社会传播。换句话说，由于大众传播是从事信息的大量生产和传播的产业，并且它的内容与社会现象、价值和行为规范具有直接的关系，且由于传播过程的特殊性赋予它巨大的社会影响力，所以无论在哪个国家，都会把它纳入社会制度的轨道。”① 因此在媒介控制研究中，需要考虑媒介自身与其他力量之间的博弈，并且某些重大结果即表现为这种博弈后的平衡。

---

① 唐英：《论影响媒介控制的社会因素》，载于《西南民族学院学报》（哲学社会科学版），2003 年第 3 期，第 291 页。

第二节 传播媒介的控制效果分析

在“什么控制媒介”的话题之后，作为媒介控制研究的另一层面，“媒介控制什么”这一议题也摆在了面前。古往今来，传播媒介一直被赋予较多功能，其中备受重视的是它作为特殊工具对社会和国家的控制作用。实际上，传播媒介参与控制的方式是潜移默化式的，如果将传播媒介放在人的体内循环系统中，那么它应该是动脉，不断生成信息传递信息；把它放入计算机网络系统中，那么它应该是调制解调器，不断编码又译码，其功能都表现在沟通、连接整个体系，同时从另一方面来说，它们也是控制阀，主要作用于社会环境、公众舆论和意识形态，以取得媒介所有者的预期效果。

一、维护国家统治合法性

纵观历史，不论是封建时期的“君权神授”说，还是资产阶级革命以来的民权说，这些说法都服务于同一个目的，即为当时的统治权力或者政府提供其存在的合理性，即天经地义。早在十七世纪，英国著名的思想家和政治家约翰·洛克就在其最具影响的文章《政府论》里提出了一个重要观点：政府的存在必须有其合法性。所谓“合法性”指的是政府只有取得被统治者的同意，并且保障人民拥有生命、自由和财产的自然权利时，其统治才有正当性[①]。洛克认为只有取得被统治者的拥护，社会契约才能成立，如果缺乏这种拥护，那么人民便有推翻政府的权利。由此，洛克打破了长久以来的“君权神授”的观念，这足以让当时的统治者胆战心惊。洛克的观点在后世被延伸和发展，开启了英、法、美等国家在民主权利和自由学说方面的思想启蒙。

在国家权力交替的过程中，无论是通过世袭接班，还是通过民选公投，所有统治权力阶层都需要证明其执政的正确性和合法性，中外皆同。中国

---

① http://baike.so.com/doc/5822126-6034944.html

《论语·子路》有言："名不正，则言不顺；言不顺，则事不成；事不成，则礼乐不兴；礼乐不兴，则刑罚不中；刑罚不中，则民无所措手足。"意思是如果想要成事，则首先该想好其合理合法的原因是什么，否则事情失败，制度废弛，责罚不当，老百姓也将无所适从，所谓"师出有名"也正是这个道理。合法合理性作为政府组阁和国家治理的先决条件，首先是需要向人们展示政治权力的交接经过了法定的或者合乎民心的选择，其次需要让人民了解和知晓治国的方略和指针，更要在此基础上争取人们对政权的支持和拥护等。在各国早期的政治史上，上述一切主要通过统治阶级制定和颁布法令来进行，当大众传播媒介出现后，它成为再合适不过的得力工具。凭借传播媒介统治者可以使自己的施政目标成为全社会共同的价值取向，并将政府自信、国策法典等各类信息从权力的金字塔尖向下一直传输到最底层民众，维护和巩固国家统治的合情性、合法性与合乎民心，传播媒介可以说是最简单便利的立名和立言工具。先通过自证合理来建立执政基础，再通过持续改革来夯实执政基础，这是一个简单的政治发展过程，媒介控制在这个过程中需要解决的问题是如何将重要信息在民众当中进行合理的展示，如何掌握信息资源配置的生效程度等。简单说，传播媒介需要为政府或准政府积极争取民众、进行有效宣传、达成预期效果，只有这样，国家治理才能师出有名、名正言顺。所以，维护国家统治的合法性并在此基础上巩固其统治，这从来就是传播媒介最为重要的作用之一。很明显，我们也能看到不论是过去还是现在，包括在将来，传播媒介在这一方面的控制并无减弱的可能。

二、构建和重塑意识形态

在维护国家统治合法性的基础上进一步拓展媒介功用，则涉及到意识形态控制范畴。在传播批判理论中，"意识形态"是一个非常重要的术语，该词本身就具有浓烈的自我否定色彩，因为一个真正的自由人的灵魂不应该被任何意识形态束缚，即无意识形态的。在经典马克思主义理论中，意识形态是指由占统治地位的政治力量维持的一套骗人的思想，而科学则必须用来发现真理并战胜虚妄的意识形态[①]。如何确立符合统治需要的意识形态，摒除其他不恰当的意识形态，并控制好意识形态的形成与发展，这正是传播媒介可以承担的伟大使命。正如法兰克福学派所认为的意识形态控制有两种意义，一是作为意识形态工具，维护意识形态；二是作为意识形态，维护国家统治。霍克海默认为："通过大众媒介以及其他影响方式来形成人们的思想和感情，通过对表达思想客体以及对客体的思想方式，对能够提供丰富信息的建议和操作进行有效控制，来缩小个人思维的差别"。[②]因此，简言之，大众传播媒介作为国家工具，其主要作用就体现在维护和促进社会思想的一致性，尽管此时它也是被控制者。

具体来说，作为意识形态工具，其控制途径和效果主要表现为以下几点。

（1）通过传播内容的选择来控制其传播效果 在以国家为单位的舆论场中观点林立，争锋不断的情形最为正常不过。一般情况下，根据媒介所有权形式的不同，这种意见冲突也会出现不同的情形。在国有媒介中，必然要传播其所有者认为可以传播的东西，而那些立场、观念不符要求或者容易引起争议的内容，则不会被选择。利用这种方式，可以更好地传达和输送出合乎国家需要的意识形态，屏蔽掉其他杂音，而且将非主流的和危险的其他意识形态提前消弭于无形。而在商业媒介或者公有媒介中，观点互斥和立场之争会表现得自由和激烈得多，但并非无休止的或者完全不受控制，因为商业媒介的所有者归属于不同的经济集团，还可能各具政治诉求，而掌握公有媒介日常运营的委员会成员们也很可能来自不同的利益阵营（或者他们干脆选择远离意识形态领域的内容）。所以在以上情形中，媒介的内容不可能做出完全无偏向的选择，最终只能服从于其中占据优势的决策者。

（2）通过制定媒介语言的使用规则来控制效果 语言是意识形态的另一种载体，特别是媒介语言，在面向所有人传播时，必然有其使用规则。从哪些词语不可以使用，哪些词语在什么情况下才能使用，最受欢迎的表达方式是什么，严谨传播的语法和句法又是什么等这些内容的制定中，媒介可以轻

① 小约翰：《传播理论》，中国社会科学出版社，1999 年，第 408 页至 410 页。

② 霍克海默：《批判理论》，重庆出版社，1993 年版。

而易举地发现危险作品以及不合要求的作品，在这个过程中，媒介几乎是从日常工作做起，简单轻便地掌握了控制传播效果的技巧，同时更是在不断地构建和塑造意识形态，包括文化观、价值观、道德观、民族观以及各种共同意识等。日本在这方面即是一个典型例子，长期以来类似“我国周边安全形势严峻”“中国持续高水平增加国防费”“在东海和南海等空域急速扩大活动”等类似的措辞和论调会高频出现在日本的主流媒体上，用以炮制中国对日本产生实际威胁的论调，日本共同社客座论说委员冈田充说，很多日本记者私下表示，如果不在稿子里加入批判中国的评论，稿子就通不过，并且这“不是来自上司的命令，而是记者的自我审查”。[①]所以，从这一实例来看，媒体使通过添加和减少不同的语言样式就会产生不同的效果。

（3）通过否定和再造舆论而达到控制效果 对于处于争论焦点中问题，传播媒介的控制体现为通过权威媒体直面争论，或者通过持续提供事实依据来反驳异己立场，事实陈述这种方式是传播媒介在当今最为普通的一种常规控制手段。实际上，它起到的是一种舆论引导的作用，因为在争论面前，人们往往相信的不是观点，而是事实，西方的新闻学理论中曾反复涉及这一点。正是通过“大众传播媒介通过对内容、语言和过程的操纵，最终达到社会意识的一致化和思想规范化，即最终达到了操纵、控制的目的[②]”。

三、预警社会发展的风险

西方传播学在研究传播媒介功能时便已提出“环境监测”说，“监测”意味着监视与检测，“环境”指的是我们所处的世界，既包含人类社会也包含自然界。传播媒介的第一个预警作用体现在及时甚至提前对自然环境的变化情况进行送达，以帮助人们躲避灾害，虽然传播媒介对于自然界的监测效果不可能像机器那般灵敏，且媒介的预警并不能阻止灾害的发生或者让灾害消失于无形，但是当地震、海啸、雪崩、以及气候异象等自然灾害来临时，

---

① 《日本煽动中国威胁论为哪般》，驻东京记者 杨汀，载于《参考消息》2017年2月7日，第11版。

② 邵培仁、李梁：《媒介即意识形态——论法兰克福学派的媒介控制思想》，载于《浙江大学学报》（人文社会科学版），2001年1月，第107页。

恐怕没有哪种工具能比传播媒介更为有效，因为即时的信息发布和流通能够让人们在最短的时间内抓住生命营救的关键几分钟甚至几秒钟，这样便可以迅速控制人们和环境空间受损的程度和范围，论及这种作用，除传播媒介外，无它（他）可及。

当然，就人文学者们的研究兴趣点而言，传播媒介的预警功能似乎更深刻地作用于人类社会。社会日益进化和成熟的一个表现就是，能正视和反思现代工业和科学技术给社会发展带来的负面效应，认识社会结构的变迁及其对公众认知与行为产生的影响，有针对性地建立规避风险的社会机制，制定风险治理的社会政策，而传播媒介在其中需要做到的就是“在规避社会风险中发挥积极功能，对潜在的和频频发生的社会风险起到环境监测、社会预警和舆论引导作用”[①]。对于社会环境的监测，重在发现环境异动和轨迹偏离，这犹如社会行进在具备既定目标的路径之上，政府如果是掌舵人，那么传播媒介就是监督者，在这个过程中，我们可能会发生各种各样的决策风险，有可能行差踏错步入误区，也有可能疑窦丛生状况不断，还有可能积弊深重无从下手，无论是政治上的、经济上的，或是文化上的各种问题或是其他，传播媒介的作用就在于提前觉察和发现，西方新闻界习惯将其称之为“公共服务”，也因此把媒介形容成“岗哨”“瞭望塔”等，而社会主义国家如中国则将这类现象称之为“媒体监督”或“舆论监督”，因此，做好社会环境的监测，需要“真实、准确地反映社会矛盾发展、变化，特别是具有危险倾向的矛盾和冲突的衍生、变动情况，尽可能做到未雨绸缪”[②]。除此之外，人们还希望媒介能对重大问题保持密切关注、深入调查、揭示真相甚至提供建议和解决之道。当然，我们可以将这看作是对传播媒介影响力的一种认可，但实际上传播媒介不可能越俎代庖，其作用只能是监测和预警，其控制作用体现在发现问题并推进问题解决的速度，而不是直接解决问题，这犹如水沸之时壶鸣气涌是在不断发出警报，但却不可能做到釜底抽薪。

①② 郑保卫：《论社会转型与媒体责任》，载于《新华文摘》2011年第8期。

将媒介作为传播控制的核心研究对象，是本节研究的出发点。不管媒介作为控制者还是被控制者，从本质上讲都与媒介自身无关，是媒介的所有者和使用者在决定一切，并且决定如何调整自己的控制手段和方法。随着时间的推进和社会经济发展水平的提升，我们能够很清楚地看到，原来硬性的、强制的硬性控制逐渐被取代，国家和政府越来越倾向于对现代化媒介进行软性控制，这在下节中将详细说明。另外需要指出，可能在某些敏感的读者看来，意识形态的控制是源自西方传播学的观点，或者认为在自己的认识世界中，并不存在来自于传播媒介的意识形态控制。该观点的存在恰恰说明意识形态控制已经发生作用，因为传播媒介的意识形态控制是难以分辨而且隐蔽的，它并不为人们所察觉。就如“艺术化、娱乐化的政治教育正是美国媒介政治社会化的基本特征，公众在享受艺术带来的美感的同时，意识形态的核心价值已经不知不觉地渗透到每个人的精神世界里。”①

同时，笔者认为，意识形态的控制虽然是法兰克福学派关于媒介研究的重要观点，并成了处于不同意识形态影响下的人们互相攻击对方的武器，但就其控制的结果来说，并不一定就是坏事。意识形态的控制在某些社会主义国家和地区来说，可以统一民众决心，开展共同行动，成就国之大事。马克思曾经说过，“报刊最适当的使命就是向公众介绍当前形势、研究变革的条件、讨论改良的方法、形成舆论、给共同意志指出一个正确的方向。”② 某些时候，这种效果甚至能够让崇尚绝对自由和反对意识形态控制的国家和其民众惊讶和羡慕。

第三节　新媒体环境下的传播控制变化

法兰克福学派关于媒介的工具属性方面的研究内容甚广，著说颇丰，且对今天的传播媒介研究影响极大，但仔细分析，其观点中的经验主义色彩也

① 谢岳：《大众传媒与民主政治：政治传播的个案研究》，上海交通大学出版社，2005年，第122页。

② 万平：《倡导言论自由 宣传改良派主张》，载于《达县师范高等专科学校学报》，2002年9月，第93页。

较为浓厚，在否定与批判媒介和技术的氛围中，他们未能找到任何对现存问题或将来可能发生的问题的行之有效的解决途径。对于传播媒介在社会中的控制与被控制这个议题，尤其是在社会、国家与媒介的关系这一核心问题上，法兰克福学派虽然进行了深层思考，但其观点中却透露着较多的失望和悲观态度，因此其观点也难免失之偏颇，比如说法兰克福学派当时认为（资本主义背景下）科技和经济越是发达，国家对社会的控制和统治就越强，而拥有媒介这一工具无异于如虎添翼，效果更佳。但现实情况并非如此，科技的力量并非只是单纯地施予国家以助长其控制能力，而是广泛地作用于所有对象和领域，更准确地说是改变和解放了世界，并刷新了我们对国家、社会和传播媒介之间的关系的认识，因此，当以新技术的出现为标志的网络媒体时代到来时，我们看待媒介控制问题的视角就全然变了。

“传统上只关注内容的规范已不适应于新媒体时代，当网络兴起，对于这种新兴的媒介形式本身的认知显得更加重要，因为它是与以往任何时代都不同的、几乎具有革命意义的融合媒介。网络媒介改变了大众媒介过去一对多的传播模式，打破了集中和单一意见的媒介内容控制权，以开放和人人参与共建知识以及自由表达为基本特点。”[①]根据其中道理，我们明白新媒体环境中的传播控制建立在开放、自由的基础之上，与传统媒体环境相比，它的控制形式不同，难度也不处于同一水平。简单说，“在网上不存在可以对传送的信息进行监控、审查和封锁的中心要塞点。在全球电子化时代，要想对信息交流实行真正有效的限制，已经越来越困难了。[②]”新媒体所依赖的互联网以信息传播和存储服务为最基本功能。海量化的信息和电光石火般的传播速度本就暴露了突破一切管束和制约的特性，所以，对于新媒体的控制与传统媒体应该截然不同。在传统的媒介环境中，信息的传播以各专业媒体的活动为主导，即我们所熟悉的大众传播，这类传播的一大特点是其具有清晰的制作流程和明确的传播分工，信息传播的每个环节上都有相应的把关者，可以根据指令和需要来对传播的内容进行审查、修改或处理，因此在传统媒体

① 余志为：《论新媒介时代的媒介控制》，载于《传媒》，2015 年 9 月，第 54 页。

② 林燕：《国际互联网：信息控制与舆论引导》，载于《现代传播》，1998 年 6 月 15 日，第 15 页。

中进行“传播控制”是可行的且有效的，但是这种控制优势在新媒体环境中明显消失殆尽。分析其中原因：第一，新媒体时代的信息来源主体发生重大变化。过去，传统媒介及职业传播者是主要信源，但由于新媒体的发布更快捷方便，所以在这一优势吸引下，更多普通民众参与进来，他们借助网络、手机等媒介对事实直接进行采集然后随机发送出去，无需任何中间程序，这样便从根本上实现了信源主体的广普化转型，信源从大众传媒向以个人为具体信源点组成的大众的这种改变，给信息控制和管理带来了前所未有的难度。第二，新媒体时代的信源传播意识在不断增强，由于技术和环境的变化，公众热衷于通过网络等新媒介来传递和分享消息，从另一方面说，他们是将日常的人际交流这一习惯转移到了新媒体之上，所以使用手机或者社交媒体来传播消息的频率之高难以想象，在不少情况中这种传播速度和效果几乎是爆炸式的，无疑又使新媒体的控制难度增加不少。

基于无限的网状连接和难以管控的传播基点这一现实，我们不难理解为什么在新媒体环境下的传播控制不同寻常，但放任其自由发展显然不现实，因为媒介化社会中的媒介管理是社会良性有序发展的基石，因此摆在我们面前的问题是对变化的适应以及对传统手段的调整。接下来，从传统的媒介控制到对新媒体的传播控制所发生的变化，我们从下几个方面来尝试说明。

一、从以内容控制为主的形式向以技术控制为主转变

“内容控制”是传统的控制手段，它意味着对媒体内容的选题审批以及采编系统对具体信息内容的分级控制，同时它也是面向公众最直接有效的终端控制。但在新媒体中内容控制相对较难，因为缺乏内容筛选和审批机制，且以公众为代表的信源无需考虑来自媒体或者控制机构的压力，所以不管信息内容质量如何，只需要一键发出即可，他们不需要为可能的信息错误买单。在这种情况下，以控制内容为主的思维已经不适应今天的新媒体环境，与之匹配的控制应该更具前瞻性和预见力。麦克卢汉曾说：控制变革似乎不仅要导致与变革同步前进，而且要导致走在改革的前面，预见力赋予人转移

和控制力量的能力[①]。因此，对于以技术更新为生命力的新媒体来说，技术控制也将是最有效的手段，但从外部进行整齐划一的技术控制的难度显然较大，所以达到控制效果的手段主要依靠以下几方面。

（一）对掌握核心技术的媒体集团和网络公司进行指导和管理

从新媒体发展过程来看，其依赖的传播应用技术多来自于大型的媒体集团和网络公司，尤其是世界最受欢迎的社交媒体应用和网络都属于大企业如微软（Microsoft）、谷歌（Google）、脸书（Facebook）、腾讯（Tencent）、新浪（Sina）等，这些大公司从始至终掌握着核心技术专利，并且他们在世界范围内进行技术联合与取长补短，为提供最优的用户体验和争取更多的媒体用户，他们一般会自觉地、积极地更新技术，维护良好的媒体使用环境，赚取市场利润。故在此基础上出炉相应的管理政策，从顶层来指导这些大公司和集团制定合乎要求的媒体用户使用协议是完全可行的。如中国2016年11月针对互联网直播这一新兴媒介形式，明确提出各大网络公司或直播平台必须依法取得相关资质，健全信息审核等制度，并应当具备即时阻断互联网直播的技术能力等。[②]

（二）组织研究和专门开发应对网络媒体管理漏洞的各类技术

目前世界各国已充分意识到网络和其他新媒体发展对政府和社会产生的重大影响，也了解一旦出现问题极易导致重大危机，因此为以后可能出现谬误或者冲突的薄弱环节或敏感问题设置预案，提前做出风险估测在当下的新媒体管理和控制系统中当属基础性技术控制手段。除此以外，“先发制人”“主动出击”也是在新媒体时代较为有效的手段，例如以政府或者相关管理机构为主要力量来组织研发专门的网络把关技术如信息控污、反病毒、黑客识别技术等，更具体的方法如对疑似危险信息或非法信息如色情、暴

---

① 马歇尔·麦克卢汉，《理解媒介——论人的延伸》，何道宽 译，商务印书馆，2000 年，第 387 页。

② 见国家互联网信息办公室于 2016 年 11 月 4 日 发布的《互联网直播服务管理规定》第六、七、八条。

力、极端言论等采用以防火墙为主体的多重保护措施进行过滤。再如统一推行实名制，从使用媒体的注册环节便要求查证真实身份以掌握信息发布来源，另有关键词过滤、定向封杀等专属于新媒体的审查手段，在这种技术布控下，大体可实现对所有通过网络传播的信息的监管，并可以进行相对比较主动和精确的跟踪追查。综合新媒体的传播结构特点，建立新媒体的管理和技术体系，这将是高度细化和分段控制的信息技术有机体的必需。

二、从以外部宏观控制为主转为以媒体内部控制为主

从根本来说，媒介控制的目标是促进新媒体的健康发展，并非限制新媒体的发展，这对于任何有新媒体发展意愿的国家来说是相同的。我们之前提及到政治和法律等宏观控制因素对于各类型媒介而言都是同等的，新媒体的发展亦必须在法律允许的范围之内。如各国在网络媒体方面已有基本的法规和政策体系，对相应的网络资源、运营原则和管理规则等都已形成明确的规定和规范。但从控制效果来说，外部宏观控制对于新媒体来说并非针对性的直接手段，相反，产生于新媒体内部的控制机制更具效果。

（一）新媒体具备自身不断消化和更新的机制

从技术镜像来看，互联网信息传播的路径特点是无定向、无阻碍。正如这一建立在网络互动为基础上的社会媒体传播形式不是线性的，而是从一开始就扩散化了。社会化媒体整合理论（Social Media-Integration Theory）认为，社交网的位置处于中心地带，其路径遵从多点扩散并各点多路畅通的传播特征。[①]所以，信息一旦发出后完全不受控制，这是社会媒体也是新媒体控制的难点，但进一步分析后我们可以发现，发出后的信息停留在网络上的时间和空间其实是有限的，它们马上会被新的信息覆盖，也会被更多的消息挤至人们记忆的边缘，所以从信息总量不断增加和刷新的速度来看，我们对于新媒体中的信息控制虽然不能实现逐一监控，但是新媒体系统自身的新陈代

① 蒋晓丽、王苇：《社交网受众媒介特征及传播控制的可能性分析》，载于《西南民族大学学报》（人文社会科学版），2011 年第 12 期，第 177 页。

谢机制在一定程度上可以消减不良或不当信息带来的不利影响。这种内部消化机制的形成是新媒体传播技术不断升级以及网络传播海量化的结果，从本质上看相当于对充当人们记忆容器的大脑进行冲洗式控制，在上一条消息没完全消化前我们又因新的内容转移了注意力，而这并非完全是人们主观刻意选择的结果，它与跟当前公共领域的信息分享度高，刷屏速度快直接相关，是由我们今天信息渠道不受限制的媒体信息海洋环境所致。

（二）新媒体内可形成信息的次级控制效果

除了新媒体内部信息的生成和消亡机制以外，人们在面对不同信息时的作为也同样可以产生控制效果，这种控制是指“当个体获得关于有害事件本身的信息时所产生的控制意识”。心理学家对人们的行为习惯研究后发现，面对发生的事件时，人们首先考虑采取行动，改变环境，而当遇到困难或者无法理解的事情时，他们会试图去理解①，这便给人们在处理不同信息时的主动寻找解释的行为提供了一个很好的科学依据，其典型的例子就是各类虚假错误信息在网络等媒体中的广泛传播。未经证实的消息如谣言等在新媒体中的传播速度很快，对此大家几乎有同感，其中的原因是什么呢？除了网络传播缺乏把关控制环节之外，其实我们都忽略了公众自身的原因。公众在面对异常的或者耸人听闻的消息尤其是坏消息时，宁肯信其有，所以选择传播转发以保持警醒或提前预防，这是常见的一种习惯。另有一种情况就是对于事件在未明确因果之前，急需相应的解释来帮助人们度过疑虑、恐惧或者愤怒的信息真空期，在这段时间里出现的各类消息不论来自于民间，还是政府，不论是叙述白描还是添油加醋，都会引起人们关注。在这种关注的过程中，人们的情绪可能会被安抚也可能被激化，但不管怎样，它们都是人们主动寻求相关信息并依此来应对相应情况的一种“归因”控制行为，归因理论考察的是行为可察觉的原因，而不是真正作用于人或影响一种结果的决定因素，所以它只可能带来50%的良好有序的控制结果。若我们暂时将外部控制因素

---

① 郑保卫、陈建平：《谣言的传播机制及阻断策略》，载于《中国记者》，2010年第5期，第42页。

和技术控制环节定义为媒体的初级控制，那么产生于新媒体内部的这种“信息控制”就可以看作是“次级控制”。次级控制的主体不是别人，正是媒体使用者自己。

（三）新媒体中不同利益诉求体可相互掣肘

在当前相对自由和宽松的新媒体环境中，我们通常都能看到数万倍于以往的意见和观点，也就是说今天的言论空间非常活跃，各种信息和说法鱼龙混杂，有真知灼见也有胡说八道，如果对这样一个舆论场进行从上至下的发言管制或如影随形的监控，那显然行不通，因为人们会停止说话一哄而散，这个公共领域也随之土崩瓦解。所以对于意见场，无疑需要给予充分尊重和自由，而所谓的舆论控制也并非不准人们说话，英国思想家约翰·弥尔顿在三百多年前的一个著名论点——“意见的自由市场”认为报刊（即媒体）的关键在于让意见跟意见交锋，让真理去跟谬误作战，最后自见分晓。社会化媒体整合理论（Social Media-Integration Theory）亦提出，媒体社会需要多方面资源的协同引导与治理，因为舆论从一开始就多点扩散，不需要一个指定的路线就可以发展下去，顺着任意一条线路都可以走到需要的站点。舆论自身发展的内部规律告诉我们，即使舆论可以被一时扭曲，但长远来看其本身具有纠错功能。因为在我们的公共空间里，存在着无数分别代表各自利益的不同的群体，他们根据自己的判断尤其是根据自己的利益基准来发表意见，最后的结果是不同利益群体之间的矛盾的调和，意见的统一和舆论场的平衡。因此，在媒体中早就认同各种意见力量相互掣肘的说法，而在新媒体中，我们时常能看到甚至亲身参与动态的意见平衡运动。当然，从媒体内部控制的方式和技巧角度来看，可以借助传统控制因素巧妙地进行干预，如美国的网站上便存在以个性用户名示人但实际上属于官方机构的自媒体账号，通过与受众维持良好关系从而进行宣传扩大自身影响力，在事件发生时也能及时代表上方陈述意见和立场，再如有我国亦有学者建议政府主动进驻微博及时参与评论互动、培养意见领袖等方式来进行新媒体内部的舆论控制，这如同打入新媒体舆论场内部，让控制因素本身成为意见代表进行观点交锋，也让舆论领袖充分发挥引导作用，并且这些都已成为当今新媒体内部控制的常见手段。

三、从以行政硬性控制为主向以文化软性控制为主转变

美国学者阿特休尔在其《权力的媒介》一书中曾说，摆布传媒的权势有宗教的，也有世俗的，可能体现为政治上的党派集团，也可能是经济上的[①]。新媒体虽然拥有非常多优势，并且在互联网技术上完全有可能突破国家的限制，让来自不同国家的人能够在网络或社交媒体上畅所欲言，但其作为媒体终究逃避不了上述各种力量的控制。例如朝鲜在很长一段时间里对互联网的接入采取严格限制，导致国民很难接触国外信息，对于私自接入外国互联网的行为甚至采取违法惩戒措施，凡是去朝鲜旅游或者居住的外国人在使用互联网时也会遭遇各种限制。另外，国家可以通过特殊的媒体战略来禁止或限制各种媒体在本国的使用，且这种情况不算鲜见。总的来说通过国家强制性的权力或行政管制令，可以从根本上阻断和控制媒体的发展，这是确定的。不过，从世界不断全球化的趋势来看，类似于上述政治权力或行政权力推行的硬性控制似乎越来越不受欢迎了，很有可能在将来它会被另外的方式取代，目前，源自文化吸引、语言学习等方面的沉浸式影响和渗透在媒体控制方面所发挥的作用让大家见识到了另一种控制的可能性，即软性控制。

实际上，软性控制一直存在，但其作为次要的外部控制因素并没有被我们真正了解，且在传统的媒介环境中没有引起足够重视，但是在传播技术发达和信息自由流通的今天，我们很清楚地了解到硬性控制已经不像过去那样简单有效，也不应该像过去那样一成不变。所以重新看待其他元素，充分了解软性控制的关键已变得十分必要，对于软性控制我们一般有两种看法。

① 阿特休尔著，黄煜、裘志康译，《权力的媒介》，华夏出版社，1988年版。

（一）事后缓处理

有学者通过研究微博这一社交媒介的控制渠道后分析道："微博以其独有的公民新闻表达对于社会的紧密关切，挑战了长期对传统媒体具有的绝对控制权，各种信息、观点的聚合与分流已经不再被审片与审稿时代的管理者完全掌控，'事前审查'突然被'事后处理'代替"。[①]实际上，该观点中的事后处理并不是一种新鲜的控制方式，它在传统媒介时代便已有之，比如通过新闻发布后造成的负面影响和危害程度来对发稿者进行诸如批评警告、奖金扣除、岗位调整甚至免除职务等之类的经济和行政处罚，这些都是常见的事后控制形式。在人人可以发布信息的新媒体环境中，消息或稿件发布前确实难以审查，所以只能退而求其次，在问题出现后进行追惩，实现"缓行控制"，这是可以理解的。不过，对于传播媒介这一以"先声夺人"制胜的特殊领域，事后控制的效果总是差强人意，首先从时间上来看它在人们获悉消息之后，并且由于处理相关事项需要时间，所以它往往也落后于人们的评价和基层舆论。其次，这种事后处理很难消除信息业已传播开后给公众和社会带来的巨大震撼，换句话说，当负面影响和危害已经造成时，我们所有的控制处理其实都是在补救漏洞，它并不具备真正的控制作用。

（二）软实力控制

另一种软性控制区别于强制性手段，也区别于事后控制，笔者认为它应该指的是以文化软实力的介入和渗透来影响媒体受众，邀请其进入同一历史和文化环境，从而达到认同和说服的目的。这种控制当然是潜在的、无形的，绝不会产生立竿见影的效果，但其影响却是深刻的、长远的。例如，人们目前在网络等新媒体上来学习外国语言、收看国外电视剧和电影等的情形非常普遍。好莱坞的电影、日本的动漫、韩国的电视剧正是通过网络传播到了世界各地，同时也形塑了各自国家的文化特征。在这一方面，中国并非没有实力，相反她正在快马加鞭追赶。目前，汉语在全世界的输出已经达到了

---

① 余志为：《论新媒介时代的媒介控制》，载于《传媒》，2015年9月，第54页。

有史以来的最高水平，这就是一种文化的交流，同时也是在不断的输出各自的文化观和价值观。再如中国的网络文学不光在中国国内受到热捧，而且在欧洲和北美市场也相当受欢迎。有人评价网络文学向世界传播了蕴含着中国智慧的传统文化，代表了中华文化软实力，同时也解答了外部世界对于当代中国人生活状态和精神世界的好奇。①当一个人了解一个国家重要的历史事件、典型的文化生活、可爱的普通民众之后，他就可以毫不费力地理解和洞悉这个国家和国民所秉持的治国理念、宗教信仰、人文观念、道德标准等。俄罗斯大文豪列夫·托尔斯泰有句名言："我从不告诉，只是展示"，简单而生动的文化展示就是插入人们内心的一把锁，能打开所有封闭者的窗户。

在世界历史发展的过程中，我们都认同一个道理，最终的征服是文明的征服，这在新媒体领域也不例外，如果排除其他权力、经济等因素，让人们进行充分的、完整的交流，那最后形成的应该是各国优秀文化遗产和先进的现代文明交汇的局面。而不论是谁，是哪一个国家或者民族，一旦能够在其中坚持不断革新，并始终站在软实力的前列，无疑也就具有了引领和掌握文明发展方向的资质和能力，这无疑也是软性控制的最终结果。

媒介化社会无疑是我们现在所处的大环境，它意味着某些发生在传统工业社会的情况在今天已不再适用，因为"在广播媒介时期，媒介控制的主动权掌握在制作方手中，在互动无法实现的技术条件下，从一点到多点的传播控制比较简单，传播规划由传播方制定，主要考虑说服和规制。当网络媒体出现，特别是手机和网络互动社区兴起时，传统媒体并没有充分意识到新媒体对于用户参与和卷入媒体事件的影响力"②。而在媒介化社会里，媒介和人之间的关系更加密切，媒介将成为社会中最普通和最基础的生活用具，所以我们现在所讨论的媒介控制问题，可能在将来会变成一个不是问题的问题。笔者的意思并非指所有针对传播活动的控制会在将来消失殆尽，也并非盲目乐观地预测将来媒介自由的绝对化程度，只是鉴于当前社会发展的速度和人

① 梅佳：《你看过英语版〈盘龙〉么？一批外国读者正在追中国网络小说》，中国日报双语新闻微信号，2017 年 2 月 11 日推送文章。

② 余志为：《论新媒介时代的媒介控制》，载于《传媒》，2015 年 9 月，第 54 页。

们对媒介的强烈依赖程度，人们有可能完全习惯了控制的存在或者说根本感觉不到其存在。

当然，我们今天和以后仍需要对传播媒介进行有效的管理，也需要充分保障人们自由使用各类媒介的权利。目前，世界不少国家仍然以通过报刊、电台的创办审批程序来控制媒体数量和布局，通过报刊版面、电视频道和时间管理来控制媒体的信息总量，通过报刊发行范围的限定、电视信号落地点的管理来控制传播渠道和范围，通过事前审查、批阅编辑等手段来管理媒介传播的内容等，但是这些在媒介化社会极可能发生变化，例如“麦克卢汉的媒介讨论开起了信息时代的‘媒介化社会’的形而上学：媒介哲学及其社会心理效应，媒介形塑我们，电子时代我们都以全人类为肌肤，以此开创了媒介、人类心理与社会结构之间的‘控制’与‘反控制’研究的有效途径。如何预见并规划控制媒介的发展，需要科学认知。”①

目前在新媒体环境下，我们首先需要全方位的了解和观察以便随时发现问题，其次需要知道但凡存在的合理控制都可能是帮助社会向前发展的摩擦力，因此对于媒介控制的看法不应该是完全否定的。在将来，媒介技术决定论者也许认为应该相信技术的力量，因为技术的控制手段应该会比现在的技术制高点更高。媒介社会批判学家则也可能坚持认为到时的意识形态控制会比现在无形的幕后控制更巧妙和不易察觉。

---

① 余志为：《论新媒介时代的媒介控制》，载于《传媒》，2015 年 9 月，第 55 页。

第四章

媒介化社会中的受众及其角色转变

受众，是大众传播媒介研究的对象之一。从信息匮乏的过去到信息爆炸的今天，我们关注的研究对象普遍集中在传播过程的上游，但是没有处于下游的受众的参与，传播活动是无法完成的。德国哲学家克劳斯认为，受众按其规模可分成三个不同的层次：第一层次是特定国家或地区内能够接触到传媒信息的总人口，这是最大规模的受众。例如在中国的电视覆盖区域内，凡拥有电视机或能观看电视节目的人都是电视传媒的受众；第二个层次是对特定传媒或特定信息内容保持着定期接触的人，如报纸的定期读者或电视节目的稳定观众；第三个层次是不但接触了媒介内容而且也在态度或行动上实际接受了媒介影响的人，对传媒而言这部分人属于有效观众，在他们身上体现了实质性的传播效果①。一般情况下，囿于调查目的和条件，受众研究多针对后两种规模受众进行，不过在今天的媒介化社会中，即便受众几乎覆盖所有人，以海量数据、高维数据为特征的大数据和信息技术足以保障大规模的受众研究得以进行。在上一章关于媒介的传播控制研究中，我们很清楚受众对传播活动的影响，与之前相比，今天的受众几乎以“反客为主”的态势活跃于我们所处的媒体环境，尤其是用户可以参与内容制造的现实特质，几乎重塑了社会最普遍的传播结构，创造出了迥异于传统大众传播时代的社会生活景观。对于所有的媒介传播活动乃至整个媒介化社会来说，受众这一群体在当前拥有更多更深厚的价值和意义，丹尼斯·麦奎尔认为：“受众不只是技术的产物，也是社会生活的产物。受众的形成一直受到各种社会因素的影响。正是这些社会因素而不是媒介，将决定我们能否在一个原子化的、疏离的世界中找到我们自己。②”因此我们无法不重新估量当今受众在整个传播活动体系中的地位、权利的变化以及受众心理诉求变迁。

---

① 胡兴荣：《新闻哲学》，新华出版社，2004 年版。

② 丹尼斯·麦奎尔：《受众分析》，刘燕南等译，中国人民大学出版社，2006 年，第 14 页。

第一节　新媒体时代受众的心理特征

传播过程从头到尾都伴随着传受双方的心理活动，就传播所产生的影响来看，受众的接受心理显得更为重要。以前，受众曾经是传播活动的末梢，也曾经被认为无足轻重，直到今天的传播规律和商业效益揭示了受众的价值，情况才有所变化。一般来说，信息终端接受效果不好的传播是没有多大意义的，今天的受众，接受着来自诸多新闻和消息供给端的咨讯，使用着丰富炫目的各类媒体娱乐产品，享受着互联网和移动客户端等带来的极其便利的服务。他们可以自主选择自己喜欢的媒介及其产品，也可以通过媒介享受到自己想要的个性化服务，同时他们不断主动地去使用各类媒介达到各种目的。透过上述所有现象，我们似乎可以推断出这样一个结论：这个社会是由媒介推动的，而媒介是围绕着受众转动的。随着社会和媒介的不断发展，受众自身也会出现相应的变化。当然，受众当中的个体差异无疑是巨大的，但从整体趋势上来看，他们的心理和需求似乎有章可循。法国著名社会心理学家古斯塔夫·勒庞在其最知名的学术著作《乌合之众》中指出，在某些既定的条件下，并且只有在这些条件下，一群人会表现出一些新的特点，它非常不同于组成这一群体的个人所具有的特点。聚集成群的人，他们的感情和思想全都采取同一个方向，他们自觉的个性消失了，形成了一个集体心理。它无疑是暂时的，然而它确实表现出了一些非常明确的特点①。

一、受众的典型心理特征分析

（一）喜新厌旧心理

受众浏览信息时，将同一篇消息报道重复阅读或者收看两遍的机率是非常低的，这种情况可以延伸到诸如受众即使喜欢某一个栏目，但是如果这个

---

① 古斯塔夫·勒庞 著，冯克利 译，《乌合之众》，中央编译出版社，2014 年版。

栏目多年一成不变，受众就会转身去追逐其他更新更好的栏目；或者当新的信息刺激出现时，受众会根据自己以往的经验和偏好来对其进行加工整合从而获得新的认知以及乐趣。可以说“喜新厌旧”是受众使用媒介获取信息的心理特征，也可以说是求异弃同心理所致。心理学上认为，人类个体常常为了增加驱动力而探索和行动，如探究新的环境，学习新的知识，参加竞技比赛等，人们正式在不断求新求异的过程中维持胜利的激活水平，获得生命的驱动力。适度的刺激能使个体获得最佳的唤醒水平。这也是传播的生命所在。①求异求新心理至少告诉我们两方面的结论：一是信息传播对受众的刺激既要具有新鲜、新异的特征，又不可盲目追风和雷同模仿，还要使刺激保持在适度的水平上，以引起受众兴趣，利于实现信息本身的价值。二是，受众自身在新奇的、有趣的信息面前很难按捺住好奇心，所以面对同一事件和同类题材的信息，受众会比较挑剔，如果不能在诸多雷同内容中标新立异、与众不同，那么受众会不假思索地将其忽略。该心理的普遍存在对于今天的新媒体来说，是挑战也是机会，它间接给媒介提出了更高更多的要求，媒介的内容更新的速度要始终跟上受众欣赏心理变化的速度，媒介所提供的产品也是如此，如果不能突破和创新，那么离失去受众的日子也就不远了。

（二）求同存异心理

网络遍及生活各个方面，人们谈论的话题也多倾向于网络传播的内容，受众对于网络的好奇促使其参与到网络中来，这种现象符合人们的“求同”心理。心理学理论上的求同心理是一种再普通不过的大众心理。该理论认为，人们认知世界由一个基本假设开始，这个基本假设就是：知觉者基于个人的经验来主动构思现实，所以通常人们喜欢接受与自己经验认识一致的信息，而不是迥异的信息。这种经验认识需要从两种情形中构建，一种是同化，一种是顺应。“同化和顺应是主体适应外部环境的两种基本功能活动形式。同化是主体认知结构把客观经验或环境刺激加以选择、整合、变换，

① 郭力华：《试论受众的接受心理与传播效果》，载于《新闻与传播研究》，2010年第1期，第51页。

然后纳入主体现有图式或行为模式之中合成为一个新的整体。”[①]当环境变化，原有的经验认识不能再同化新的刺激时，主体修改或创造新的认识就是顺应。如果用这一理论来观察受众的心理，我们就可以理解为什么受众会对一些信息和经验产生认同或者排斥的反应。例如，当受众在诸多信息中发现有哪些能佐证自己观点的信息时，会被立刻吸引，并将其作为夯实自己立场的依据，从而也不会怀疑该条信息的真实性和权威性，因为这是受众在媒体中寻求观点契合的内容以达到不断同化经验的目的。但是当新的信息刺激足够确定和丰富，且在数量和质量上不能被主体同化时，受众则会改变及整合自身的经验认识以顺应新的信息。这种求同心理所产生的一系列结果是：人们会在与自己固有观念相同或接近的事情上明确声援立场；在与个人价值观相异的问题上表达不满和不解；在对立意见足够多时选择沉默或者干脆转向等，这也是“沉默的螺旋”理论之所以存在的从众心理。在新媒体所提供的技术支持和媒体应用中，人们的求同存异心理和行为更为明显，我们看到，以共同兴趣和相同观点为标签组成的各类论坛和信息群比比皆是，人们在各类信息组织中不断强化自己的经验认识，同时也把差异化的信息拒之门外。

（三）作壁上观心理

作壁上观即看客心理，在心理学上这是最为常见的一种。从媒体使用角度来说，看客心理出自于人们的娱乐消遣需求。虽然受众使用媒介的目的各有不同，但正如前文所说，娱乐和消遣一定是其中绝大多数人共有的目的，也是大众的基础需求。受众是最大规模的旁观者，其以局外人的姿态面对事件和人，不论该事件性质如何，是非对错如何，看客只是消费该事件的信息以及当事人的喜怒哀乐，但其本身对当事人并没有理解与移情的心理反应。在媒体技术手段的帮助下，微博发布的图片和信息、以及移动媒体随时上传的新闻事件现场和网络直播等，都能在短时间内聚合上万甚至数十万的受众，他们通过点击、浏览或者发表评论表示对事件的进一步看法，这些人当

---

① 理查德·格里格、菲利普·津巴多：《心理学和生活》，人民邮电出版社，2004年版，第294页。

中除了事件的参与者以及部分利益相关者以外，剩下的则是围观者，围观者是作为事件消费者的身份出现的，他们乐意在事件的发展过程中窥探人们的情感反应和行为，如果出现了出其不意的、爆炸性的新动向，他们的围观兴趣则更为浓厚。从效果上来看，受众的注意力越来越集中于有限的网络媒体或者短时间内聚集于热门事件时，媒体的马太效应就出现了，该效应是围观心理的另一层解释，一般来说，这些围观者的典型心理特征分为：

幸灾乐祸——幸灾乐祸属于一种邪恶快感，是因他人的不幸厄运而快乐的心理感受，属于一种暗黑的高兴情感反应，具有邪恶、卑鄙、冷漠等反道德的特征。看客们在观看一个人面对死亡的悲剧过程中充满了快乐与刺激的感受，显现了人性中的邪恶成分。邪恶快感的危害极为严重，其群体围观效应会加剧事态向恶性结果发展。

恐惧适应——社会恐惧源于在某一社会环境中人们失去生活安全感而出现的害怕、焦虑、急于求生的现象。当出现危险情境时，人们会启动对死亡的恐惧，逃离危险源，寻求自保，以获取生命安全。当媒体上充斥着恐怖事件、暴力冲突、杀人事件、车船失事、食品安全事故等时，人们通过经常性的围观和了解，反而能够获得一种理所当然的心理暗示：这个社会是不安全的，但是还好没发生在我身上，以此来适应社会现实中存在的种种可能性危机。

道德站队——受众作为旁观者对当事人的对错有一个基本判断，但是他们并不是法官，所以一般不会细究是非，通常简单地以“好人”“坏人”来做一个道德评价足矣。不过，他们会在围观中选择道德阵营，并通过评判别人的道德来获得自身的道德满足感。当社会舆论或大众传媒以偏常的方式来定义一个群体或某种行为，并且只将注意力集中在该群体或事件的离奇性上，或对其加以无限放大从而导致大众的道德恐慌时，他们更需要通过围观了解进展，通过评价来进行道德站队，并加入与其持同一立场的阵营中，对不合社会主流价值观的人或者群体进行打压。

二、受众的媒体使用意识分析

（一）信息意识

信息意识的出现同社会发展到信息时代不无关系，我们所处的现代社会正是以信息的传递为主要运动特征的，整个社会的运转，依赖于信息发出与接受的动态关系，信息价值(真实性、科学性、及时性和转换性)成为个人或者组织的无形的财富。例如，公共关系的日常活动，总是从信息的摄取开始，而最终。也是通过信息传播的方式，实现其获得公众支持，树立良好形象的目的；没有信息沟通，现代社会就失去了发展的基础。企业为了塑造良好形象，更好地为公众服务，以实现其目标，就必须构架一个信息交流的网络，来掌握环境的变化，保护组织的生存，促进组织的发展。另一方面，对于个人来说，其接触媒体获得信息已经变成了今天具有媒介使用能力的人们的一种下意识的行为，不管他们是有目的地打开电视收看新闻，还是漫无目的地在各类网站上闲逛，都不能排除他们通过媒体途径来获得一切与自己兴趣、经历、工作、学习等有关系的信息的这种行为基础动机。

在现代社会公共关系活动中，信息意识具有更高的自觉性和更严谨的科学性。它由商品社会复杂的社会组织关系和经济联系所决定，亦由现代信息传播技术的发展所决定，这种信息意识必须在更为广阔的信息运动背景下发挥作用。包括政府决策信息、新闻媒介信息、立法信息、产品形象信息、竞争对手信息、消费者信息、市场信息、企业形象信息、流通渠道信息、财政金融信息、能源信息、人口信息在内的社会信息系统以及信息系统的相互反馈和转换增殖，都应当是信息意识主导下的有序的运动过程。没有掌握和处理现代社会信息价值的能力，不具备搜集、发出和转换信息的自觉意识，任何公共关系活动都不会取得成功，任何企业或个人的生存发展都是不可能的。①

另有观点认为：信息意识是一种基本能力，是一种对信息社会的适应能力——包括基本学习技能（指读、写、算）、信息素养、创新思维能力、人

① 来自于维基百科 http://wiki.mbalib.com/wiki/%E4%BF%A1%E6%81%AF%E6%84%8F%E8%AF%86

际交往与合作精神、实践能力等。信息意识是其中一个方面，它涉及信息的认识、信息的能力和信息的应用。 信息意识也是一种综合能力，它涉及各方面的知识，是一个特殊的、涵盖面很宽的能力，它包含人文的、技术的、经济的、法律的诸多因素，和许多学科有着紧密的联系。信息技术支持信息意识，通晓信息技术即强调对技术的理解、认识和使用技能。而信息意识的重点是内容、传播、分析，包括信息检索以及评价等方面。它是一种了解、搜集、评估和利用信息的知识架构能力，既需要通过熟练的信息技术，也需要通过完善的调查方法，通过鉴别和推理来完成。此外，信息意识也是一种信息感知能力，信息技术则是它的一种工具。因此，信息意识在今天是人们使用媒体的内驱力，也是人们在信息社会中的一种最为普遍的“生理意识”，它与人们的安全意识、危机意识等一样，越来越成为人们今天的生活的必备意识。

（二）话语意识

在传统媒体时代，人们接近和参与媒体的机会相对较少 ，因此即便他们是构成舆论的主体，但也是离话语权中心最远的人，他们的声音有时候会被淹没或者被熟视无睹。另外，长期以来，传统的和专业的媒介对信息的掌握具备先天优势，换言之，专业媒介拥有的信息与个人或者企业等拥有的信息呈“非对称”状态。前者作为拥有信息优势的人能够决定如何传递信息，传递哪些信息，而不具有信息优势的人则只能坐等信息。在此基础上可以判断，这种信息优劣势导致了各种不对称，导致有人利用信息的势能差来谋取利益、篡改内容或者混淆视听，这种信息贫富差距和话语权分配的不均对传统社会长期以来的稳定确实起到了一定的作用，但是它也时常为人所诟病，尤其是在媒体环境发生变化之后，人们从网络等新媒体中发现了扭转话语权劣势的可能性。以前传统媒体垄断话语资源的局面被人人都可以发声的泛媒体现实打破，后者极大地填补了人们的信息自主传播愿望和需求。同时，受众通过各种传播媒介发出多元化信息，并在此过程中积累了相当多的经验，以“网民”“自媒体人”为代表的他们的声音日益成为政府、组织和传统媒体关注的对象。在某种程度上，他们的声音成为以上话语来源的积极补充甚至成为左右事情发展的特殊力量。反过来，这种状况的形成自然地推动了人们参与各种话题讨论的主动性，相当多的受众如今对周围的生活、学习、工作环境的变化嗅觉敏锐，他们关注社会和自身的发展，对能够在媒体上发出声音格外在意，过去属于一部分人或者一部分机构的传播特权被解锁后，他们对这项权利的回归分外看重，也十分敏感，由此他们的话语权意识正在一步步建立和巩固，之前存在话语权资源不均现象也在逐步得到改善。现在的受众，在遇到问题和矛盾时，除了依照法定和通常的渠道来寻求解决途径之外，他们还渴望通过媒体发声来辅助解决问题；在遇到公共事件和热点话题时，也会快速利用各种途径来发表各自的意见，这些无一不显示了人们对话语权的重视和话语意识的增强。

（三）表演意识

占据信息发布地位的优越感是长期以来信息不对称的落差感的逆向产物，因为受众知道掌握独有信息的人在传播影响力上具备无可比拟的优势，利用这种优势他们可以获得足够多的吸引力，点击量，点赞数，这样自己从一个围观者华丽转身，变成一个被围观者，吸睛无数，当然，其个性越强可能吸引力越大，这客观上解释了为什么今天类似于“网红”“微博大V”被如此热捧。同时，由于现阶段的媒体在受众中扩散并向他们的日常生活渗透，人们现实中的部分社交圈已被网络等媒体社交圈取而代之，所以跟传统媒体相比起来，他们除了选择相信少数公信力大的媒体之外，更多人更倾向于选择和接受自己的网络社交圈当中的信息，在这样的信任倾向刺激下，不少人意识到了在媒体社交圈中更易建立人际关系，更易打开原来在现实当中设防的头脑和心灵，也更易建立个人媒体权威。这样一来，新媒体的出现给受众提供了一个表演舞台，人们在这个舞台上可以形塑自己的形象，填补现实生活中的形象缺陷，如人们会通过日志、微博和微信朋友圈来充分表现出对生活的热爱，抒发自己的感慨，有时也会释放一些情绪和伤感，但被表现出来的这些内容在很大程度上都有美化、戏谑化或者夸大化的成分，所以一种表演范式正在侵入我们的媒介生活，但是我们却浑然不觉，这正好说明了表演意识在我们身上顽固性。正如下面有人分析道："媒介影像大量进入日常生活，人人都直接或间接地成为受众，同时也是表演者，内容的生产者与接受者融为一体。人们将自己呈现于他人面前，并想象他人如何看待自己。"① 举例说，受众在微博和社交媒体上发布信息、上传图片和分享视频等行为可以看作是一种表演行为，通过这种表演，他们将部分自己呈现在其他受众面前，再从其他人的分享及对自己的评论中，来建构自己在他人眼中的形象。

第二节　新媒体时代受众的潜在需求

受众是一个集体名词，数亿、数百万、数十个人分别可以组成不同大小的受众群体，从表面上来看他们面目各异，喜好不一，但从表现出来的普遍行为和性格特征看，他们又具备某些共同特征。从传统媒体唱主角的时代到新兴媒体异军突起的今天，伴随着媒介环境和时代的变化，受众对信息的需求也是随机的、多变的，受众已不像过去那样被动，也不像过去那样容易满足，他们有挑剔的时候，也有宽容的时候，他们愿意倾听，但有的时候也很不耐烦。所以今天的受众，对于研究者来说真的是个不易解开的谜团，他们的媒介接触行为和偏好确实具备了跟以前不一样的特点。

一、适时娱乐

无疑，人们使用媒介有各种目的，但只有"娱乐性"属于所有人唯一相同的目的。在经济飞速发展信息漫天遍地的社会，不论你是挥汗苦干的劳动者还是伏案疾书的书记员，不论你是身系围裙的家庭妇女还是奔波在外职场打拼的上班族，为释放压力或者打发时间都会选择娱乐休闲，而作为媒介的基本功能之一，娱乐大众无疑是最受欢迎的一种，娱乐也是受众在网络传播

① 康彬：《受众身份的转变与角色突围——浅析新媒体时代的积极受众》，载于《新闻知识》，2013 年第 1 期，第 11 页。

活动中最典型的需求。施拉姆曾提出“传播获选的或然率公式”，人们注意和选择媒介内容的可能性（即或然率）与该内容能够提供给人们的报偿（价值）程度成正比，与人们获得该内容的代价（所谓 “费力”）程度成反比。这一规律使得娱乐休闲内容称为了受众眼中最具“性价比”的内容，并且也日渐成为受众自身所需，正如有学者认为“从媒介产品的性质上来说，娱乐、消闲性的信息内容简单，形式多样，接受此类信息无需受众花费太多的心思，与严肃的硬新闻相比，可使受众付出较小的成本而获得较大的收益从而加大受众对娱乐、消闲性传播内容的选择倾向。”①

当今社会，网络世界提供给人们的娱乐空间主要包括音乐、动画、游戏和网络影视等，网络娱乐可以说占据了人们娱乐方式的较大比例。娱乐需求是“网络受众在潜意识中希望平凡的生活中能够有娱乐因素的点缀，从而调节生活的品位和色彩。心理学上的模仿理论认为，物质的匮乏阶级和物质的丰富阶级都有休闲娱乐的需求，多姿多彩的生活是所有人共同向往和模仿的生活。”②当那些充满着趣味性、戏剧性的内容出现时，人们情不自禁被吸引，最自然地进入放松和忘我状态，这正是传播媒介最神奇的地方。不过，在今天，娱乐不仅仅是当作媒介功能来定义，它已经变成了媒介化社会里受众的一个巨大标签，也几乎成了人们使用媒介的最强劲的动力来源。最典型的如大型仿真网络游戏，人们在这类游戏中不仅可以得到心理压力的释放和感情的宣泄，还可以在其中找到方向和寄托，甚至受众能够在这类游戏中找到自我价值实现。

二、亲身参与

当前，常态化的信息传播在人们的生活中是宛如空气一般的存在，受众一直处于这种环境下，很自然地把获取信息和使用信息作为每天必不可少的活动，在这个过程中，受众尤其是新媒体如网络和手机受众逐渐表现出非常

① 曹徐岚：《媚俗化传播与受众心理要素》，载于《科技信息》，2006 年第 4 期，第 83 页。

② 冯宪萍：《网络媒介影响下的受众心理分析》，载于《中国报业》，2012 年第 6 期，第 69 页。

积极的融入姿态，从这个角度来看，他们的主体参与意识已经萌发，并在不断成长和发展的过程当中。今天的受众，希望获得知情权，同时也希望通过参与其中共同观摩和见证，特别是很多新媒体用户，他们在使用媒介时表现得更为自觉和自主，这从社会学角度来说，是受众在现实中的民主参与意识在新媒体中的延伸。而这种主体参与意识的培养，与网络等新媒体提供的开放的，便利的环境不无关系。因为，从外部来看，媒介多样化和高速发展需要除媒介自身以外的源源不断的各种内容素材，另外，从内部来看媒介长期以来的发展离不开来自受众的意见、建议，受众的要求和希望就是媒介发展的动力。所以从根本上来说，传播媒介本身是欢迎和鼓励受众的参与和互动的，然而即便这样也不一定能够满足今天新的媒介环境下对各类信息的巨大胃口。所以这内外两层原因使得受众的媒体参与范围越来越广泛，参与程度越来越深入，不少受众作为非专业人士和非职业人员投入到新媒体内容的制作中去，但综合分析来看，受众参与的制作与传统的媒介产品是不一样的。“其一，他们的内容是原生态类型；其二，他们广泛而深入的参与使自己获得了更多的主动权；其三，他们参与的主要方式是通过数字化文本的简易复制和散播。”[①]由此来看，它们虽然与传统的媒介制作有差距，但是却容易为广大受众津津乐道，也因为这个原因，媒体与受众的关系被重新构造，《底特律新闻报》媒介融合部主任马克·西诺桥萨曾提供经验说“我新闻网站的创始人专门在网上开始新闻课程培训公民记者，用各种方法鼓励受众参与新闻报道，让受众感到他们提供的东西很受重视。再比如，通过读者提供的资料为读者服务，这点可以通过允许受众上传自己所在区域的交通、天气等方面的咨询来体现。读者想知道哪个路段的实时情况，可以直接点击，找到该路段的实时情况，并且有实时视频”[②]，而这一切都是因为受众的提供，媒体提供的只是一个传播平台。

① 赵云龙:《全媒体时代受众需求特点及其传播对策探析》,载于《赤峰学院学报》(自然科学版),2011 年 5 月，第 116 页。

② 王丽萍：《媒介融合：传媒与受众全新对话》，载于《中国传媒科技》，2009 年 8 月。

三、及时分享

人不是天生就善于分享，但是却能乐意分享，也许分享食物、钱财这样的物质会让人性犯难，但换在网络媒体环境中，这一切都不构成任何问题和矛盾，便利的分享途径和无数的优质内容是人们青睐新媒体的一个重要原因，而分享可以说是新媒体尤其是社会化媒体的最重要特征。Socialbeta社交营销网就在其主页中提到了当下人们热衷于分享网络内容的种种原因和表现，其根据来自New York Times和Latitude Research的研究报告The Psychology of Sharing（分享心理学）[①]。

（一）为什么我们会分享？

分享在新的媒体环境下变得极其简单，越来越多的用户分享着越来越多的内容，该报告发现人们在分享行为中的主要表现为：第一，我们喜欢和其他人分享有价值和娱乐性的内容；第二，我们通过分享来定义自己并得到一些他人的验证（比如有些人自己会通过分享一些社会化媒体方面的内容，通过这些分享来定义其自身是一个关注社会化媒体的人，并且希望得到别人的认可）；第三，我们通过分享来夯实和他人（粉丝）的关系；第四，我们通过分享来实现自我满足（分享会让自己很有成就感，特别是分享了一些有价值的信息被他人接受后）；第五，我们通过分享来宣扬或者支持一些理念、品牌等。所有这些都构成了人们愿意在网络上分享各类信息的原因，可以说，分享背后的心理动机简单而清晰，再加之分享本可以算是人们的天性，所以新媒体相当于正好让人们的天性得到了释放，这也促成了我们在网络上的种种分享行为，并基本形成了固定习惯。

（二）分享者的类型有哪些？

上述研究报告不仅分析了用户分享什么，为什么分享、以及用户的习惯，还将分享者分成六种类型，但其中有交叉重合处。通过简单整理后，笔

① http://socialbeta.com/t/the-psychology-of-sharing.html

者将其分成四大类型。

利他主义者，他们喜欢通过分享内容来帮助别人。研究表明，这类型的人更喜欢用Email和Facebook进行分享，可能在利他中，更多的是利他的朋友。 在这其中有些人在方便他人的同时也为了自己获取行业权威，这类分享者一般是某个领域中的专业者，他们通过他们的专业知识分享一些专业领域的内容，他们更喜欢通过Email和类似Linkedin之类的工作圈来分享。

个性凸显者，这些分享者都是年轻一族，他们通过微博、微信、Twitter和Facebook分享一些有创意的、新潮的内容，可能也是出于自身的喜欢，比如有的年轻人喜欢漫画，就收集和分享漫画内容，也有的人喜欢八卦明星，就分享很多有关明星绯闻之类的内容，而类似网红们喜欢分享一些生活琐事。

维持社交者，这种分享者的特点就是通过分享一些内容来和其他亲友保持一种联系，有时候也是为了刷存在感，希望在自己的社交圈中保持参与状态，不被遗忘落单，毕竟人习惯结群而处，群体给人以安全感，而个人维持这份联系就意味着被认同。一般来说，这类分享者比较随意，通常也是通过Email和Facebook等来分享内容。

精挑细选者，这类分享者把很多精力花在选择分享内容和分享给谁上，这类分享者的内容更加个性化，他们渴望得到其他人的回应，当然，不恰当的内容有时会让这些标新立异者自食其果， 他们分享内容渴望别人有所回应，这些分享者对别人的反应会表现得很激动，特别是面对一些负面回应的时候。

总之，社会化网络媒体的发展培养了受众的分享需求，也刺激了人们潜在的分享需求，这是不能否认的。

四、突出个性

马克思曾提出，每个人的自由发展是一切人的自由发展的条件，每个人都是一个独特的个体，都有其个性特征。人们在网络世界中的表现也恰好说明了这一点，比如有凸显个性需求的受众，他们不仅利用新媒体来展示个性，而且新媒体还刺激了他们不断挖掘和释放原本在现实中被隐藏了的个性，在匿名和各种身份掩饰下的受众可以毫无后顾之忧，脱去压抑自己原生态的面具，充分地进行自我表达，尽显自己的锋芒和个性。这样的媒体环境提供给受众一个重塑自我的机会。另外，正是基于受众的个性彰显需求，网络等新媒体在整体上也讲求个性的包装和传播，越是有特点、有独创性的新媒体往往越受年轻受众欢迎。“网络媒体的个性化培养了受众的自我意识和个性化需要，个性化的其他媒介亦愈加受人们关注，Facebook首席运营官谢丽尔·桑德伯格（Sheryl Sandberg）认为，未来所有的媒体都将实现个性化。”[①]这是因为，单一终端上的媒介种类和数量的增多使得受众的选择余地越来越大，受众没有时间关注那些对自己无用的信息，由此绝大多数网络和应用终端能够在受众的信息获取习惯和获取内容上进行智能匹配和检索，最终让媒介或者媒介产品“个性化”成为一种可能，例如，在网络中RSS技术和Widget代码等可以帮助网站或者手机应用实现在一个页面中整合不同来源的信息内容，其根据就是受众个性化的关注习惯和使用偏好，从而高效地聚合信息，更有甚者则能帮助受众定制个性化页面的门户网站，以及针对受众发出的需求信息，迅速提供有效解决方案的个性化顾问服务等。由此看来，网络新媒体的个性化与受众的个性化需求之间形成了相辅相成的亲密关系。

显然，关于受众需要的研究永远不会止步，它是媒介发展必须要关注的一个决定要素。在受众潜在的需求当中，从娱乐、参与、共享再到突出个性等，实则蕴藏着一条逐步上升的“马斯洛需求层次脉络”，这与媒介社会和现代人之间的共同发展和作用不无关系。同时，人们对于媒体需求的变化过程颇有意思，当最开始的浅层娱乐需要被满足后，有的人会甘心继续沉溺于其中，有的人却开始转向寻求满足其他更高层次的需要，就如有学者所说“当人长期接触某一媒介并对之产生好感即忠诚度时，不随意注意对受众选择的影响程度亦会随之降低。随着受众综合素质的提高，将会有越来越多的人要求媒体提供给他们的是关于外界变化的信息，即从消遣需要和娱乐需要

---

① 赵云龙：《全媒体时代受众需求特点及其传播对策探析》，载于《赤峰学院学报》（自然科学版），2011年5月，第116页。

转向信息需要和交往需要。”[①]在媒介化社会中，可想而知人们对于媒介的需要倾向会有很大变化，因为人们依靠媒介来生存和发展的可能性极大，因此使用媒介成为基础性需要。这种在需要层次上面向基础的回归意味着我们的社会已经进入了与以往完全不一样的新生态。

第三节　受众的地位变迁与角色新义

“受众”作为传播学概念之一的历史其实并不长，在那之前，受众只是指剧场或者竞技场的观众，但是自从有了报刊、广播和电视这样的大众传播媒介，“受众”二字的含义显著扩充。在过去的研究中，对于受众的考察和判断具有各种实验性质，我们始终在分析受众，但是最终却只能发现这个群体太不简单，太多变。有人认为受众就是毫无方向的盲从，有人却认为受众是操控一切的智库。无论其角色转换还是地位变化，都与媒介和社会的发展紧密相连。“回溯受众身份漂移的历史线路，可以发现，受众身份漂移的历史既是受众身份被贬抑、被认识、被尊重（以‘被利用’的市场目标为前提）以及自我觉醒的历史，也是受众身份由完全失去主体控制性、到获取部分主体性以及赢得主体性自由的曲折上升的历史。”[②]

今天，受众作为传播客体对整个传播过程的影响已得到承认，这在媒介控制研究中亦有说明。以传统媒介的经验角度来看，受众，具体说来应该是受众的需要，至少在两个方面深刻地影响着传播媒介的活动。第一，受众的需要决定媒介生产，在信息传播系统中，受众的需求一般来自生活与交往的需要，这道理就如同市场经济中的消费决定生产一样，所以日常我们看到的新闻或者资讯一半源自传播者的需要，一半源自受众的需要。第二，受众的需要决定媒介的框架。框架的含义是指以内容为执行标准的媒体报道偏向、新闻与评论的结构、比例，媒体叙事的风格等，框架不同，媒介在受众眼中

① 曹徐岚：《媚俗化传播与受众心理要素》，载于《科技信息》，2006 年第 4 期，第 81 页。

② 刘文辉：《从“被时代”到“我时代”：新媒体语境下受众身份的重构与异化》，载于《上海交通大学》（哲学社会科学版），2013 年第 5 期，第 70 页至 71 页。

就会呈现出不同的样子。“媒体的框架效果依赖于个体受众的‘胃口’——他们获取的意识组织系统，他们用这种组织作为框架来理解新的信息。”[①] 总言之，“受众在接受信息时的期望和获得的满足，是促使受众不断接受媒介信息传播的源泉。受众需要反映了受众对媒体所提供的信息的基本要求，同时也决定了信息的内容和性质。”[②] 在以上因素的隐形控制下，传播媒介只能通过不断满足受众需要和不断提供符合受众审美观与价值观的故事和报道来吸引受众。当然，媒介不会单独取悦某一个人或者某一些人，并且受众这一庞大群体中同样存在着分化和部落，他们可以区分为不同种族、不同国家、不同兴趣爱好、不同政治立场、不同年龄和教育水平等，但无论他们如何聚合或者分散，传播媒介始终瞄准占据最大范围或比例的受众需要，并以其作为媒介传播活动的参考。源自这一事实，我们需要重新审视受众地位的转变及其原因。

简单地说，对于长期以来浸润在市场经济中的西方商业媒体来说，受众的地位其实不言自明，因为一直很重要，公有媒介更是如此，因为受众即其衣食父母。对于将自身发展和政治目标结合的东方媒体如中国来说，受众的地位自新闻改革以来一步一步提升，甚至在新闻传播学术领域一度出现了针对“传者中心论”[③] 矫枉过正的“受者中心论”。我们由此得到的第一个启示：受众地位的变化与媒介自身的利益诉求有关，即重视受众即意味着媒介自身经济利益的实现。另一方面，对于其他类型的媒介如国有媒介或政党媒介来说，他们愈来愈意识到公众需要被认真对待，他们并不是偏听偏信的顺从者和不辨是非的无知者。由此我们得到的第二个启示：受众地位的提升与媒介想要达到的传播效果相关，只有足够了解受众才能知道怎么说服和引导，所以要达到传播的目的必须足够重视受众，或者说要重视传播中的大众即每一个参与者。而互联网是真正为大众所用的媒介，且改变了传播媒介系

---

① Jan Knight，*Air Pollution Coverage and How Reader Views Affect Story Impact* [J],SE Journal,1 Fall 2005,10

② 曹徐岚：《媚俗化传播与受众心理要素》，载于《科技信息》，2006 年第 4 期，第 83 页。

③ 传者中心论是在中国新闻媒体进行市场化改革之前所流行的将新闻媒介作为传播中心主体地位，从而忽视受众在传播活动中的反馈和影响的观点。受者中心论则反之。

统的相对地位。“在媒介的转变过程中，经济学和社会学会发生交叉。从历史上看，随着复制和传输数据的成本日益降低，信息传送的力量也分配得越来越平均。例如，当手写的经卷被印刷品代替后，教会和其他大人物不再那么至高无上，宗教改革运动因而发生。在互联网出现以前，人们从仅有的几个信息源获取信息，而这些信息源又为少数经理人、总编、主持人、记者和专栏作家所把持。但随着媒体变得越来越多样化，精英的话语权日益削减。不断细分的受众群体令他们的影响力大为逊色。当互联网成为迄今最大的互动出版互动工具后，造就名声的权力正从由这些精英所控制的报刊、电视台等大众媒介转移到每个人的手中。”①

一、受众主体地位的上升脉络

第一阶段：20世纪20至30年代，广播和电视开始正式进入人们的生活。此时的受众绝对数量不多，但几乎人人都对大众传播媒介拥有强烈的好奇心。在不到半个世纪的时间里，大众传媒的发展速度和影响力令人惊叹，受众数量也急速增长，他们人数众多，分布广泛，没有任何组织性，也没有稳定的结构、严明的规则或者实际的领头人，与拥有强大组织和较大规模的传播媒介相比，受众简直就像一群弱势的流民，他们一个个孤立，不能彼此联结，也不能互相扶助，所以在具有某种优越感的传播机构和传播者面前，受众是无足轻重的一群人易被媒介信息一击即倒。这正是传播效果研究中所谓的“魔弹论”的由来。

第二阶段：20世纪60至70年代，人们对大众传媒已经具备一定的认识，并且通过现实生活中的种种传播活动和经验，对于媒介和受众之间的关系开始有了自己的看法，传播学者们更是在这个基础上对传播媒介进行了更客观可信的研究，他们的多个结论都证明了媒介对于受众的影响并不是倾覆式的，而是有差异的、长期的、甚至是间接的。这样一来，受众的主观能动性被发现，传播者对于受众的态度不再居高在上，而是逐渐予以重视，在此基

① 胡泳：《媒体变革：公众的角度》，载于《读书》2002年第12期，第40页。

础上，传播学中也相应地提出了“使用与满足”理论，这从理论角度证明了受众地位的微妙变化。

第三阶段：20世纪80至90年代，受众地位在这一时间内上升了不少，该阶段属于媒介市场化和产业化时期，媒体作为特殊的社会组成部分，既出炉精神和文化产品，又创造着可观的利润，而后者从根本上来说正是依靠广大默默无闻的受众。因此，受众是否重要不再由传播者说了算，而是他们自己举高了自己。

第四阶段：21世纪以来，从互联网开始接入人们的日常生活，以其为代表的新媒体正式把受众推向了传播活动的前台，他们在诸多方面都被卷入甚至是主动介入了媒体的所有活动。因此，他们成了新媒体环境下最具反转效果的一个集体角色。

二、受众在传播中的角色转变

今天，随着信息渠道的拓宽、媒介竞争的加剧等诸多条件的改变，受众的主体地位在我们原来的认识框架中有了变化。如果用一些关键词来形容传统受众在传播活动中的角色，那么它们可能是：靶子、弱者、惰性人群等，因为在传统媒介环境中，受众虽多，但就整体上而言并无话语优势。而新媒体的出现使整个场面发生了逆转，美国《连线》杂志曾经给“新媒体”下过这样的定义：由所有人对所有人进行的传播（Communication for all, by all），在这种环境下，一场颠覆传统传播学研究框架的革命势在必行，今天受众的种种表现宣示了这个群体的传播主体自由，一些研究者在近来亦开始对‘受众’这一历史概念的使用也不再理直气壮，他们尝试在学术表达里使用‘阅听人’‘用户’‘使用者’等替代‘受众’的字眼。“人们发现新媒体的特点几乎全部是针对传统媒体的弱点而生的。传统媒体实施的是一种典型的霸王传播，诸如先行传播的不可逆性，点对面、一对多的独断性以及信息传播过程中不容修正的排他性等；而新媒体以其非线性、互动性、双向性、开放性、虚拟性、匿名性以及即时性等特质，完全另辟蹊径。众生狂欢的网络民主彻底颠覆了大众媒体的传统立法。”[①]这个时代的受众以完全不同于传统受众的诀别姿态，演绎了一场脱胎换骨般的身份转变。

（1）以前受众是被动的信息接收者，如今变成信息的主动选择者。

以前的媒介传播形式是单向的，从发布的一端到接收的一端几乎无反馈，后来电子媒介出现，由于反馈形式随之出现，所以人们能看到信息的双向流动，但与今天以链接和互动为标志的网络媒介和社交媒体相比，后者几乎完全扭转了以前的传统局面。网络传播中，受众的自主性是整个传播过程的重点，他们可以自主选择想看的、想听的内容，还可以自己来整理和确定喜爱列表，订制自己感兴趣的资讯、新闻或者电影、电视剧。另外，在传统媒介设定的传播方式里，受众只能按照媒体“线性传播”模式来收看和收听节目，如今却可以自由回看（听），先存后看（听），点播、搜索等。为此，传统的电视台在媒介融合背景下不仅要为电视播出提供内容，还要为电脑、手机等多个终端提供内容，进行多渠道的全面覆盖。总之，在互联网模式下，“信息以数据库形式引入，其流程是并置的、非线性的。数据库的结构和方式将所有信息还原成相关或不相关的并列群，而如何在无数群的并置中建立联系则取决于使用者。”[②]即受众完全就像在自由市场里挑选东西，并且这些东西会自动跑到人们面前来，前提只是需要受众输入有关目标商品的任意一点属性信息，媒体则需要尽量做好做大自己的信息超市，提供足够丰富的资源即可。这个时候，我们可以清晰地感受到在传播媒介和受众这两者之间的类似生产者与消费者的市场关系，受众角色无疑就是顾客（受众）就是上帝。

（2）在整个传播过程中，受众从信息接收者转变成了信息的传播者+接收者。

在传统媒介体系中，受众的信息反馈受到技术、时间和渠道等的限制，

① 刘文辉：《从“被时代”到“我时代”：新媒体语境下受众身份的重构与异化》，载于《上海交通大学》（哲学社会科学版），2013 年第 5 期，第 72 页。

② 杨继红：《谁是新媒体》，清华大学出版社，2008 年，第 33 页。

显出滞后、零散的特点，且反馈数量相对较少，所以受众不能够得到重视。但是现在的媒介技术能够保障受众在最短的时间内回复话题、发表评论，更重要的是受众可以在网络论坛中和社交媒体中发起话题，组织评论，交流互动，稳稳地扮演了一个传播组织者的角色。同时，受众依靠社区、论坛、博客、微博和微信等新媒体，使自己成为了可以自由独立发声的自媒体，这些自媒体的数量很大，且遍布社会各阶层各领域，上至国家元首下至普通市民，他们都娴熟运用自媒体来传受信息，进行互动，共享资源。在这种条件下，受众成了无处不在、无时不在的信息采集者，正如下面这段话说“这些网民们通过海量的眼睛与耳朵，形成全天候全覆盖的信息采集和传播景观。通常信息一般都是以碎片化的方式存在的，然而新媒体形成的全民参与性，使碎片化的信息得以快速地被不同网民从不同视点获取，并在不断反复去伪存真的信息碎片组合中，使碎片信息间的裂痕和缝隙得以修补，从而复原出立体的无缝的原生态信息。”[①]从这段话中，我们可以理解到受众这一角色远不止传播者这么简单，他们大多数传递的是原始的未经处理的信息，并且这些信息能代替传统媒介来勾勒和重现事物原貌，这比在传统媒介时代经过把关、筛选、控制和提炼的加工信息更为真实，从这一角度来说，新媒体时代的信息传播逻辑和章法已经被颠覆，受众角色的改变既是这场颠覆的结果，也构成了其中的原因。

（3）在新媒体环境中，受众是舆论的发起者和引领者。

新闻传播媒介有舆论监督功能和议题设置功能，其得以进行监督的基础源自媒体强大的传播辐射功能和引导话题的能力，因此引发、引导甚至制造舆论从来就是媒体的工作内容之一。人们在过去总是在报刊或者广播电视新闻的报道之后，开始关注某一话题或者某一事件，舆论形成的唯一主要路径大致是从媒体到受众然后再反馈到媒体，不管循环往复的结果如何，我们看到传统媒介在其中始终占据引领地位。但是在新媒体时代，上述效果条条路

① 刘文辉：《从“被时代”到“我时代”：新媒体语境下受众身份的重构与异化》，载于《上海交通大学》（哲学社会科学版），2013年第5期，第73页。

径可达。可以说，自媒体的出现改变了原来单纯只能依靠传统媒介才能反映舆论的状态，它们作为一个个发声器，虽然比不上传统媒体在辐射广度上的优势，但却也彻底打破了之前舆论形成的单一环境。在很多人看来的一个普通事件，只要通过网络上的话题推波助澜，很有可能就会成为万众关注的媒体事件。现在我们越来越能感觉到，从个人微博或者微信所引爆的话题数量越来越多，甚至，在很多时候传统媒介亦步亦趋，紧跟在一个个舆论爆点之后应接不暇，由此产生的信息“内爆”十分显著。而“内爆”是麦克卢汉提出的一个概念，他认为在电子媒介社会里“一切社会功能和政治功能都结合起来，以电的速度产生内爆，这就使得人的责任意识提高到了很高的程度。正是这一个内爆的因素，改变了黑人、少年和其他一些群体的社会地位。从交往受到限制的政治意义上说，要遏制这些群体已经不再可能。”①我们可以看出，受众的角色就是信息内爆中的引爆点，并且除了引发舆论之外，受众中不乏意见领袖和智慧人士，他们在传统媒体没有表明所谓正确立场之前，就已经对事情经过、性质、影响等娓娓道来，分析头头是道，这在一定程度上，类似于喧宾夺主，抢了传统媒介中的专家意见和分析的风头。当然这些人可能本身就是懂得充分利用新媒体传播优势的专家和学者，正因如此，有观点认为新媒体的受众一跃而成了“议程设置”的分权者。而今天的新媒体平台就是受众表达意见的全天候发射器，受众绝对不再是俯首帖耳之辈，他们懂得沉默，也懂得爆发，懂得传播的力量，也懂得如何听见别人的声音以及让自己的声音同时被听到，他们开始成为一批有权利意识和话语权意识的人。

总之，在网络传播和双向传播模式的基础上，受众可以通过反馈渠道发出信息，使自己一定程度上成为与传播者相平等的操作者，从而影响和左右传播过程，实现自己改造世界的愿望和意志。于是受众由终端变为起点，由被动方变为有支配力的主动角色，由无信息发布权利到被赋权，这一切都拜新媒体所赐。

---

① 马歇尔·麦克卢汉著，何道宽译：《理解媒介：人体的延伸》，商务印书馆，2000年，第22页。

第五章

受众的媒介权利与媒介化生存

现代社会中，人们对媒介的认识与了解水平虽胜过以前，但却没达到我们期盼的理想水平，大家多半了解的是通过媒介制造出的喧闹和轰动，或者是新媒体技术应用带来的炫酷和神奇，媒介催生的社会效应和技术快感对于大家来说是最直接的，所以当从人的基本权利角度以及人的发展角度来审视媒介与我们每个人之间的关系时，大家可能会觉得有点陌生，但实际上，这些问题早已成为了媒介化社会中的基础性问题。如果你能了解保证人们拥有基本的生存权与发展权是社会正常运行的权利基石，那么就能够理解生活在媒介化社会中的现代人的生存权与相关媒介权利存在的重要性。

第一节　受众的媒介权利提出与含义延伸

“媒介权利”与“媒介权力”显然不同，权力无论从宏观还是微观来看都表现为一种强制或者控制他人的力量，其施行的合法性取决于其对弱势方是否构成侵犯。而权利则是自身享有的资格和利益，是社会人无论其身份、地位、学历等条件如何不同都需要保证的生存和发展基础。一般来说，权力的行使能够争取到更多的权利，为自己或他人带来效益；而权利也只有得到保障后，才能更好推动权力、巩固权力以及帮助发挥好权力的作用。因此，“媒介权力”是指通过掌握媒介的传播而作用于其他人和事的一种特殊权力，在过去的社会环境中，媒介权力是属于媒介拥有者和参与者的特权，常常与政治权力、经济权力结合以共同影响社会。但是“媒介权利”是属于所有人的权利，并随着传播媒介的发展而日益被人关注，当媒介的权力越大，媒介的使用越频繁时，人们的媒介权利意识越明显。尤其是在当下新媒体快速发展的社会中，包括传播者在内的所有人都能明确了解媒介在日常生活中的功能和用处，也能不同程度地感受到媒介的建设力和破坏力，所以他们越来越注重有关媒介权利方面的内容。不过需要指出的是，媒介权利长期以来都习惯性地面向传播活动中稍处弱势地位的对象，即该权利一般是针对受众而言，所以为方便表述以及防止误解，在下文中，笔者还是沿用“受众的媒介权利”以及“受众权利”这一说法。

关于受众权利的规范研究当属于法律研究范畴，但从媒介传播过程来说，其更受大众关注。因为受众是传播活动的参与者、传播符号的解码者、传播效果的反馈者和传受活动中的权利主体。此外，他们在多数情况下也是传媒信息的使用者和消费者，他们付费获得媒体的产品，有权要求媒体及传播者提供所承诺的服务。总之，多重的身份和角色，使得受众拥多项基本权利，因此受众权利是一个兼跨传播和法律两大领域的重要议题。正如有学者认为：“受众权利是指宪法和法律赋予公民或自然人、在自己意志支配下、以实现某种利益为目的的受法律保护的行为自由，具体表现为受众在新闻传播活动中享有的平等获取新闻信息权、新闻信息知情权、媒体表达权、选择媒体权、使用媒体权、救济与获得补偿权等权利，是受众享有的新闻权利与消费权利的统一体。”[①]在本节中，我们选择其中最主要的几种来进行重点介绍。

一、知晓权

（一）知晓权的提出背景

据查，“知晓权”是第二次世界大战后首先由西方新闻界提出来的。面对大战期间以希特勒为代表的法西斯狂热分子巧妙的、蒙骗式的战争鼓动和普通民众不明真相地追随这一历史疑问，人们在战后开始反思其中原因。最终得出的结论之一是法西斯主义之所以得以猖獗，是由于当时的新闻业和受众不能足够了解当时的政治情况，才使一小撮独裁者得以欺骗大众进而为所欲为。在这一历史背景下，公民参政的主动性和权利意识开始苏醒，民主运动不断掀起高潮，人们要求政府公开信息的呼声强烈，知晓国事的理念开始深入人心，要求让新闻业和民众享有获知国家政治信息的权利，即“知晓

① 张振亮:《论受众权利及其司法保障》，载于《南京邮电学院学报》(社会科学版)，2005年6月，第53页至54页。

权”的思想由此浮现。目前，知晓权无论在西方还是在东方国家都被理解为一种广泛的社会权利，然而追根溯源，第一个明确提出“知晓权”这一叫法的是美国著名新闻记者，时任美国合众社总经理的肯特·库珀（Kent Cooper）。1945年，他率先使用了“知晓权”（The Right to Know）这一准确概念。8年后，他又出版了《人民的知晓权》一书，与阿伯纳·韦斯曼的《订婚双方拥有知情权：现代幸福婚姻指南》、哈罗德·格罗斯的《人民知情权：获取公共信息的法律途径》一起成为奠定公民知晓权的理论基础。肯特·库柏的知晓权思想，成为激励和引领大众传媒以及普通大众争取知晓权运动的精神指导和依据。

（二）知晓权的内涵和意义

知晓权，外界多用诸如“知情权”“了解权”“获知权”等称法，意指民众享有通过大众传播媒介了解政府工作信息和社会公共信息的法定权利。简言之，公民有权利知道自己应该知道的事情，并且公众逐渐认识到知晓权是公民行使言论、出版等其他自由权利的基本前提，也是公民行使参政、议政权利的基本保障，而国家则需相应地保障其公民在最大范围内获取信息的权利。

美国的《信息自由法》、中国的《信息公开条例》等法律法规都以成文形式确保公民知晓权，可以说在当代世界，随着多元的政治格局和媒介化社会的到来，公民知晓权的有无已经成为衡量一个国家民主自由程度和信息化程度的重要标志之一。例如，知晓权至少在两个方面对国家和民众的发展和生活具备重要意义。第一，知晓权是现代国家民主法治的权利基础要素之一。民众有权了解政府工作的情况，尤其是政府决策的过程，这主要通过大众媒介来实现。如此公众才能做出正确的判断，从而选举出自己信任的政府及其成员并对其进行有效的监督。如果没有知晓权，所谓的其他权利如选举权和罢免权无异于形同虚设，舆论监督也无从谈起；第二，知晓权作为公众的一项社会权利和政治权利，是信息化和媒介化社会发展的一种必然。随着大众传播技术的进步，人们的信息交流愈发便利，同时对国家政治的影响也越来越大。这从客观上要求处于社会信息流通中心的政府应履行相应的义务，从法律上确认公众的知晓权，将信息公开化、工作透明化。西方学者认为：人们必须时刻谨记政府对消息情报保密的危险性，否则就给予了政府在秘密状态下作出决策的机会。而现代民主社会中，所有公共决策都须付诸讨论，新闻媒介充分地报道真相，大大减低政府犯错的危险。美国未来学学者约翰•奈斯比（John Naisbitt）在《大趋势——改变我们生活的十大新方向》一书中强调，信息时代的民主政治将从代议民主制向共同参与民主制转变，而知情权则是实现这一转变的根本条件。[①]不过，作为受众的一项基本权利，“知晓权”还不足以涵盖受众所有的信息接受权利，如选择权、解读权、评论权和使用权等。

（三）知晓权的保障

保障知晓权需要从三个方面考虑。

首先是从立法的角度，国家应该从完善法律体系的角度规定知晓权的内容以及适用的具体条件和情形，从根本上确定知晓权作为公民享有的基本权利之一的法律地位，切实做到权利的有法可依。有些国家尽管没有将“知晓权”明确写进法律，但是其所在法律体系从基本法或者其他各项法律中的相关规定也能偶保证该项权利的实行。如中国《宪法》第四十一条规定：“中华人民共和国公民对于任何国家机关和国家工作人员有提出批评和建议的权利。”《宪法》总纲第三条规定：“全国人民代表大会和地方各级人民代表大会对人民负责，受人民监督；国家行政机关、审判机关、检察机关都由人民代表大会产生、受其监督”等，上述所有民主权利的实现本质上都需要人民先充分占有国家机关政务信息和公共信息，所以这其中非常明显地突出了公民知晓权的法律逻辑。

其次是从现实角度，知晓权的获得须借助于信息的自由流动，当社会信息能够通过各种渠道自由流通和公开传布的时候，知晓权才可能成为一种现

① 胡兴荣：《新闻哲学》，新华出版社，2004年版。

实权利，在媒介化社会中，这是必然。另外，政府及其相关机构在信息发布工作上需要予以支持并将其制度化。从知晓权的内涵和本质上看，民众知晓权的获得，首先需要政治信息和社会公共信息的公开、透明。了解政府决策、施政及各种工作情况的信息、了解立法和司法机关立法和执法情况的信息、了解与其利益相关的各种社会公共信息，构成了民众知晓权的内涵和本质所在。从这个意义上说，增强政府工作信息和社会公共信息的公开性与透明度，是维护公民知晓权的基本条件。[①]唯有如此，才可能使公众能够真正接近政府信息。目前以我国《信息公开条例》相关规定来看，公民获得政府信息的途径有两种：一是“主动公开”，即各级政府主动向社会公开公共事务的相关信息；二是“依申请公开”，即公民、法人或者其他组织主动向行政机关申请获取政府信息。[②]通过这两种途径，公民完全有条件获悉自己想要知道的公共事务信息，且在将来，随着人们公民权利意识的进一步增强，估计会有更多人主动诉诸于知晓权。

二、传播权和接近权

（一）传播权和接近权的提出

传播权是一项不断发展的权利，它的提出是在半个多世纪之前，但随着媒介生活的巨大变化，它变得更加生动明晰。最早提出传播权概念的人是法国学者达尔西（Jean d’Arcy），1969年，他在一篇题为《电视转播卫星与传播权利》的文章中指出：总有一天人们将会承认一种比《世界人权宣言》中阐述的基本人权更重要、更全面的权利概念，那就是传播权。由此，传播权这一概念推广开来，并越来越受国际社会的重视。

几乎在同时，“接近权”这一概念也出现在了人们的视野中，1967年，美国学者巴隆（Barron）在《哈佛大学法学评论》上发表了《接近媒介——一项新的第一修正案权利》一文，首次提出“媒介接近权”的概念。1973

① 郑保卫：《透明度与新闻传媒的自由报道权利》，载于《国际新闻界》，2002年第4期，第59页。

② 张志安、吴涛：《新闻发布：公开与控制的双重反思》，载于《新闻与写作》，2014年第2期，第64页。

年，他所撰写的《为了谁的出版自由———论媒介接近权》出版，书中对此概念进行了系统的论述。巴隆认为，美国《宪法第一修正案》规定的“出版自由”，所保护的是作为一般社会成员的受众的权利，而不是传媒企业的私有财产权。在传播媒介越来越集中于少数人手中、广大受众越来越被排斥在大众传媒之外的今天，已经到了“必须把第一修正案的权利归还给它的真正拥有者——读者、视听众”的时候了。[①] 我们可以看到，“接近权”从本质上也是一种传播权，只不过其对人们行使传播权提出了更具体的诉求，即“媒体传播权”或“媒体表达自由权”，因为在人们的头脑中，由于延续传统媒体时期的认识和看法，会将传播权理所当然地视作专属于大众传播媒介所具有的权利，但是在接近权的概念当中，传媒应该而且必须成为人们实现传播权的主要途径，言下之意，媒介应该有对大众开放的义务和责任，这样媒介和公众，政府和人民才能更亲近易沟通。

（二）内涵及意义

联合国教科文组织下属的“世界传播问题研究委员会”在其报告《多种声音，一个世界》中，专门辟出一节谈传播权的问题。传播权的理论主张可归纳为四种：①传播活动是人与生而俱来的本能行为之一，人的生存与发展都有赖于这种传播行为，因此，传播权应是人的基本权利之一；②传播权不仅是每个人的自然权利，而且应是公民的社会权利；③传播权不仅有利于个人个性的发展与完善，而且有助于促进社会的发展，同时也促使人类的传播手段更好地发挥其功能；④传播权可以包含迄今为止人类已享有的所有社会性权利概念内容，如现今已被社会公认的知情权、接近权及有关言论与新闻出版自由、通信自由、表达自由等权利概念。[②] 在达尔西看来，传播权是基本人权中最重要的权利，也是最终完善基本人权的一种权利概念。在今天看来，传播权实际上可以理解为“言论自由”，西方法理和法律体系中，言论

① 宁新：《新闻法制理论》，新华出版社，1998 年。

② 徐耀魁：《西方新闻理论评析》，新华出版社，1998 年，第 277 页。

自由或者表达自由是公民最根本的权利，也可以说是“第一权利”，它被早早地、明确地写进了美国、法国、中国等所有民主国家的宪法当中，是所有社会成员都享有的基本权利之一，也是大众所拥有的其他一切权利的基础。

实际上，传播权只是一种适应信息化和媒介化社会的说法，在媒介化社会的背景之下，人们使用各种新兴媒介来发表作品、言论或者传播观点已经成为一种新型常态，而在绝大部分国家，公众作为社会生活和社会实践的主体，他们有权将自己的思想、体会、经验、观点和认识通过评价、创作、著书立说等活动表达出来，并有权通过一切合法手段和渠道加以传播，这其中，媒介便是作为主要传播渠道而存在的，“凡是用恐吓或惩罚等方式使他们保持缄默，或剥夺他们利用传播渠道的机会，就是侵犯了这项权利”。[①]

另外，“接近权”这个概念从提出至今已有四十年左右，虽然在法律上没有形成明文规定，但根据长期以来的实践和经验，我们发现它至少已经在三方面产生了普遍的影响：第一是“反论权”，即社会成员或群体在受到传媒攻击或歪曲报道时，有权要求传媒刊登或播出反驳声明，对此，美国联邦法院已有支持反论权的案例。[②]第二是允许受众使用媒体发表个人意见或与其立场有关的内容，以此来赢得其他人的好感和支持。第三方面体现在多频道有线电视领域，一些国家基于接近权原理，在发放有线电视系统经营许可证时，规定必须开设允许受众自主参与的“开放频道”。这些措施虽然不能从根本上解决问题，但在缓解社会矛盾方面起到了一定的作用。[③]可以说，接近权是基本人权的要素之一，它实质上是为了真正实现公民知情权而提出的一种补充性权利，有利于从基本人权的角度改变新闻传播媒介一度居高临下的态度，以及相应地遏制其滥用新闻自由的现象，同时也有利于普通公民和新闻媒介增强监督政府的能力。受众的接近权理应受到保护，这不仅应见之于明文规定，更应该反映在实际操作中，任何部门如果以其他借口漠视或者践

① 联合国教科文组织：《多种声音，一个世界》，中国对外翻译出版公司第二编译室译，中国对外翻译出版公司，1981 年，第 155 页。

② 胡兴荣：《新闻哲学》，新华出版社，2004 年版。

③ 郭庆光：《传播学教程》，中国人民大学出版社，2000 年版，第 179 页。

踏受众的这项权利时都应予以修正。

三、批评监督权

批评监督权是一种普遍权利，我们在前文的知晓权环节中已经提及，它作为公民基本权利已经写入了宪法基本法，并已成为人们的共识。但另一方面，批评监督权在传播媒介领域还具有特殊的意义，作为受众的一项权利，批评监督权重点指的是人们通过传播媒介来实现其建议、批评的基本权利，因此该权利强调的是传播媒介需要承担各项职能，并且突出了公众在媒介履行其职责义务的过程中所具有的评判者和审核人的地位。因此，批评监督权特指我们在获取新闻信息的消费活动中，有权对新闻信息产品、新闻信息服务机构提供的服务进行监督；有权对国家机关及其工作人员在保护受众利益工作中的违法失职行为进行检举、控告或申诉；有权对保护受众权益工作提出批评和建议；有权为反映受众的意志或要求而参与新闻信息服务单位的重要决策[①]等。

受众的批评监督权无疑要建立在知晓权和传播权基础之上，因为后两者是受众批评监督的实现途径。因此在受众权利的问题讨论中，知晓权和传播权、接近权等是作为基础权利而存在的。除此之外，在媒介化社会中，受众权利还重点关注人们获取信息、共享信息的机会和条件的平等性，也包括在技术条件和内容供给上赋予人们更多更大的信息和媒介选择权。此外，传播媒介在服务功能上将更加强大，为受众服务的媒介权利将成为社会基本权利，因此在媒介化社会中，应当会进一步扩大和完善受众权利在遭到侵害时的救济和补偿，以充分保障受众接触和使用媒介的权利。

另外必须了解一点，虽然在将来受众权利的内容更丰富，保障也更坚固，但是其在发展的过程中也面临很多现实问题，其中有很多问题来自于权利与权利之间的冲突和调节。例如，知晓权在实践中仍障碍重重。首先，它与行政特权及政府保密权之间存在矛盾。行政特权是宪法赋予政府部门的特

① 张振亮：《论受众权利及其司法保障》，载于《南京邮电学院学报》（社会科学版），2005年6月，第57页。

殊权力，当议会、法院、新闻机构和公民要求政府部门提供信息资料时，政府可依此拒绝。保密权也是宪法赋予的，它拥有跟知晓权一样的法律效力。而困扰保密权付诸实践的问题是，政府官员和公众到底谁才是保密权的行使者？如果是政府官员，政府就有责任和能力保守秘密。但是，许多法律界人士和某些法律条文却把公众和新闻界视作保密权的义务责任人，由于法律上对保密信息资料的种类和范围缺乏更明确而具体的规定，这就使保密权的使用极易超出法定的界限，沦为政府及其官员知情不报的借口。另一方面，也正是由于此类立法不详备，使得泄露情报时而发生，在美国，华盛顿的报刊获取官员泄露的情报，已成为公众了解政府的一种特殊方式。

再如，知情权与下文中将要谈到的隐私权之间也面临重大的冲突。知情权不只针对政府的工作情况，还涉及对政府和公民之间的相互了解。比如在西方社会中，人们十分注重保护自己的隐私，形成了“自己待着的权利”（The Right to Be Alone）。较之于知情权，隐私权的提出要稍晚一些，但其适用范围更广，受到法律的保护也更多。然而，法律对隐私权的权利主体划分不够不明确，影视艺人、著名评论家，以及政府官员等做出具体区分。这么一来，新闻界就难以对公众瞩目的人士进行监督或评判，并且无法了解他们的行为是否真正对社会有利。从而，隐私权所涉及的社会心理状况，对于知情权的发展形成了一定的障碍。从而，受众权利的保证有待更多方面的其心协力，在这一过程中，同时看到受众权利进退的两面，对于我们将来理解和接受由其带来的一系列现实变化不无益处。

四、隐私权和名誉权

与受众其他权利不一样，隐私权和名誉权并非受众的独有权利，但是这两项权利在今天日益受到重视的现状以及趋势却与受众有很大关系。因为，隐私权和名誉权在当今媒介社会和网络信息环境不断发生变化的背景下，越来越多地与受众的日常媒介使用行为和结果产生关联，而新闻媒介侵权事件的屡屡发生是直接导致这两项权利受到关注的事实成因。

对隐私权和名誉权的关注，西方国家显然要更早一些，目前中国在该项权利的确认和保护方面也初具形态，虽然没有明确的隐私权和名誉权法，但与其相关的内容早已出现在了相关的法律条文中，如[①]：

宪法的保护。中国《宪法》第三十八条规定了公民的人格尊严不受侵犯；第四十条规定了公民的通信自由和通信秘密受法律保护。这是《宪法》从基本法的角度对隐私权所做的原则性保护，为隐私权在其他法律部门中获得保护提供了根本依据。

刑法的保护。《刑法》第245条规定："非法搜查他人信件、住宅，或者非法侵入他人住宅的，处3年以下有期徒刑或者拘役。"第252条规定："隐匿、毁弃或者非法开拆他人信件，侵犯公民通信自由权利，情节严重的，处1年以下有期徒刑或者拘役。"第253条规定："邮政工作人员私自开拆或者隐匿、毁弃邮件、电报的，处二年以下有期徒刑或者拘役。""犯钱款罪而窃取财物的，依照本法第二百六十四条的规定定罪从重处罚。"我国《刑事诉讼法》第152条规定："人民法院审判第一审案件应当公开进行，但是有关国家秘密或者个人隐私的案件不公开审理。"

民法的保护。中国《民法通则》没有作出保护隐私权的明文规定，后由最高法院在有关的司法解释中对名誉权的保护作了扩张性解释，将侵犯隐私权视为侵犯名誉权来予以对待。这些司法解释为网络隐私权的保护提供了基本法律依据。如《民法通则》第101条规定："公民、法人享有名誉权，公民人格尊严受法律保护，禁止用侮辱、诽谤等方式损害公民、法人的名誉。"该条虽然没有直接规定隐私权的保护，但由于一般性的规定了公民人格尊严受法律保护，故一般认为，隐私权属于人格尊严一部分。"法人的名誉"由最高人民法院《关于贯彻执行若干问题的意见》第140条第1款规定："以书面、口头形式宣传他人的隐私或者捏造事实公然丑化他人人格以及用侮辱、诽谤等方式损害他人名誉，造成一定影响的，应当认定为侵害公民名誉权的行为"。由此可以看出，在民事法领域，隐私权是以名誉权来加以保护。

部门规章的保护。中国国务院于1997年12月7日颁布的《计算机信息网络

① http://www.chinalawedu.com/new/201210/majianchao2012100910204598175602.shtml，2017 年 3 月 1 日。

国际联网管理暂行规定实施办法》第十八条规定："不得擅自进入未经许可的计算机系统，篡改他人信息；不得在网络上散发恶意信息，冒用他人名义发出信息，侵犯他人隐私。"公安部于同年12月30日颁布的《计算机信息网络国际联网安全保护管理办法》第七条规定："用户的通信自由和通信秘密受法律保护。任何单位和个人不得违反法律规定，利用国际联网侵犯用户的通信自由和通信秘密。"虽然这些规定还很不全面、具体，可操作性差强人意，对大量的侵犯隐私权的行为也暂时无法予以制裁，但已经是我国对隐私权保护在立法上的一大进步。

除了上述法律以外，中国《人民警察法》《银行管理条例》《未成年人保护法》等也有相关的规定，相关从业人员有对国家机密和公民个人隐私保密的义务。《未成年人保护法》第30规定：任何组织和个人不得披露未成年人的个人隐私；《妇女权益保障法》第39条规定：禁止用侮辱、诽谤、宣扬隐私等方式损害妇女的名誉和人格；在《残疾人保障法》和《老年人权益保障法》中，都设置了保护残疾人、消费者和老年人合法权益的条文（其中都包含隐私权保护的内容等），是应当依照、可以参照的，直接按照侵害隐私权追究侵权行为人的民事责任，是完全有法律根据的。

从以上内容可以看出，隐私权和名誉权实际上属于公民基本法律权利义项，但由于社会发展的变化尤其是媒体对社会发展的影响日益深入，直接突破了传统的隐私权和名誉权案件发生的范围和表现形式，以新闻报道和网络信息传播为主要载体的姓名侵权、隐私侵犯和名誉侵害案件越来越多。从受众角度来看，这类权利与其在网络信息环境中的个人信息安全直接相关，故将其作为受众基本权利内容是顺理成章的。

五、数字记忆与被遗忘权

（一）数字记忆的特征

这个世界上没有什么东西不可以被数字化，我们可以通过整理和分析这些经过数字化的信息来做很多不普通的事情，如我们日常所说到的大数据。英国学者维克托·迈尔·舍恩伯格写的《大数据时代》已经清楚地告诉了我们，我们在使用网络设备时，每一次的操作都会在网络空间上留下脚印，换句话说“行为即信息”。这些“行为信息被转化为数字碎片，经由算法，这些碎片将还原出与现实相对应的数据化个体，由此每个人都在数字空间中被‘凝视’着。”①比如，你在中国淘宝网上浏览，当发现了感兴趣的商品，就会点击打开来查看详情，这个简单的点击动作就会被网络技术公司所记录，而你浏览过的所有商品的痕迹就直接出卖了你的购物意向，所以只要你持续使用该网站，那么就能经常能看到“你可能感兴趣的商品”这样贴心的链接，或者在某视频网站看到“你可能感兴趣的电影”等，而这正是你的网络行为踪迹已被收集整理的证据。以上只不过是一个再简单普通不过的例子，类似的情况还有很多，如美国著名计算机专家John Diebold曾分析，当你在银行存钱、提款的时候，你留下的信息绝不仅仅是一笔银行交易，其实你还暴露了某一时刻你所处的地理位置。这些信息很可能会成为你其他行为的解释，从而透露你的隐私。设想，如果这个提款记录和你当天的通讯、消费、旅行等其他数据整合起来，你当天的行踪和行为就一目了然。又或者当你习惯使用Uber（优步）或者滴滴来出行时，一天内、一个星期内甚至一年当中你出入的所有场所都可能尽在它们的掌握。在一个这样的媒介化社会和网络时代，计算机里的每一个比特或字节都有可能携带着我们各自的信息。

电脑硬盘、移动U盘、手机存储等在今天成了我们使用最多的外挂式记忆库，可以说这些数字记忆从很大程度上代替和解放了人脑，特别是当我们把所有的文件、图片、音视频等资料都储放在网络上时（一般认为这更加保险，实际上，每个人的Facebook账户内容或者QQ聊天记录等其实也都属于保存在网络上的信息）。网络上的数字化信息面向全球覆盖且非常容易提取，这使得个体的数据在时间上具备永久保留的特性。即“数据本身的特性使得数字化的“凝视”除在空间上囊括所有的个体，同时还带上了时间的维

① 吴飞、敷正科：《大数据与被遗忘权》，载于《浙江大学学报》（人文社会科学版），2015年第2期，第70页。

度。”[①]维克托·迈尔·舍恩伯格也指出，数字化记忆具备三个特征：可访问性、全面性和持久性。这意味着个人信息一旦发布到网上，可能其将会永久留存。在这种情况下有两个问题随之而来，一是个人信息外泄从而导致每个人随时都有可能被攻击；二是个人信息多般真实有效，其中可能包含负面内容，所以难保不会有人对这些负面信息进行别有用心地翻炒。这无疑为今天的种种社会泡沫新闻提供了空间，也足以让人不安，难道我们要一直为自己曾经犯过的错误或者以往的痛苦随时可能被别人在互联网上搜刮出来而胆战心惊吗？这显然是不合理的，尤其今天的网络媒介总是不忘爆料，通过各种搜索去夸大和渲染各种个人经历，而不管这些经历发生在多久之前，存在什么特殊原因或者多大程度上可信，人们都很少考虑。

英国《卫报》2013年4月发表的一篇文章中介绍，根据2013年2月发布的一项权威调查[②]称，68%的英国民众对自己在网络上的隐私感到担忧，其中22%的调查者表示“很担忧”。该报的读者调查列举了个人数据和隐私信息在互联网上被泄露的几种可能原因：一是难以注销社交媒体网站账户，难以确保网站上的所有数据被删除；二是使用Google搜索自己的个人信息时，一些过时的、有失偏颇的或者不正确的搜索结果却排在更靠前的位置；三是缺乏控制其他用户发布含有自己信息图片的方法；四是网络跟踪软件会监控用户网络的使用情况，并得到个人网络活动习惯的全貌。所以用《卫报》文章当时的标题来说，“我能删帖吗”这个问题就非常清晰明确地摆在了所有人面前。由此，与该问题密切相关的讨论也引起了越来越多人的关注，在中国国内最近三年，有关这方面的文章和探讨不绝于耳，其中探讨最热的就是“被遗忘权”。

（二）被遗忘权的内容

该权利被认为是为身处网络时代的人们所享有的以保护个人信息安全和

---

① 吴飞、敷正科：《大数据与被遗忘权》，载于《浙江大学学报》（人文社会科学版），2015年第2期，第70页。

② 该调查来自非官方组织Big Brother Watch（老大哥在看着你），属于隐私权游说团体。

隐私为目的的一项较为新颖的权利。早在1995年，欧盟就在其《欧洲数据保护指令》中谈及“被遗忘权”这一议题，但并未明确提出这一概念。2012年欧盟委员会出台《一般数据保护条例》，该条例中首次明确运用“被遗忘权”（The Right to be Forgotten）这一概念，并开始建议制定关于“网上被遗忘权利”的法律，提议包括：要求搜索引擎修改结果，以符合欧盟保护个人信息的方针。而后在 2014年5月，欧盟法院对“冈萨雷斯诉谷歌案[①]”进行裁决，“被遗忘权”第一次以判例形式予以确立。美国加州也通过了相关法律，要求科技公司应该遵循用户的合理要求删除涉及个人隐私的信息。这项新规于2015年生效，并有可能催生相关诉讼。

被遗忘权认为在一定条件下，信息主体对信息控制者收集、存储和利用其个人信息时若出现法定或约定的理由，则有权要求信息控制者删除与其有关的信息并停止传播该信息。从本质上判断，被遗忘权属于隐私权的范畴，也是隐私权的延伸。了解“被遗忘权”，主要目的在于了解这一概念所涉及的三个主要组成要素，以便于更好地理解网络时代对于我们每一个人提出的传播责任。

首先需要明确，被遗忘权的服务主体是自然人，也就是信息中的当事人即需被遗忘的主体。自然人不包括法人和其他社会组织，这是因为被遗忘权保护的是自然人的人格独立、人格尊严和人身自由。

其次，当出现法定或者约定的理由时，这是一个需要加以鉴别和综合考虑的条件，即自然人在什么情况下才能够享有被遗忘权。综合来看主要分为以下几种：

一是以信息主体作为信息控制源的情况，故可直接决定是否分享以及如何分享个人信息。在网络时代，个人能够比较轻松便捷地拥有对其信息的控

① 2010 年 2 月西班牙公民冈萨雷斯向西班牙数据保护局提出对西班牙一报纸发行商以及谷歌公司及其西班牙分支机构的申诉，其称网络用户通过谷歌搜索引擎搜索他的名字时，将近 2 页的搜索结果显示为该报纸发行商于 1998 年 1 月和 3 月所发行报纸中包含的一份公告，公告称原告的房产因进入追缴社保欠费的扣押程序而将被强制拍卖。原告认为上述扣押程序早在很多年前已被彻底解决，因此拍卖公告信息早已过时，毫无实际参考意义。因此原告要求：报纸发行商应删除或修改有关页面以便与他有关的个人资料不再出现，或者使用任何可能改变搜索结果的办法以便保护其隐私，并要求谷歌公司及谷歌西班牙删除或屏蔽与之有关的个人信息以便这些资料不再出现。

制权，可以自己或者授权他人收集、存储和使用其个人信息 。并且，如果信息主体决定与他人分享信息，比如发个朋友圈，或者更新一条微博等，则其有权选择信息处理主体。换句话说就是你可以选择让哪些朋友或哪部分人看到这条微博或者朋友圈信息，而那些能看到信息的人会被默许可以自主选择并处理他们所看到的信息，而这一类似于“授权发布”的过程是一种不成文的共识，被信息主体和信息接收者承认。当然，亦有人出于特殊的原因，尤其是社会公众人物或者社会专家，特殊职业人如医生、律师等为避免发布的信息带来有悖于其身份和职业的理解，所以会就信息处理的目的、范围、条件和方式等作出约定。如无法律规定的事由，信息主体之外的私营、公共机构或其他个体想要收集、存储和利用其个人信息时，需要告知本人并获得明示或默许。否则信息主体有权要求删除其个人信息。

二是以其他组织、机构或企业法人等作为信息控制源的情况。一般来说，信息主体可以在网络或相关书面材料中随时查询个人信息的处理理由、方式、用途、范围、期限等事项，一旦发现违法或违反法定或约定情况，可随时请求更正或注销、删除个人信息。此外，对于信息主体一定时间内未使用个人信息的，或信息已经失效发生重大变化的，除法律明确规定的情形外，信息控制源应完全删除其所收集的个人信息。实际上，第二种情况往往是现实生活中的问题和矛盾集中点。因为它主要涉及了被遗忘权的义务主体，我们可以理解为该项权利的主要约束对象。一般来说，它们可以分为三类：第一类是以追求商业利益为目的的法人或其他组织；第二类是以公共管理为目的的政府或其他机构、组织；第三类是出于其他目的收集、存储、使用个人信息的自然人等其他义务主体。其中前两类义务主体是收集、存储和使用个人信息的主要义务主体，当然也是潜在的侵犯个人信息的主要主体。①

（三）被遗忘权的争议与适用

虽然已有上述基本原则，但被遗忘权的适用争议却往往是非常具体的。

① 彭支援：《被遗忘权初探》，载于《中北大学学报》（社会科学版），2014 年第 1 期，第 38 页。

这些争议的焦点涉及言论自由以及国家安全等方面，比如欧盟有成文方案对下列各项情况信息发布者可以拒绝删除信息：第一，对个人信息的处理纯粹为了言论自由，比如新闻报道或文学艺术的表达。第二，对个人信息的处理在保证信息主体之基本权利的同时涉及以下与健康安全有关的情况：严格保密的情况下个人信息为医学专家或其他人员为研究药物、医学诊断、医疗服务供给和管理所用；个人信息在公共健康领域符合公众利益，比如防止严重的传染性疾病及维护医疗产品、医疗器械和品质安全等；个人信息符合其他公共利益，比如有利于建立医疗保险系统的医疗津贴或是有利于提高医疗保险服务的质量和经济效率。第三，对个人信息的处理为历史性、数据性、科学性研究所必需。第四，对个人信息的处理，信息掌控者不具发言权等。[①]而至于“被遗忘权”与国家安全之间交锋则更是频频，事关国家安全和政府机密方面的信息在被遗忘方面的速度也必将放缓得多，英美国家绝密文件的解禁时间长达30年，这似乎是铁打不动的原则，而中国在这方面则没有严格的最长期限一说。

综合看来，为保障被遗忘权的实施，首先需要明确的是被遗忘权的范围和边界，协调被遗忘权与言论自由和其他基本权利之间的关系，同时亦要注意，被遗忘权的存在并非鼓励人们在网络上随意地或不负责任地发布信息。在这一点上，韩国表现出了较高的关注姿态，并在2012年将“被遗忘权”这项具体条款增订于该国的《信息通信网络的促进利用与信息保护法》中。

一般而言，中国可以参考以上国家和地区的相应法律法规，服务于我国当前个人信息保护立法工作。就国内法律来说，隐私权在立法上没有确立，更无“被遗忘权”这一说法。有关法律专家曾指出，如果不是明显侵害个人权益的信息，而是网站公开的正常信息，搜索引擎就不负责删除。即个人想要删除公开报道的内容，就国内法律来说，没有法律依据，很难得到处理。尽管保护手段和立法工作尚待完善，但在媒介化社会里，这已经是一个现实问题，至少通过国外相关法律和案例中我们得到的启示是：不论“被遗忘

① 邵国松：《“被遗忘权”：个人信息保护的新问题及对策》，载于《南京社会科学》2013 年第 2 期，第 104 页至 109 页，第 125 页。

权”是否能被引入中国或者实现本土化，中国都需要在扶持大数据开发和运用时，重视并充分考虑个人数据保护、完善个人信息立法，从保护个人隐私的角度进行互联网监管。

本节中，关于受众权利的议题正处在不断的观点更新和发展的进程中，受众权利从根本上来看即是公民权利在媒体传播领域中的延伸和具体化，对其进行分析研究时的思路是：“将公众消费传播资源、享受传播服务的需要，与法定的公民权利联系起来考察，把传播资源和传播服务视为公民权利实施和实现（不论权利主体是否自觉地意识到这一点）的必要条件和手段”①。因此，现在和未来的媒介化社会将会根据传播资源和传播服务能否保障和促进受众充分有效地享有或行使自身的公民权利和自由来进行社会基础常规性运转。受众的需求、心理、以及权利的种种变化在将来很长的时间内都值得关注，研究受众即为研究媒介化社会的一个重要切入口。

第二节　媒介素养与媒介化生存的要义

著名的未来学家尼葛洛庞帝在其名著《数字化生存》中道出一句醒世名言：预测未来的最好办法就是把它制造出来。实际上，我们确实能够依靠技术模拟出未来的生活图景，无论是在世界博览会中、技术馆中还是在科幻电影或小说中，现代人对于未来生活的景观描述频频出现，无论大家想象中的具体生活细节和环境如何不同，都无法回避未来生活跟计算机、网络等媒介之间的紧密联系。在数字化时代，人们通过计算机改变生活，同时也创造未来，媒介很有可能像是教育、职业和经济等因素一样被列为影响人们生活品质的基础要素。

传媒社会学家赛伦·麦克莱说：“传媒充斥在我们生活的每个角落”②，它们成为人在生产、生活中须臾不可离的一个中介物，甚至有时候成为目的

① 宋小卫：《受众需要与公民权利》，载于《新闻与传播研究》，1993 年第 1 期，第 14 页。

② [美]赛伦·麦克莱著、曾静平译：《传媒社会学》，中国传媒大学出版社，2005 年版，第 6 页。

本身，即人们逐渐形成了对媒介的某些非目的性的精神依赖，人对于媒介的依赖程度越高，生活自然就越媒介化。因此，理解“媒介化”不光需要从宏观的社会发展形态角度入手，更需要从这一趋势给我们带来的真切改变以及我们如何适应这样的社会等问题入手。迄今为止，人们关于在将来如何“媒介化生存”仍有很多疑问。比如，我们之前谈到由于媒介的无孔不入，所以媒介与人之间的关系成了超越现实般的亲密关系，那么我们每一个人都面临这样一个问题即怎样才能更好地与媒介共处？再如，当“受众”这一角色具有更丰富的含义，转身成为传播者时，他们能否很好地完成角色过渡？另外，对于生活在媒介化社会里每个普通人来说，他们是否都具备真正地、科学地、正确高效地使用各类媒介的基础能力？ 这些问题事关每个人的“媒介化生存”状态，意义非凡。在本节内容中，笔者将对人们的媒介化生存能力，以及长期以来人们关注的媒介素养问题作一番探讨和研究。

一、媒介素养的概念缘起

在电子媒介出现后不久，关于“媒介素养”的说法便顺应而生，而那时离现代报刊的产生也不过100余年，英国文学批评家列维斯和汤姆森1933年在《文化与环境》一书中提出媒介素养的概念，当时，广播和大众电影的普及迅速，他们及早地对年轻人提出了要正确面对传统文化和流行文化的冲突的观点，并呼吁抵制大众化的电影通俗文化对传统文化的侵蚀。

根据研究，媒介素养理念80多年来经过了四次大的变化：第一代“保护主义”的媒介素养观源自精英文化脉络，强调了保护公众免受不良媒介信息的侵害；第二代（60年代）则认为媒介信息不都是有害的，关键在于受众对媒介内容的主动选择和辨别；第三代（80年代）开始强调培养公众对媒介信息的批判解读能力；第四代（90年代以来）则从文本的批判解读扩展到对媒介组织运作的认知理解，并进一步拓展到以公众媒介参与为核心的社区行动范式。①从这里可以看出，媒介素养内涵的发展经历了数次大的方向性的转

① 周葆华、陆晔:《受众的媒介信息处理能力——中国公众媒介素养状况调查报告之一》，载于《新闻记者》，2008 年 4 月，第 60 页。

变，在不同的时代和环境下，媒介素养的重点亦有所不同，它始终随着时代的进步和媒介技术的发展而不断变革深化。用美国著名学者霍布斯（Renee Hobbs）的形象比喻来说“媒介素养就是一个有着一千个名字的孩子”，个人、企业、组织以及国家都可能对媒介素养有具体的、不同的理解，但有一点相同的是，具备一定的媒介素养对于当今社会中的每个人来说都是必要的，也是利己利人的。在媒介化社会中，媒介素养已经与社会公共道德、文明准则、职业道德等一起成了我们在这个新时代中说话做事的基础原则性内容。另外，与前面说谈及的“媒介权利”一样，媒介素养在提出时所针对的对象便是传播活动中的信息接收者即受众，但今天的受众俨然成为传播主体，他们虽然不能跟专业的传播主体机构相比，却也已经开始尝试传播者的角色，这其中就包括他们不断增强的传播意识和技能。

如果说，最初提出媒介素养的目的是为了帮助受众批判地适应媒介快速发展所带来巨大影响，那么今天论及媒介素养的目的则是出于解决新媒体出现后的诸多新问题的需要。综合来说，现代人需要培养自身的媒介素养，以实现个人在当今日新月异的媒介环境中的相对独立。

二、媒介素养的主要内容

帮助公民培养一定的媒介素养是当前国际社会的共识。在欧美国家的中小学课程体系中，已经编入了例如印刷媒介启蒙，影视媒体评析，电子媒介基础教育之类的内容，加拿大在1999年的课程改革中，把媒介素养作为独立的课程引入课堂。就中国目前的情况来看，媒介素养基本上还局限于新闻学术圈和一些大学的课堂教学。今天，进行媒介教育的目的不仅是教会他们学会阅读，教会他们使用电视、计算机和互联网络等媒介，更重要的是要教会他们成为媒介的主人，成为信息的利用者，成为知识的拥有者，而不是被媒介所奴役，不是被信息和知识所淹没。美国媒体素养研究中心于1922年对于人们使用媒介时需具备的各类能力特地作出说明，它们包括人们面对各种媒体信息时的选择能力、理解能力、质疑能力、评估能力、创造和生产能力以及思辨的反应能力[①]。美国学者凯勒则将媒介素养归纳为媒介信息的解码能力、多元文化的分析和批判能力以及信息再造能力。道格拉斯认为批判性的媒介素养包括分析媒介代码和规约的技能、批判刻板印象、主导价值观和意识形态的能力以及解读媒介文化产生的各种含义及讯息的能力[②]。

关于媒介素养的问题早在十年前也得到了我国国内学术界和教育界的重视，2007年5月至6月，复旦大学“媒介素质教育理论与实践研究”课题组通过在北京、上海、广州和西安四个主要城市进行大规模随机抽样问卷调查的方式，第一次全面了解和考察了中国公众媒介素养的基本状况。并形成了《受众的媒介信息处理能力》这一关于中国公众媒介素养状况的调查报告，在该报告中，媒介信息处理的能力被分解成四个具体能力指标，它们包括：深度解读能力、批判质疑能力、独立思考能力与核实报道能力。其中，深度解读能力意味着受众能够超越媒介报道的文字表面，对报道背后所透露的深层含义进行解读，其集中体现在寻找信息背后的“弦外之音”；批判质疑能力则是指受众能够对媒介报道提出疑问，怀疑某些报道或细节的真实准确性，不盲从；独立思考能力代表受众在阅读新闻时并不全盘接受媒介提供的观点，而是能够根据自己的知识、判断等提出独立见解；最后核实报道能力意味着受众能够通过媒介报道之间的相互印证来确认事实，对新闻报道进行“校验”，这显然是一种非常积极，同时也需要付出更多心智劳动的信息处理方式。

通过上述内容，我们了解到所谓媒介信息处理能力主要是指人们在接收信息和使用信息时，能够达到充分利用、正确理解、恰当应对等一系列要求，维持和处理好人与媒介之间的相互关系，但从根本上来说是为了调整人与人、人与社会之间的关系。如果说，原来我们对媒介素养的认识还不够，所以并没有将其看成社会必修课内容的话，那么在进入媒介化社会之后，媒介素养的重要性就不言而喻了。

---

① 张开：《媒介素养概论》，中国传媒大学出版社，2006 年版，第 94 页。

② 陈安妮：《从单向度到多维度——论数字化批判性媒介素养的形成》，载于《东南传播》，2014 年第 5 期，第 81 页。

第三节　现代媒介素养的内涵更新

在对传统媒介素养的描述中，我们看到了在过去的媒介环境下人们使用媒介的谨慎态度，但是随着媒介信息技术的不断变化和发展，传统媒介素养中的选择能力、创造能力等与今天新的数字媒介环境中的相关能力已经有了明显区别。正如有学者通过调研发现“如今专业的新闻机构和非专业的新技术使用者共同绘制了今天的传播图景，传统的媒介素养已经不适合当今的传播环境。”[①]同时，由于媒介的发展与技术紧密联系在一起，所以媒介素养的内涵和外延也跟随传播和通信技术的发展不断变化。首先，媒介素养的外延指向的是最普通的大众，因为在媒介化社会中，人人都必须具备一定的媒介使用能力才能在社会中更好地生活和发展。其次，今天的媒介素养内涵愈来愈倾向于技术素养和与人文素养并重，它不断地对人们在媒介使用技能、媒介应对态度以及数据运用实践方面提出新的能力要求。“新媒介素养虽然概念很多，五花八门，各种表述林林总总，但首要的、基础的内涵就是认知媒介……它包括三个方面：一是对新媒介结构和分类的了解，二是对新媒介产生信息的基本过程的认知，三是对新媒介操作技术能力的掌握。”[②]正是出于对新媒体时代由新技术带来的媒介使用逻辑变化的认识，笔者认为谈媒介素养必须从了解新媒介入手。若进一步解释的话，原来的媒介素养内容侧重于建构正确认知式的、意识形态维护式的、批判式的、人文的抽象内容体系，但是，今天的媒介素养却是首先针对现代人使用媒介时需要具备的基础技术使用和适应能力。故为适应媒介化社会生存，掌握相应的媒介使用能力，应该注意以下几个方面的能力的获得。

---

① 芮必峰、陈夏蕊：《新传播技术呼唤新媒介素养》，载于《新闻界》，2013 年第 14 期，第 64 页。

② 王天德：《新媒介素养的目标追求能力研究》，载于《中国广播电视学刊》，2011 年第 2 期，第 35 页。

一、了解和分析文本和数据的能力

当今的媒介给大家带来了极便利的阅读和观看体验，这有赖于网络上取之不尽的资源和方便通达的获取途径，实际上它亦归功于网络诞生时让人瞠目结舌的超链接技术。超链接将原本独立的文字、影像、音乐、新闻、电影和图片等连成一体并可随时调用，成功打破了传统的信息组织模式，所以媒体上的各类组成元素都具备了信息通道的“特异功能”，通过鼠标点击或者触摸，我们可以看到更多的内容，发现更多途径。当然，这需要首先建构起对媒介内容接收的反应模式，例如了解和熟悉网络环境中的各个组成元素所承载的具体功能，快速辨别具有超链接特征的对象等，它是现代人获取媒介内容和使用媒介的一项基础能力。还有，大数据时代背景下，数据分析能力也引起了较多人的关注，至于该项能力是否只需要限定媒体专业人员来掌握还是需要推广及普通人，意见不一。但从媒介发展的趋势来看，适当懂得分析数据尤其是运用数据是有百利而无一害的。

此外，在获取媒介数据和内容之外，人们更需要掌握的是了解和分析带有个性化和碎片化的媒介信息的能力。众所周知，现代社会中的每个人都是当下网络信息环境的建筑工人，每个人都有话语权，同时每个人都在数据的传递和建构中连结互通。这种多情境、多主体的数字环境，让拥有自身规则的创造性语言建构起来的媒介信息、媒介内容价值与观点更加复杂化、不透明化和多变，媒介的用户对媒介上的内容或讯息若想要理解得准确和完整，就必须适应各种文本差异，这种情况原来只是在跨文化和非母语的文本信息中出现，但是网络内容的个性化特征越来越明显，无论是不断翻新的网络流行语，还是充满无厘头和鬼畜色彩的图片绘画等，都构成了网络信息文本的一部分，如果想要理解以个体语言为特征的自媒体文本，就需要有更为丰富和敏锐的理解能力和包容性，这是我们之前并没有想到的。

二、搜索和捕捉网络资源的能力

在过去的一百多年里，人们始终在追求快速提供信息的可能途径，今天当获得信息的通道无比丰富时，却发现了另一个尴尬，因为人们已经被淹没在信息的汪洋大海里。所以20世纪关于媒介素养的内容当中，非常清晰地指出了人们应该具备对信息的选择和辨别能力。今天，该能力作为媒介运用的基础能力已无异议，但是从现实情况来看，不少人尤其是受教育水平较低或者接触新媒体时间较短的人在这一方面还存在较大能力缺陷，特别是人们在大量信息面前进行精准筛选和抽取正确信息的能力，人们普遍有所欠缺。“基于互联网技术的新传播革命一方面要求大众掌握这种新的信息工具的操作、使用和维护，另一方面也包括利用信息资源的技能，即能从浩瀚的信息海洋中定位自己的价值取向，通过检索、鉴别、使用信息来解决问题和创新思维的能力。传统媒体时代会看、会读乃至会批判这些媒介素养的题中之义都已经不能适应新的传播技术”。①

例如，我们几乎每天都会使用搜索引擎去查找各种资料和答案，解决各类问题，但是只有一小部分用户明确地知道如何搜索才是最快的、最有效的，因为他可能掌握关键词搜索技巧，也可能他了解使用多个词语组合来精确搜索的捷径，还有可能他知道如何在最短时间内搜到主要的文字信息，或者他知道主题词和特征词的配合使用可以查找具有自己想要搜索的某种共性特征的所有网页。另外，如果懂得适量的计算机程序命令语言，那么就可以将搜索范围缩小但结果更精确。类似于以上这种精准搜索的能力只不过是在媒介使用过程中较为简单的一种，但不可否认的是获取可靠和关键的数据对于信息时代的现代人来说是最为要紧能力之一。在网络普及和检索工具越来越强大的今天，掌握出色的信息检索技能，再辅以基本的理解分析和解读能力，那对于人们快速、真实、准确地了解世界、制定决策和权衡利弊无疑有着至关重要的作用。

三、利用媒介进行表达和传播的技能

话语权和传播权对于今天的受众即普通大众来说已不是陌生的概念，而

① 芮必峰、陈夏蕊：《新传播技术呼唤新媒介素养》，载于《新闻界》，2013年第14期，第65页。

是实实在在、触手可及的，特别是新媒体的推广和普及使得话语权重回人们手中后，不论是不是专业的媒体传播人，大家都几乎可以站到同一平台来进行传播和表达。能否做到有效的、较好的传播一直以来都只是职业媒体人才需要考虑的问题，其他人则无需考虑。然而现在有越来越多的人在使用媒介的过程中产生了有效传播和完美表达的需要，这种实际需要使得普通人跟媒介工作者一样，希望自己在信息内容加工和整合方面能够做得熟练、漂亮。因此，原来专属于媒体人应该掌握的技能在今天也开始受到大家的高度关注，例如使用微博、微信或者其他社交媒体来做自己的发声平台的人们应该学会必要的数据和图像处理能力、导航能力，他们还需要懂得使用超文本标记语言（HTML）或是H5页面制作技术等网络编辑工具，大致通晓视频剪辑和后期处理软件的效用等，除此之外，如果能够了解网络上复杂而烦琐的信息渠道，熟悉各种信息格式的转换和调整，懂得网络文件传输的基本特点和法则等那就更好了。另外如处理网络文字处理的能力、关键信息的调取能力、图片和视频快速抓取的能力等这些具体而实用的技能都是现在人们应该具备的，这类能力在以前被认为是计算机专业人员和学生才需要掌握的，但随着人们对媒介依存度的有增无减，以及基础性的和实用性的媒介技术在人们将来生活中的普及化，那么这些能力诉求会日益变得如同我们平日操作各类遥控器或者使用智能手机那样普通，掌握这些小技术，对于大家来说就是掌握了有效传播的利器，所以它们很可能在将来成为媒介生存的基础能力。

四、快速适应媒介技术的能力

新兴媒介时代的到来，让现代人觉得未来社会拥有一张散发着数字质感和科技冷光的技术控面孔，而我们当中的部分人对于将来的媒介技术和产品也有着一些莫名的排斥，这其实是科技进步与人文精神两大领域长久对峙的一种反映，并不奇怪。不过，如何认识和评判新媒介和新技术确实已经成为现代人时刻面临的问题。有学者指出，中国人和西方人对技术的认识一直存在很大差异，西方一直把技术看作是实现目的的重要工具，而中国人则把技术视为一种令人敬畏的力量。因此，人们在面对新技术时总是容易走进两种极端：一是习惯于把技术要素凌驾于其他要素之上，奉技术为神坛，走入唯技术论的怪圈；一是畏惧新技术，拒绝新技术。[①]拒绝新技术的人所缺乏的正是适应能力，这可能是人们的安逸和惰性心理所致，亦可能是人们在更新速度过快的技术面前无所适从的结果。所有与人们的日常生活紧密相关的技术中，最具代表性的就是媒介技术，它的推陈出新速度人们有目共睹，所以对于媒体新兴技术例如从Web2.0到Web3.0，从电子报纸到交互式数字出版，从语音通话到视频通话，从平面图像到全景式观察和虚拟现实等，这一切都变化得太快，二维码、全球定位（GPS）、人脸识别等新鲜而又让人一脸惊愕的技术名词，也在天天刷新人的认知和识别系统，如果不具备求知好奇的心态和开放尝试的态度，那么很有可能就会倒向其反面，那就是对各种新技术不敏感，甚至存在抵触和抗拒心理。因此，在媒介化社会中，会相应地出现技术拥趸和传统卫士，这在任何社会形态中都曾经出现过，并不奇怪。但是笔者要指出的是，历史上没有哪一个社会像今天我们所处的社会一样如此依赖媒介，如此需要网络信息交互，除非人们与世隔绝或者说没有自身学习和发展的需要。因此，在将来的社会环境中，能够较快地运用相关技术产品，较好地适应媒体新兴技术等是十分重要的。

五、人机共处和相互提供支持的能力

麦克卢汉关于“媒介是人体的延伸”这一观点在将来可能会被更频繁地验证。从以数字化、智能化、以及具备融合共享趋势的信息化社会这一宏观视角来看，将来会有更多的人工智能加入到信息传播领域当中来。所以，人与媒介之间的直接互动关系成了新媒介研究领域关注的另一课题。现在，我们的媒体机器人可以学习并灵活生产数据新闻和融合新闻，百度新闻，Google新闻的自动整合模式也开始引人关注。虽然目前只是将与体育、财经等领域的新闻报道逐渐让位于机器人操作，但不可否认，机器人新闻生产已经开始着手把新闻工作者从单调、重复、繁杂的初级信息整理工作中解放出

① 杨宁：《大数据时代媒体人的新媒介素养》，载于《中国广播电视学刊》，2015年第2期，第91页。

来，转而可从事更具核心竞争力的工作。由此可以推想，人们在将来读到的很多文章就来自写作机器人，人们对这类新闻的理解是否能完全与传统稿件一致，是否会由此出现特殊的机器语言，人们与各种信息传播智能载体的相处会不会真正的愉快？这些可能都是将来我们要面临的问题。当人和智能媒介之间的界限越来越模糊时，控制论所关心的问题会被再次摆到一个重要位置，由此来看，媒介异化的观点是一个恒久不变的议题。所以人们面对媒介机器时，不但需要共处能力、协调能力，也需要独立能力，批判能力以及反控制能力。无论如何，人们在将来都难免与机器亲密接触，这包括看机器人稿件、与机器人对话、同机器人合作完成任务等，在这样的情形下，人机交流和应用操作可能会成为人们生活中非常重要的一部分，换句话说，人机协作将成为未来常态。这给现代人带来的既有机遇也有挑战，笔者认为理想的情况应该是人与机器实现功能互补和价值融合，通过互相支持让机器更好地服务于人类。

另外，我们也看到，流媒体、数字媒体和云计算、大数据等技术的出现在传媒界引起震荡，这些新技术在创新媒介发展的同时，对职业媒体人运用新媒介和新技术的能力也理所当然地提出了更高、更新的要求。英特尔中国研究院首席工程师吴甘沙提到“人是大数据的第一推动力”。确实，现代人面对的媒介环境已经具有了超链接、交互性、数据化等新特点，这些新技术已渗透到媒介形象的塑造和媒介内容的加工等方面，对社会生活也发生了重要影响。在这个时候，媒体行业更需要进行技术的变革，也要进行职业理念的变革。对于大众而言，不管是媒体人还是普通人，提升自己在媒介技术应用方面的各类技能也是生活于新媒介环境中的大势所趋。

有人认为，当今最新网络技术基础Web3.0的特征是：万物感知+智慧控制，物质世界与人类社会的全方位信息交融，人与物质世界的联接，这是未来的物联网存在的基础，也是媒介化社会的基础。那么问题也来了，客观世界自身具有了自我表达能力，公众能够更为直接地感知客观世界的情态，那么人们会更加青睐于无阻断地直接访问和联络相关事物。因此，在信息通信技术的推动下，更多的客观事物将加入到人类的信息交流体系之中，整个人类社会和物质世界将形成全新的信息交流系统，由此有学者担心“物联网的物本主义导向可能使承载思想文化的人文精神受到挑战”①，这一顾虑其实可以形容为新技术环境下的媒介批判主义卷土重来，它与20世纪法兰克福学派针对媒介工具的社会影响所做出反思颇为相似。时至今日，我们发现，不管媒介技术如何变化，人在其中的主体地位并非那么脆弱和不堪一击，因此对于个体与机器之间的控制与被控制，人与媒介之间的影响与被影响，没有必要表现出过度的担忧，在承认两者相互作用的前提下，人们可以通过适应媒介化的生存来不断增强相应的能力，就如同人类社会在漫长的进化过程中不断适应各种危险和机遇一样，这本来就是顺理成章的。

① 王治东：《物联网技术的哲学释义》，载于《自然辩证法研究》，2010年，第12期。

第六章

理性传播及其困境

“众媒时代[①]”一词是媒介化社会发展的另一种写照，今天的社交媒体和自媒体平台比比皆是，人与媒体之间的关系同时被更改，这正是众媒时代的意义。在这样一个时代，充满着各种未知，但可以确定，这个时代中有些事情将会或正在发生，如新兴的媒介组织和机构会不断出现，传统的媒介规则和逻辑被接连打破，适合媒介社会的各种规范与秩序则需要重新建立，在这一过程中，来自于网络和新媒体领域的各种杂音不绝于缕。这一背景之下，理性传播屡屡被提及，同时也日益被关注。

第一节　理性传播的内涵及意义

一、关于“理性传播”的内涵

我们发现，与理性传播内涵有关的观点和内容大多都是由伦理学、人类学和社会学等研究领域抽取出来，我们较少能见到系统的分析和研究，这里可能存在诸多方面的原因。

首先，“理性”一词本来就存在多种理解。纵观历史，自古希腊词语首先出现“理性”这一词汇以来，人们就对它做出了各种诠释，有人认为理性与真理关系最为接近，因为真理是通过理性的思考得到的；亦有人认为它只与人存在联系，因为它是人之所以为人的根本，人依靠理性使自己与动物区别开来，在这一基础上有人进一步将理性推及为“智慧”和“正确思想”的代名词，直到后来人们将理性作为最为重要的品质，并且将其标榜为认识一切的工具和所有知识来源的基础，这时，理性主义在人类文明中日臻成熟，并且成为哲学学科中的重要内容之一。从理论上说，理性主义首先来自希腊

① 中国清华大学的彭兰教授为“众媒时代”总结出五个特征：表现形态众、生产者众、传播结构众、平台众、终端众。

哲学中的理性化哲学思维模式，从巴门尼德区分开意见之路与真理之路到苏格拉底、柏拉图的理念论再到近代的笛卡儿、斯宾诺莎、莱布尼茨为代表的唯理主义，最后在康德与黑格尔等哲学家那里发展成高峰。①以上关于理性和理性主义的认识和意义经过数千年的绵延发展，蕴意无穷，人们对它的理解除了在原来的意义以外，不可避免地增加了各自所处时代、所赋经历以及个人认知等可能完全不同的理解，因此关于“理性”，我们的看法是存在各种区别的。不过，“理性”的具体含义虽然复杂深远，但是其基础意义是可以把握的，那就是人们普遍认为“理性”是区别于“感性的”，换言之，与基于视觉浅表的、稍纵即逝的、情绪驱动的以及临时发生的等属于感性认识特征的词汇相比，“理性”应该是基于经验的、冷静持久的、理智引导的以及深谋远虑的一种认识活动或者思维方式。

其次，关于“理性传播”，其从本质上来讲不属于任何学科的概念，最多是一个描述性的词汇，是针对从过去到现在所有媒介尤其是新兴媒介为传播渠道的传播活动当中存在的误区和失范所提出的一个应对性提议，也可以说是一种期望。我们可能无法从国外的相关词汇和著作中找到与“理性传播”相对应的说法，因为欧美国家的专业人士多半将与“理性传播”有关的研究放置于传播秩序和媒介道德问题这一视阈之下来进行传媒伦理学解剖和法理学对照。因此，笔者认为国内学者对于传播活动冠以“理性”一词，折射出了他们在哲学、传播学、社会学等多方面对现当代传播媒介领域中的各类问题的观照与思考，尤其是将这些问题放置于新媒体背景和媒介化社会这两个条件之下，其意义更为现实。

目前，我国相关专业人士对理性传播的理解各有不同，这在一定程度上增加了我们归纳和规范理性传播真正含义的客观迫切性，好在对于理性传播的理解，我们也存在一些共通之处，例如国内有学者认为：“理性传播需要在三个层面展现：一是大众传播需要坚守主流导向，作为人们感知世界的主要方式，大众传播需要奠定主流基调，需要正义与公理，需要甄选和理性，

① 唐凯麟、舒远招等：《西方伦理学流派概论》，湖南师范大学出版社，2005 年版。

也需要把关和引导；二是组织传播需要公允客观，扬名逐利要在规则和秩序的框架内行事，传播张弛有度，不过分渲染、不夸大其词、不贬损他人；三是个人传播需要约束和节制。”[①]这可以视作对理性传播的一种基础性解释。当然，也有学者重点针对新媒介环境中出现的伦理困境和失范现象，从另一方面分析了传媒伦理形成及规范化所需要思考的三个维度，它们分别是“技术的维度”“规范本身的维度”以及“人的维度”[②]，该观点也具备了一定代表性。比如说技术本是人类为满足社会需要，依据自然和社会规律，对自然界和社会的能动作用的手段和方法系统[③]。因此，对于所有发展中的国家来说，无论其媒体水平如何，只要涉及媒介技术的更新，那么接下来就会迅速地出现媒介技术的超前性和整体社会的滞后性这一矛盾关系。因为从一般意义上来说，人与社会在适应新兴科技的过程中必然出现磨合，磨合的过程通常没有那么简单，所以我们可以看到技术为人所用，也能看到人为技术所困，无论出现哪一种情况，我们都可以视其为相互切磋和相互适应。

二、“理性传播”的现实意义

通常，人们在面对传播领域的矛盾和混乱时，会寄希望于“理性传播”之上，从某种意义上来说，理性传播更像一个口号，用以召唤和呼吁大家进行自我审视和检查。因此，对于理性传播，我们会看到这样一些意见如：

“在信息‘生产者众’的时代，更应该呼唤理性传播。媒介技术发展在客观上可以被视为一个‘赋权’的过程，给予个人发布信息、表达交流的权力。然而‘能够传播’不等于无节制传播，不等于不计后果的胡乱传播；‘可以传播’并非不讲理性的传播、肆意妄为的传播。每一个‘能够传播’‘可以传播’的人应该审慎对待自己的传播权。当信息‘生产者’成为大众，且这个群体又扮演信息‘发布者’和‘接受者’的角色时，理性传播就不仅仅是一句响亮的口号，而是维护传播环境健康发展的一项重要准

---

① 王秀艳：《众媒时代需要理性传播》，载于《吉林日报》，2015年12月22日，第8版。

② 奂森元：《新媒体伦理困境的三个维度》，载于《西部广播电视》，2015年第12期。

③ 管小刚：《关于技术本质的哲学解读》，载于《自然辩证法研究》，2001年第12期。

则。”①

“网络舆情复杂多变，其中理性表达和情绪化相互交织，多元化和非理性并翼而生，并因后者的肆虐而影响技术民主潜能的发挥。理性声音消沉的社会后果极为严重，如果任由非理性言论自由发展而不加以引导和控制，势必会导致社会舆论的混乱。”②

在笔者看来，从理性主义的角度去论述“理性传播”的意义是形而上的做法，因此从实际出发，从超越情感、意志、激情、欲望和直觉等非理性的角度这一视角去诠释“理性传播”可能更有意义，这里我们把“理性”理解为“人类所特有的、在劳动实践过程中形成的概念、判断、推理、归纳、演绎等抽象思维反思活动能力，以及创造拥有法律、道德准则、制度设施、组织机构等具有高度组织性的社会的能力。”③进一步说，它应该表现为合乎大众要求，合乎生存之需，合乎发展本质。根据马克思主义唯物史观，我们知道人在社会实践中表现出两种理性：一是以科学为基础的认识理性，即合规律性；二是以道德为基础的价值理性，即合目的性，而在媒介化社会中，理性传播既合规律性亦合目的性。如果说，在这个以媒介化为中心发生巨变的社会重构过程中，人们最应该注重的是媒介技术，那么也许人本主义精神论者会觉得不可思议，因为这样的话社会发展显然会失去方向。但如果太过强调社会传统和人文精神而不思技术创新和突破，那么社会一定会失去动力。而理性传播可以将以上两者结合起来，它以伦理学和信息技术作为基础，通过扎根于这两个领域，建立真正为媒介化社会所需的传播伦理体系，在这一体系中人们了解和探索适合社会发展的各类传播技术规范、伦理规范、生存和发展原则等，这些都可能变成将来社会中的基础规则。另一方面，理性传播的价值在于它将提供媒介化社会中人与人之间、人与社会之间、人与媒介之间、媒介与社会之间的关系处理规范，这些规范以人类社会基本道德为基础，但同时又在基本道德之上融合了媒介工具自身的理性，我们可以说它是

① 王秀艳：《众媒时代需要理性传播》，载于《吉林日报》，2015 年 12 月 22 日第 8 版。

② 芮必峰、陈夏蕊：《新传播技术呼唤新媒介素养》，载于《新闻界》，2013 年第 14 期，第 64 页。

③ 李成旺：《何为理性？理性何为？》，载于《学习与探索》，2015 年第 3 期，第 33 页。

科技与人性、人文等紧密结合的一个典型代表，意义非同一般。

不管怎么来说，理性传播在今天是一种期冀，也是一种需要。它在今天被讨论提出，在以后可能被广泛推崇，在更远的将来可能就是我们头脑中的一种牢固意识。我们从媒介化社会的逻辑特征角度来思考的话就能够判断出，媒介化社会除了在引擎动力上具备让人惊讶的优势以外，其最大的特征可能更应该表现为一种媒介文明。或者这样说更为合适：在媒介化社会中，我们希望建立一种媒介文明，而媒介文明的建设基础则是理性传播，更大胆地来说，理性传播将可能发展成为社会文明的一部分。

第二节　网络及新媒体中的传播乱象

纵然我们明白理性传播的意义和内涵，但是我们还是对现存的很多问题无能为力。如网络和新媒体不光卷入了人们的日常生活，也带给人们一系列问题如：垃圾信息通过手机短信和互联网链接不断侵扰人们的正常生活；计算机病毒和网络黑客给人们的互联网安全及隐私带来巨大威胁；此外它介入人们最重要的社交圈并部分代替了真实的人际社交；网络营造的虚拟空间中充斥着各种不负责任的言论和行为等。当我们身在其中时，就很难逃脱以上各种困扰。这些都是当代的媒体伦理研究者们最为关注的问题，但实际上它们也成了我们每个人都应该关注的焦点，正如拉扎斯菲尔德与默顿说：大众媒介是一种既可以为善服务，又可以为恶服务的强大工具，而总的来说，如果不加适当的控制，它为恶的可能性更大。[①]所以，当“媒介之恶”来临时，我们需要有所警惕和戒备，同时还应该懂得如何面对接下来谈及的媒介乱象和非理性传播景观。

一、媒介暴力

媒介暴力是自大众传播媒介产生伊始便开始引起诸多关注的一个话题，

① 李彬：《传播学引论》，新华出版社，2003 年版，第 190 页。

无论是国外学者还是国内专家，热衷于探究和分析媒介暴力现象者不在少数。传统意义上的媒介暴力主要是指电影、报刊杂志以及电视等媒介上的画面、图片、信息等内容具有侵犯性和伤害性，对人们的精神、心理等可能造成一定刺激，如各种电影和电视剧中出现的大量打斗、枪击、杀害等冲击性画面；再如在犯罪事件、战争冲突、社会矛盾等新闻报道中出现的真实的追捕、捆绑、殴打等镜头。在网络和新媒体充分发展的条件下，今天的媒介暴力内容已经不单单出现在电视和电影上，它们在网络上可谓无处不在。网络无所不能，它首先可以将各种暴力信息和内容整合到一起，如提供各种暴力画面的电影或者视频链接，在未进行资源区分或者影片分级的情况下，这些内容可以直接被人们获得，因此网络成为我们接触各种暴力内容的最便捷途径和资源库；其次，它还是各种虚拟的暴力游戏战场，网络暴力游戏中充满着机械的、肆意的武力攻击，基本都是以杀伐争斗为主线，可以很好地满足游戏玩家们厮杀征战的原始欲望，因而在最近十多年来被越来越多的年轻人青睐。目前，网络游戏已经成为被世界认可的朝阳产业，它的市场价值和发展前途相当可观，但对于游戏中的暴力手段和基调，人们却似乎有意识地忽略了。

无论从哪一方面看来，每个人几乎都接触过媒介暴力，并且长期以来，人们浸淫在媒介暴力中却浑然不觉。从格伯纳的“培养理论”角度来看，人们今天对包括电影、电视、网络等媒介上所频繁出现的暴力画面和内容进行经验积累或者说反复刺激后，便会逐渐对其习以为常，甚至会逐渐地发展成为欣赏的态度①。而“暴力美学”概念的出现，又一度把原来单纯的暴力和血腥的内容通过合理性归因、画面特技处理等方式来降低人们看到侵害性情节的反感，并为媒介上存在的暴力内容提供了一个似乎正当的理由，因此当我们在“欣赏”媒介暴力的同时，也被这一“传统文化”所融合，很多人对传统媒介上所呈现出来的各种暴力内容见怪不怪，对网络游戏中出现的肆意的烧杀掳掠和武力为王的逻辑感到再正常不过，这都是暴力审美已经深深影响

① [法]皮埃尔·布尔迪厄:《关于电视》，许钧 译，南京大学出版社，2012年版，第16页至17页。

到了人们的心理和生活的最佳证据，似乎暴力成了媒介或者网络虚拟世界的一种特有文化和叙事。换句话说，媒介暴力的存在有其合情合理性，可以说它实质上是一种假想性的替代，它代替在现实生活中有各种施暴冲动的人们完成这类实际行动，填补了普通民众在平静的生活中隐藏起来的不安分的欲望，也是承担着各种压力的人们释放和发泄情绪的一个出口，如果在看到暴力内容时感到过瘾或者痛快，那可能是因为他们有类似于上述原因的各种心理需要。

与过去相比，今天各类媒介上的内容暴力有增无减，并且在很多地方还出现了微妙的变化，这主要表现在四个方面。

第一，暴力影像的表现力越来越丰富，暴力指数在不断升级。当代技术不断发展，人们可以利用各种尖端的高级特效来表现各种暴力的细节。在影视故事中，其情节铺设越来越巧妙生动，画面越来越讲究精细可感。比如说在表现战争的残酷和杀戮的血腥时，现在的画面可以将鲜血喷溅的细节放大至原来的数倍，而人的身体可以被炸至血肉横飞、支离破碎，甚至我们能看到肢体被活生生卸下，或者匕首在胸膛里搅动，在这些情节中通常还伴随着人痛苦的嘶吼和绝望的眼神，这些既是故事叙述和极尽画面感染力的需要，但也同时将暴力内容推向了人们心理所能接受的极限。欧美等国家虽然有影片分级制度，但并没有绝对禁播暴力内容，这无疑给想要接触这一类内容的人们提供了机会。包括发达国家在内的很多电影市场在实施管理的过程中，依然很难阻止或控制人们尤其是青少年等进入影院、网吧或是在家庭网络中看此类内容。

第二，暴力画面的处理越来越艺术化，人们仿佛在享受暴力过程。艺术化本来就是电影或者电视媒介的常用手段，当这种手段运用到与暴力相关的场面中去时，人们可能不会觉得恐怖和刺激，而是觉得有趣或者震撼。比如现在的影视剧中经常会使用慢放、倒推、混剪等方式来弱化暴力的残暴效果，也有影片会选择突出和放大暴力行为中的戏剧性情节来转移人们对原来的暴力行为的关注，同时获得一种喜剧性效果。以上种种艺术化处理让人们身在其中但却感觉不到暴力情境和氛围。与以往简单、粗暴、血腥的内容相比较，这种经过艺术改良后的“媒介暴力”，让人更易接受。不过，这也可能引起人们尤其是未成年人对“暴力”的一种误读，暴力指数下降后的场面显然是不够现实的，也可能失之于真实，以至于人们会认为一场拳斗、一项绑架或者一次人身侵害等并不算十分严重的暴力行为。

第三，暴力信息在新闻和网站上的出现频次越来越高。所谓暴力信息大多指在媒介上传播的有关犯罪、群殴、欺凌等与暴力行为有关的新闻或者报道，这类消息在各类媒介上屡见不鲜，并且收视率和点击率往往也是最高的，它们几乎构成了人们猎取信息快餐时的最爱。正因如此，媒体上大量的暴力信息接踵而来，过去如此，今天亦是如此。媒介仿佛已经给了我们一种环境预设，那就是这个世界上每天都有家庭暴力、杀人犯罪、骚乱冲突、武装反抗等。如果要让我们切实感觉到环境的威胁，也许只能通过两种途径，一种是自己亲身遭遇了类似抢劫、挟持等之类的暴力犯罪事件，另一种就是媒介告诉我们这个世界有多不安全。实际上，媒介对暴力信息的选择是不得已为之，有时其为了追求新闻的真实性会完全报道，没有隐去或者处理信息中的暴力细节，因此让人们感到恐怖难过，这虽然符合新闻价值也符合人们的心理需要，但是过多过细的暴力信息确实会对人们产生负面影响。

另需特别指出的是，在现今的各大视频网站上，大量未经处理的暴力视频随处可见，人们随手拍下的打架斗殴类片子，学生上传的校园欺凌画面，目击者录下的各种粗暴对话和行凶行为等，这些音视频在网站上铺天盖地，甚至有人会特意搜索这类视频用来观看取乐，其名称也往往让人心惊如“15岁女孩遭扒衣凌辱惨烈现场”“实拍男孩被3名彪形大汉围殴”等。目前，对于这种可随时上传的涉及各类暴力的原始视频资源，我们尚无办法形成全面的审查和监管。

第四，暴力游戏对青少年的影响越来越大。大家对青少年网络成瘾的情况早已不是陌生，在这一过程中不乏有人沉迷在网络暴力游戏中无法自拔，这些游戏中，有的非常血腥比如以肢解、虐杀囚犯或者对手为乐，有的则是一味要求玩家不断增加游戏经验值来获取各类奖励，比如通过打怪来升级、通过杀戮来抢装备等。这类游戏并不能帮助青少年辨别善恶，树立正确人生观和价值观，只是满足了他们追求好玩刺激的心理，也许从生理学角度来看，这也许能够帮助游戏玩家们消耗掉体内多余的肾上腺素。但是从另一角度来看，这类游戏也能激起人们的好斗、挑衅和暴力冲动，并会让他们分不清网络与现实，经过网络暴力游戏长期“熏陶”的青少年，有可能会脾气暴躁、性格怪异，甚至将网络暴力搬至现实生活中。早在2004年，我国就曾出现过一起典型的因为模仿网络游戏世界的暴力行为所致的凶杀案件，作案者是来自成都的一名高中生，其对网络暴力游戏痴迷不已，在家长无法管束的情况下，竟然发展到了率众斗殴，最终将另一名高中生残忍杀害。虽然在当前我们还没有暴力游戏与现实暴力之间存在确切联系的生物学证据，但是在很多青少年犯罪案例和社会新闻中，似乎一再揭示了两者之间确有关联。

在所有跟暴力有关的媒介内容中，我们可以看到其存在的部分合理性，但也看到了其存在的危险性，某些时候，它对大家的影响却比我们想象的要多得多，并以影响儿童及未成年人群体为甚。总的来看，媒介暴力的泛滥对于媒介化社会而言绝对不是好事，它增加了这个社会的诸多风险。然而一直以来，我们之所以对于暴力影视、图片、新闻和网游等投以如此多的关注，正是因为它在法律控制范围之外，但却在媒介传播伦理和规范之内。这种处于法律和道德约束中间地带的问题向来难以解决，所以媒介上的暴力内容正以一种尽量控制在我们欣赏和接受心理界限内的方式在传播，一旦越过这一界线则会引起公众的不满和相关机构的禁播或者处理，但是只要没有越过底线，它们就能安全现身。

可问题是：公众的心理界限，即我们的接受底线到底在哪里呢？

二、网络暴民

以武力表现为主的暴力内容是传统的媒介暴力概念，今天的媒介暴力含义丰富，它包括媒介权力的使用暴力、媒介语言暴力等几乎所有令人感觉不悦或者担忧的情况，所以“媒介暴力”的外延已明显增加。如果从另一角度来观察，我们会发现站在很多暴力现象背后的“施暴者”是一个值得研究的对象，由他们参与的各类非理性网络传播活动更是令人瞠目结舌。对于在网络上迅速聚集进而群起而攻之，或者一边倒的口诛笔伐以及冷嘲热讽的这类人，我们有一个专门词来形容即“网络暴民”，该词在2006年出现于我国互联网，与国内网络上的两起集体性事件相关。当然，有人认为网络暴民是一种略带侮辱性质的说法，但是当具体的事件发生时，人们脑中蹦出来的多半还是“暴民”这个词，并且这类人就藏在我们中间。下列现象均与“网络暴民”存在关系，我们也许有所了解甚至遭遇过。

（一）网络民粹主义

民粹主义原指平民主义，但在现今语境中多被用来指一种极端平民化的社会思潮，它推崇“唯民是举”“弱者主义”的道德理念，强调通过直接民主参与的方式介入社会政治事件或公共事件。至于互联网，其天生就是平民发言平台，去中心化、去精英化、无政府化成为其特征，所以互联网自出现以来就被所有人看好，被认为是人们追求权利的最佳工具。当民粹主义与互联网这二者相逢，很多人由此而生的欢喜可谓“胜却人间无数”！但是它们的结合到底表现为何种状态，是有序的吗？我们无从得知。不过可以猜想，能被人们广泛关注的大多都是它们之间的非正常状态，也就是网络民粹主义。

根据最新的中国互联网络发展状况报告统计，我国网民数量庞大已超7亿，其主体呈现出多元化和年轻化趋势，在这些人当中，绝大多数处于社会弱势地位，他们在网络中大多自嘲为“草根”，草根民众在网络中的个体阶层意识非常强烈，且根植在他们头脑中的种种刻板印象非常之多，比如无官不贪，为富必定不仁，为名流者必道貌岸然等，所以当网络上凡是出现带有“官员”“专家”“教会人士”“富豪”“议会人士”“委员”等身份或标识的负面新闻内容时，都会引起网民“想象与情绪的纠结”，激起他们条件反射般的反对与批判。国内最典型的案例如河北大学校园飙车撞人案，由于肇事者李某的父亲具备当地公安局高级领导的身份，所以引起人们超乎寻常的关注；“杭州70码飙车事件”以及“湖北恩施县邓玉娇事件”等，这类事件引起关注的共同之处就在于网络民众简单以当事人的身份去为整件事情定性。比如他们得知肇事者疑为高官或富家子弟时，数以万计的网民便不假思索地臆断相关执法部门一定会包庇式执法；当他们得知当事者为弱势群体时，则主观判断案件性质应该是被官员权势所迫。然而这些推论在当时均无任何根据。因此，我们看到网络上遍布着带有阶层对立情绪、偏见式的、推测性的主观判断，而做出这些判断的人虽然没有诉诸武力，实质上却已经挥起了网络民意的杀威棒，甚至他们的意见形成合力后会给当事人和司法机关带来相当大的压力，有时候这种压力是良性的，但有时候却不尽然。有观点认为：新媒体使民粹主义在网络传播中风起云涌，这一方面极大限度地释放了网络民众的话语能量，张扬了社会正义与民主；另一方面它以“网络民意”的形式煽动社会情绪，使社会行为走向群体非理性。甚至有人指出：“网络民粹主义的本质特征就是以网络为平台，以直接参与、直接民主为表象，建构人民这个“平民主体”，然后以话语强占与垄断的语言形式和二元对立的思维方式，以群体非理性的行为方式反对精英，消解权威，最后导致的后果就是裹挟国家立法行为，干预公共政策制定，阻碍司法审判。”[①]在以上网络事件中，网民普遍表现出急于断论的心理，他们缺乏对事实真相求证的耐心，依凭感性和直觉，简单的热情和盲目的正义感，舆论一经发动，网民们便蜂拥而至。

（二）网络极化情绪

网络可以说是极端化情绪的孵化器，而流行于网络上的狭隘爱国情绪往往是极化情绪的突出表现。实际上这并不是网络和新媒体上所特有的现象，它一直存在于现实当中，只不过今天借助网络传播的便捷性它表现得更为集中和疯狂。

2014年8月15日，日本人汤川遥菜被极端组织劫持为人质。自由撰稿人后藤健二冒险进入伊斯兰国控制的区域，试图为汤川遥菜争取自由。临行前，后藤健二拍下一段视频，告知大家自己清楚此行危险，并对自己的行为

① 曹建萍：《网络民粹主义本质特征及其价值诉求的消解》，人民论坛，2015 年 1 月 28 日。

全权负责，随之便失去联系。多日后，网上出现身穿橘色衣服的后藤健二和汤川遥菜的视频，一蒙面男子持刀要求日本政府在72小时内支付2亿美元赎金。在未达成协议后，2015年1月24日，汤川遥菜被ISIS杀害的视频遭曝光上网，2015年1月31日，后藤健二遭杀害的视频公布。这条视频顿时轰动了全世界，不同国家的网友纷纷斥责恐怖组织。让人惊讶的是，这件事情在我国国内的反应有些不同，在国内所有跟踪该新闻报道的网络评论中，我们几乎都能看到这种拍手称快式的留言："把恶心的小日本全弄死，日本狗一个不剩！""支持ISIS血洗小日本！""把小日本全杀光，这样全世界都会感谢你们的！"……甚至若有人站出来发表理性的意见，就马上有人跳出来转而对主持公道者进行人身攻击。

无独有偶，2017年韩美军事联盟议定共同部署萨德反导系统一举，引发了我国国民极大的不满，因此国内反韩情绪非常强烈。就在此时，一条关于发生在沈阳乐天百货商场中的争执的视频在微博和微信圈内被疯狂转载。视频中某韩国化妆品牌正在做活动，其中雇佣了部分韩国模特，一男子为此怒斥活动工作人员，并情绪激动地连连喊道："韩国人，滚！"，不少人则在一旁声援，据统计，这条视频的点击率一天超过10万，其中获得1.5万多个赞。

与第一例相比，第二例可能稍会让人感觉没那么别扭，但是实际上这些都是同一性质的行为即狭隘的爱国主义。当这些行为在网络上流传开来时，其实极易引发和激化人们的情绪，甚至造成不必要的后果。19到20世纪之交，以研究大众心理特征著称的法国社会心理学家古斯塔夫·勒庞认为群众很容易做出刽子手的行动，也很容易听人号召义无反顾地慷慨就义。"这种心理群体，是互联网上常见的因事件而结合在一起的群体，也叫临时群体。这种临时群体异质性强，是最容易发生群体极化的。它具有无组织性、迅速集结性和易散性的特点，是与互联网生态特性相契合的独特产物，更是群体极化的生存土壤。"①

① 张钰：《网络受众心理研究——基于群体极化现象》，载于《新闻研究导刊》，2014年10月，第75页。

当然，极化情绪并不仅仅只与爱国情绪相关，它可能在任何情况下毫无理由地集结爆发，如2016年猴年春晚开播前夕，因为晚会导演组没有邀请经典剧目《西游记》中孙悟空的扮演者六小龄童上春晚而引起了网友的强烈反抗，半天时间里六小龄童的微博粉丝增长了将近一百万，央视春晚以及总导演的微博在几个小时内被网友们霸屏，呼吁让六小龄童上春晚，并且开启以六小龄童为话题的讨论。在没有得到春晚的回应后，网友们从最初的请求到后期开始谩骂、侮辱，甚至认为不请六小龄童是春晚最大的失误，最终发起抵制春晚、不看春晚的言论，迫使央视春晚微博最终关闭了评论功能。

网络暴民不仅存在于国内，它可以说是一个世界现象。2016年8月29日《时代》周刊发布标题为《互联网上的暴力肆虐》（How Trolls Are Ruining the Internet）的封面文章，深入描绘和分析了美国互联网上的网暴行为。作者乔尔·斯蒂（Joel Stein）对愈发猖獗的网络暴力和暴民群体深感忧虑，认为这种现象污染了互联网，使之变为充满敌意和戾气的泥淖，并指出其行为性质虽然不是肢体暴力，但对被害者的伤害有过之而无不及。

类似于以上情况的案例在我们的现实生活中举不胜举，影影绰绰的“网络暴民”就藏在事件背后。可以说，当今的新媒体环境给了人们相对自由的发表权利，但似乎也增加了我们冷不防受到言语伤害的风险。

三、雇佣水军

雇佣水军是指网络水军，他们属于广泛存在于网络暗处的一种交易行为主体，网络水军一般受雇主委托（金钱上的雇佣关系），为他人删帖或者营造网络上的某种声势，他们既有专职从事人员亦有兼职人员，人们一般称呼其为网络推手、网络打手或者网络公关。一般情况下他们不像网络暴民具备明显特征，但仔细观察便会发现，他们穿着各种马甲，伪装成我们中间的一分子，不知不觉地对我们的想法和评价做出引导，虽然他们算不上作恶之人，但有时他们会模糊和搅乱民众们真正的想法和意见，或者影响人们做出正确的、理智的选择。水军的存在具有一定社会原因，无论是非对错，他们至少代表了当事某一方的利益，有时候他们是少数群体的代表，有时候他们能够起到发泄和缓解社会负面情绪的作用，但从另一方面来说，网络水军也带来了一些问题。

（一）假推舆论热点，制造伪民意

在政治领域中，制造伪民意的情况并不鲜见。从以美国总选选举为代表的网络公关活动到以我国地方政府机关以及企事业单位的各种评选，都存在给候选人投票的各类情形，这本是充分表达民意，尊重民主的活动，但是常常出现的灌水式的刷票行为，这其中，网络水军功不可没。另外，很多媒介在特殊情况下也会沦落成为水军中的一员，比如在伊拉克战争前夕，美国部分媒体大面积发布关于萨达姆政府拥有大规模杀伤性武器的消息，并不断推出详细的报道和专家评论，有些媒体后来承认受到政府授意并根据他们的需要来设置与战争相关的各种议题。在这种情况下，人们很自然地相信媒体所说的便是事实，便由此获得了美国民众在对伊作战上的“民意”的胜利，美国政府顺理成章对伊开战。但是在今天我们几乎都知道发动这场战争的理由是并非那么天经地义。

（二）发布虚假评论，欺骗消费者

网络水军的作业模式是：在网络上频繁地发帖、回帖。每成功地发帖或者回帖一次，都会得到一定的报酬。发帖的内容由“水军”的组织者也就是雇佣者提供，一般由专业人士写好，主要是带有广告性质的文章，因此，在商业领域，网络水军的主要作用是隐形地推销产品或出于某种目的进行游说。此外，企业公司还可以通过大量发帖，把对自己不利的一些负面信息“覆盖”过去，业内将其称为“沉帖”。选择“网络水军”推广的企业的类别也很广泛，涵盖了多种行业。同样，水军也可以根据雇主需要，将某一帖子的内容通过不断回帖的方式成功“托举”起来，即“顶贴”。基于这种情况，我们可以看到，水军可能完全受人指使，没有必要坚持任何原则。受到利益驱使的水军不会顾及其他因素，只会根据雇主要求来行动，且他们本身不会区分和判断这些行为的正确性和合法性。比如这些行为包括：编织谎言诋毁竞争对手及其产品，极尽可能维护雇主或者指定服务对象的利益等。

正如有观点分析道："表面上公众自由地操纵手中的媒介，但其注意力却常常成为两大传统权力逻辑的俘虏。"[①]这里所说到的两大传统权力，一个是商业利益，另一个则是政治利益。一般来说，商家由于利益的趋势会借助一切网络力量进行炒作提高点击率，即可名利双收，而公众在这一过程中无形地成了被消费者；以政府及其他相关组织等为代表的官方则依然在新媒体时代控制信息，这一点已在前文中说明。至于"水军""五毛"等雇佣的"公关"力量也无处不在，根据业内资深水军网站千浪网总监透露，频繁活跃的"水军"至少有数万人。

可以说，今天的人们并没有真正意识到网络水军的危害，有人曾形容网络水军的出现使受众的主体性完全被绑架，彻底蜕变成为了利益而甘愿被驱使的"行尸走卒"。[②]这个说法不无道理。网络的魅力越来越多地体现在它的参与性上，人们的参与形成了网络民意的浪潮，同时又为网络事件推波助澜，成为一股股巨大的力量。然而，当人们习惯地将信任拓展到网站提供的信息上时，却不知道由于网络水军的干扰，网站，特别是商业网站提供的信息已经大大偏离了事物的本来面目。过度的使用网络水军炒作无疑会降低大众对网络的信任度。炒作其实是双刃剑，并且不乏后遗症。网络水军在力捧某个人、某件事时，他们是推手；当网络水军在诋毁某个人、某件事物时，他们又会变成杀手。无论捧与杀，都是恶性竞争。无可避免地体现出它的副作用来，伤害了网友的感情，让网友的信任度大减。[③]

四、娱乐泛化

娱乐，就其本质而言是非常有益的活动，人们通过娱乐来放松心情、获

① 芮必峰、陈夏蕊：《新传播技术呼唤新媒介素养》，载于《新闻界》，2013年第14期，第64页。

② 刘文辉：《从"被时代"到"我时代"：新媒体语境下受众身份的重构与异化》，载于《上海交通大学》（哲学社会科学版），2013年第5期，第75页。

③ http://baike.so.com/doc/5330588-5565762.html

得快乐、缓解压力、打发时间等，这一切都正常美好。但是在很多时候，娱乐并不能以它最初的功能和目的性存在，因为人们改变其形式，甚至改造其内里。在今天所有一切都被高度媒介化的环境中，娱乐本身似乎成了我们生活的全部。正如尼尔·波茨曼在20世纪预言的一样，我们现在处于“娱乐至死”的时代，“一切公众话语都渐以娱乐的方式出现，并成为一种文化精神。我们的政治、宗教、新闻、体育、教育和商业都心甘情愿地成为娱乐的附庸，毫无怨言，甚至无声无息，其结果是我们成了一个娱乐至死的物种。[①]”娱乐需求的“泛化”以及娱乐自身取乐于人的特性，导致当今媒介的所有内容和形式都充满娱乐味道，各类媒体在传播通俗娱乐信息时也极尽夸张之能事，其中不少媒体都已陷入极端媚俗化境地，如果加以归纳整理，我们大致可以观察到以下几个方面：

浅层次娱乐，无任何传播目的。最好的娱乐形式应该是雅俗共赏的，并且长期以来我们相信“大俗即大雅”这一道理。但是从现实情况尤其是从传播媒介的娱乐内容现状来看，能将俗雅很好地融成一体的节目或者内容确实不多见。有些电视娱乐就停留在纯粹为了取乐的层次上，比如国内某地区的节目经常以主持人的扮丑或者嘉宾生活中的琐碎话题作为搞笑点，让人觉得节目本身不知传播什么主题，仿佛在整个过程中真的只是为了让大家打发时间赶走无聊而已。而有些报刊和网站则将艳俗的明星照片或者太过暴露的图片发布出来，纯粹为了吸引大家注意。包括各类媒体上的娱乐新闻，呈现出的内容粗俗而无趣，他们的焦点不是在明星绯闻、婚外情或者分手等所谓重大消息上，就是在不伦恋、变性人等敏感话题上，这种娱乐价值趋向不仅让人感到无聊，而且也感到困惑。但是从实际情况来看，无论中外，类似于这样的娱乐新闻内容一直都在大行其道，并且西方媒介中存在为数不少的以直接刺激人们视觉器官和生理冲动的报刊和图片杂志，在一些电视节目话题中也不加避讳。

恶搞化娱乐，无任何欣赏价值。娱乐形式毋庸置疑有很多种，但是近来

① 尼尔·波茨曼：《娱乐至死》，章艳译，广西师范大学出版社，2004年版，第5页。

以刻意扭曲和极度夸张的手法做出的娱乐节目越来越多，于是逐渐催生了现在较为常见的恶搞文化。恶搞的原意是用戏谑化的方式、以反常化的思维和出人意料的角度等对一些新闻图片或影视作品进行再次创作，从而博得让人啼笑皆非的娱乐效果。恶搞文化近年来在国内盛行，人人几乎都可以恶搞，而且事事可以被恶搞。网络上的恶搞最为常见，人们不仅恶搞名人、恶搞新闻事件，也恶搞经典和传统文化，这种原本发端于日本的娱乐形式，在我国国内似乎开始野蛮生长，也开始席卷欧美等国家。但它带来的问题是明显的，如网络恶搞对著作权、肖像权和名誉权的侵害，对被恶搞对象造成的精神损害等。可能有人认为恶搞是一种新鲜的娱乐形式，它部分地满足了人们压抑在深层意识中的邪恶小心思，但是从长远来说，它可能影响人们对待庄重事物和欣赏精神文明的态度，我们若习惯了玩笑地、不以为然地对待本该严肃认真的文化或社会对象时，那么迟早有一天大家都会沉沦在荒诞里并且还觉得理所当然。

营利性娱乐，无任何社会效益。娱乐本是最好的调剂品，但是当一个社会开始把娱乐当成盈利品时，娱乐就不那么单纯了。无处不在的娱乐话题和娱乐电视节目，让人们误以为娱乐是这个世界上最有利可图的工作，而传播媒介及其企业集团就是生产娱乐和传播娱乐的最典型代表。通过娱乐活动或者娱乐节目的拍摄，人们把娱乐当成赚钱捷径，从而把明星当成精神领袖，同时娱乐也超越了政治、教育、科技等领域，成了社会中最为瞩目的焦点内容。很多时候，娱乐节目及其相关内容被人们疯狂和盲目地追捧，但是大家却忘了这些内容的真正意义所在，人们只是为消费明星和名人而来，而传播机构只是为了吸引观众和盈利而去。媒介通过娱乐节目来盈利无可厚非，但是如果能够兼顾社会效益，能够在娱乐内容中适当传递正确的价值观或者传播有用的各类知识，那这种做法显然更受人欢迎。

今天，在互联网构建的环境里，我们可能明显感觉到了娱乐正以它独有的方式在影响和改变我们媒介原有的面貌，普通人在娱乐和消遣需要的刺激下追逐格调低下的内容，并且还加入到传播这类信息的队伍中来，政治家们在施政和争取支持的需要下追求迎合众人口味的娱乐性表达，甚至学会如何在公众面前表演得更像一个明星。社会各个行业和领域几乎都开始使用更娱乐化的手段和口吻去与其他行业对话和交流，或者在网络上传播自己的形象，因为大家知道，人们都喜欢更加轻松的、没有任何压力和说教意味的交流方式，而娱乐化就是最好的选择。可以说，这是一个一切都可以被娱乐化的时代。美国社会文化学者道格拉斯·凯尔纳（Douglas Kellner）推断："娱乐正在形塑从互联网到政治的一切生活领域。"① 适当娱乐本来应该是无可厚非的，但是，对于一切被娱乐所统领或者过度娱乐化的后果是该客观还是该谨慎，我们不得而知。

五、隐私侵犯

早在1890年，法学家塞缪尔·D·沃伦以及路易斯·D·布兰特斯就已经建议制定保护个人隐私权方面的法律。在今天，隐私权的保护已经成为共识，且在以前由传统媒体构成的传播环境中，信息管理相对集中和规范，与其相对应的是人们发布和获得信息的途径相对较少，所以关于隐私侵权的问题并不像今天这样突出。相比之下，新媒体的快速发展给一方面释放了普通人在个人传播上的自由，另一方面也给人们的隐私权保护带来了更多的新问题，这在对受众权利的分析和说明中已有介绍。

我们知道网络传播领域是我们当下隐私被侵问题的多发领域，并且这种侵害并不是赤裸裸地侵害，而是通过网络衍生出了新的形式，因此它早已超越了普通生活中我们对隐私侵权的了解，而是发展到了一种随时可能威胁大家人身安全的境地。比如，在十来年前，所谓的隐私侵犯可能如这一例：《体育画报》的泳装模特雅思卡（Yesica Toscanini）在醉酒后与朋友拍了一张衣衫不整的照片被传到了雅虎网站上，她为此起诉雅虎，要求删除，最终胜诉。但是，今天我们可能听闻到的是另外一些案例如：2013年5月24日，国内一名为"空游无依"的网友发布一条微博，随即引发热议。该网友在埃及卢克索神庙的浮雕上看到有人用中文写上了"丁某某到此一游"（图片中

① Kellner，D（2003:12）*Media Spectacle*. London：Routledge.

能看清人物全名，本文为隐私保护起见故用“某某”代替），微博发出后，引起轩然大波。至5月25日晚11点，评论已达11000多条，转发达到83000多条，网上的相关评论则达数十万条，而主题词就是中国游客的“素质”。要求其“道歉”的呼声顿时呼啸在网上。在谴责这种不文明行为的同时，有网友通过查找各种相关信息指出，丁某某是南京某中学在读的初一学生等个人信息。2013年5月25日，丁某某的父母主动站出来发声，在为孩子的行为道歉的同时，也恳请得到改正的机会。[①]而丁某对于此次“题字”事件的后果完全没有想到，在大家众口一词地斥责之下他既惭愧又有点恼羞成怒，差点酿成骂战。这一案例涉及国人素质、家庭教育等多方面问题，但其中关于搜索出丁某的信息并被网友公开这一细节也让人开始再度思考 “人肉搜索”这一问题。“人肉搜索”一词2007年出现在中国华讯互联旗下的网趣网站，后由人气较旺的猫扑论坛带入大家视野，原本它只是由人们自发完成的对感兴趣的热门人物发起的寻找接力过程，并未产生任何隐私侵犯之类的副作用，不过它的意义在今天明显发生了变化，甚至它会令人闻风色变。

相对于国外注重保护隐私的传统和现实而言，“人肉搜索”自然属于网络特有现象，并且在我国表现比较突出。它集中反映了两方面的问题，一是“人肉搜索”背后网民情绪极化的问题，二是这些网民对搜索对象的信息挖掘合法性问题。对于第一个问题我们之前已经谈及，但对于第二个问题，我们了解得可能还不够多。人肉搜索的初衷有可能是寻找事实真相和抒发正义情感，许多公共事件通过正常渠道可能无法快速完成，需要耗费时间成本，但公众又急于一探究竟，这就构成了人肉搜索出现和存在的社会基础，因为通过它可以迅速找到事情的核心人物，挖掘出问题的核心症结所在，不为人所知的真相可能因此快速曝光。实际上，人肉搜索和民粹主义在其思想行为本质上都属于是一种非常典型的群体极化现象，属于在新媒体时代最易出现的受众群体传播问题。不过由人肉搜索暴露出的隐私权侵犯的问题也同样突出，“当公民知情权与隐私权相冲突时，问题就变得复杂，特别是当事态演

① http://baike.so.com/doc/7004602-7227484.html

变成网络上多数人对少数人的暴政时，群体行为的无序性就开始显现，涉及当事人及其利害关系人的基本人格尊严可能会受到伤害，与案件事实关系不大的纯粹个人私生活的信息也会被披露，其亲属及其相关人员的私人生活空间会受到不当的干扰。”①。因此，个人信息无论以多么隐蔽的形式存放于网络之上，只要遭遇到“人肉搜索”，那么后果就可想而知了。大家今天在任何搜索引擎中键入“人肉搜索”四字，就会跳出数十条有代表性的事发记录，这充分说明了在最近数年里它的出现频率居高不下。但是目前在“人肉搜索”这一问题上，我们的网络信息管理制度和相关法律均未能提出明确说法，对于有人提出的将“人肉搜索”列入刑法予以规范等建议也还在考虑之中，其关键问题在于人肉搜索的过程没有明确的执行者，群体行为也似乎顺应了“法不责众”的潜在规则，因此网络上的个人信息的保障依然是比较严峻的问题。

目前看来，存在于网络和新媒体之上的问题五花八门，层出不穷。长期以来，网络上的虚假信息、污秽信息、谣言传播等被民众诟病已久，而社交新媒体的出现又为这些内容提供了更多的传播渠道和平台，这正如旧病未除，又添新疾。尤其在将智能手机作为主要传播工具的当下，人们仿佛将网络装进了随身的口袋，这为人们随时使用网络，传播信息提供了莫大的方便，但同时也把人们送进了网络这一具有渲染性、蒙骗性、庸俗化和情绪化的世界，人们的理性在这个世界里需要接受考验，偶尔还可能会迷失。

第三节　理性传播的困境

如前所述，当前传播领域中的媒介暴力、极端行为等正是“弊之大者”，尤其网络等新媒体正以各种优势逐一取代传统媒体时，它们一方面快速地攻城略地拿下传统媒体原来的地盘，一方面又在所到之处掀起各种潜涌浪涛，人们在未及确定其是非好坏之际，就已陷入各种困境中不得其解，这

① 康彬：《受众身份的转变与角色突围——浅析新媒体时代的积极受众》，载于《新闻知识》，2013年第1期，第10页。

正是理性传播在提出之际遇到的最为直接和急迫的问题，简言之，洪水已经开始泛滥，但是诺亚方舟还没修好，这是大家都不愿意看到的。另外我们更需要知道的是，不论从理性传播实践来看，还是从非理性传播的存在原因来看，理性传播提出容易，实践较难。

一、非理性现象中的合理性归因

在经过仔细研究和分析后，我们发现普遍存在于网络中的各种权利矛盾和不良现象，其实都能找到它们存在的合理因素，这些原因或许能够解释为什么有各种问题不断出现。

（一）注意力的生理机制

媒介的“使用与满足”理论已经明确地告诉了我们，当人们通过媒介接收各种信息和内容时，像极了在超市挑选商品，他们总是根据自己的需要和兴趣来选择看什么和听什么，而对那些不合使用目的的商品，即使再多再好，他们也不会多看一眼，由此我们知道人们接触媒介是想让自己的某些需要通过媒介来得到满足。那么以该理论作为人们猎取媒介内容的心理基础，我们可以推断，当人们的一般性信息需要得到满足时，他们的需要便会向更高级别的、有差异化的方向发生转移。另一方面，所有的媒介使用者都不同程度地存在着“信息过剩”状况，虽然有观点认为所谓的“信息过剩”是相对过剩，如果是人们感兴趣的信息，它们永远不会过剩。但是在媒介化背景下，“信息过剩”存在着两种绝对的情况，一种是人们一定存在着某一方面的信息过剩，比如说，对于爱看军事报道的人来说，他可能会认为娱乐新闻没意思，因此在他眼中娱乐新闻无须知晓或者略知一二便可，再知则多余，因此娱乐新闻对其而言是绝对过剩；另一种是人们今天接收信息的绝对数量确实超越了以往任何时代，即便是人们感兴趣的信息，如果以网络资源所提供的信息量来看，它们的数量也绝对超过了人们在一定时间段里的接受能力，极易让人感觉疲劳，因此信息过剩也出现了，这是因为信息疲劳所引起的。

信息疲劳是属于信息接收亚健康状态，即便人们选择的信息在其兴趣范围之内，他们也会对于该范围中一般的，惯常的信息只做蜻蜓点水式的了解，对于那些不感兴趣的信息则干脆视而不见，这便是信息疲劳，它是指“在当前信息量以指数函数的速度急剧增加、信息来源渠道不断拓宽的传播环境下，个人选择日益多元和接受的信息量却只能维持在一定的量的情况下，很多信息公众都无暇顾及，尤其是对于此前有过同类报道的信息，即使是传统意义上的“敏感”信息，除了切身利益与之相关的部分公众外，绝大多数公众对其并不密切关注。”[①]与信息疲劳相对应的是人们的注意力移动规律，注意力将外界事物处于人的心理活动或意识的中心以更有效地记录、加工和处理，它调节着人们的信息接收和加工过程。“从生理上来讲，注意是有机体的一种定向反射，客观事物的出现、消失、增强、减弱以及性质上的变化，都会引起定向反射。人们的注意神经元对外来刺激进行分析、处理、选择和保留心仪内容的刺激，舍弃老调重弹、与己无关的信息。而同一事物的刺激持续重复发生时，定向反射就会减弱，也就不再引起人的注意。”[②]这正好从人的注意力生理学角度解释了为什么人们对变化的、反常的信息关注度更高，而当这一情况普遍存在并已成为人们的信息接收常态时，传播媒介则会投其所好，加大各类暴力刺激性的、爆炸性的、媚俗性的、能够挑逗人们感官的信息用来满足人们的欣赏口味，当该模式不断循环后，人们的“欣赏水平”会越来越高，再次陷入“见怪不怪”的注意力疲惫状态。

（二）结群聚众的天性

人们习惯结伴或者说寻找利益共同体，这是人们作为群居生物的一种自然属性。他们从刚出生开始便不断地将自己归类，寻找与自己在思想、观念、性格等方面能够相容的群落或组织。“如果互联网上的人们主要是同自己志趣相投的人进行讨论，他们的观点就会仅仅得到加强，因而朝着更为极

① 孙旭培、吴麟：《“信息疲劳”与传播控制》，载于《新闻大学》，2006年第3期，第34页。

② 曹徐岚：《“媚俗化传播与受众心理要素》，载于《科技信息》，2006年第4期，第83页。

端的方向转移”[1]，这是凯斯·R·桑斯坦在奥巴马执政时期担任其政府信息与规制事务办公室主任期间提到的。作为美国哈佛大学法学院教授的他认为“从众”这种行为在网络社会里具有更加便利的形成条件和环境。互联网就像一个巨大的思想温床，正常的和荒诞的，腐朽的和新生的，道义的和邪恶的，保守的和激进的，主流的和支流的诸多想法和意见都会聚集在此，不管你属于哪一派，具有何种意见，也不管这些意见是对是错，你都能在互联网上找到志同道合者，也能够迅速建立起意见同盟。尤其是当今新媒体所造成的圈子化，让人们基本生活在自己及其朋友圈成员所营造出来的信息部落里，这已经成为当下网络中最为突出的“人以群分”现象。

然而，当群落或者同盟达成后，最容易出现的便是群体化行为，而大家知道群体行为可能向好也可能向坏。因此我们可以理解为什么网络上的极化情绪总是来得又快又猛，难以控制。“当人们身处由持相同观点的人组成的群体当中的时候，信息的交流佐证加强了彼此的观点，他们因而更有可能走极端；当这种群体中出现指挥群体成员做什么、让群体成员承担某些社会角色的权威人物的时候，很坏的事情就可能发生[2]”。最突出的例子就是网上出现的各种“自杀群”“吸毒群”“复仇联盟”等。2013年6月，土耳其伊斯坦布尔发生的反政府民众示威，其主体就是一些在网络上聚拢的年轻人，他们对时任政府长期以来忽视民意极为不满，而土耳其政府计划拆毁城市公园改建商场的方案成为他们不满情绪的导火索，最终酿致300场示威，波及67座城市。时任总理埃尔多安认为这场骚乱与极端组织、反对党以及国内外团体的煽动有关，并在媒体前称示威者为“一群掠夺者”，斥指他们头脑简单地响应社交媒体的号召参加示威抗议[3]。可以说，当恶劣的群体事件发生时，左右人们头脑的不再是理智，而是冲动，要求真相可能成为一个借口，而发泄情绪成为一种必然。德国哲学家雅思贝尔斯说过，新闻成为现代人精神生活的

---

① [美]凯斯·R·桑斯坦著，尹宏毅、郭彬彬译：《极端的人群：群体行为的心理学》，新华出版社，2010年版，第103页。

② 夏德元：《电子媒介人的崛起》，复旦大学出版社，2011年版，第144页。

③ http://www.zaobao.com/media/photo/story20130604-212275

一种廉价的补偿品。互联网时代更像是将人们置身于“后真相”时代，在这个时代，真相没有被篡改，也没有被质疑，只是变得次要了。尤其是在结群的情况下，人们倾向于信任群内的分享，他们“对新闻信息的处理以人际交流为主要形式，接触新闻后的分享意愿相对强烈，尽管有判断新闻是否真实的意识，采取深度的验证、比较和挖掘隐含意义的受众则不多。[①]”因此，聚众而居的“圈民”不再相信真相，只相信感觉，只愿意去听、去接触想听和想看的东西。有些时候，网民们更愿意相信彼此之间流传的说法，至于事实真相的重要性则在减弱，情感与喜好在社交等新媒体中却被放大，似乎成为了比真相更重要的东西。

（三）技术理性的困惑

网络技术将永远是未来媒介发展的生命基础，其更新和发展也绝对会影响媒介化社会中的一切，当我们依照技术规范和互联网规则行事，实现我们的各种目的时，同时也应该预测到这一规则带来的负面效应，这便是技术理性，或者说工具理性。言下之意，媒介工具作用的利弊依照人们的经验认识和人类自身的理性而定。比如我们知道，因为现代媒介技术提供的便捷，所以我们通过一个人发布在社交媒体上的评论和照片来判断这个人的时候比通过花时间跟他（她）面对面亲身相处来了解他（她）的时候更多；再如因为技术提供的贴心，所以我们在阅读新闻时以“偏食”模式来消费，因此我们知晓反常、煽情和娱乐报道的机会比了解国家大事和政策变化的机会更多等，这些都是因为网络技术，没有技术的发明我们就永远不会陷入技术带来的各种诱惑和陷阱，但另一方面，我们知道在今天的生活中，不依赖媒介技术是万万不能的。

终归来说，技术从很多方面解放了人类，比如从表面上看，新传播技术打破了资本和权力控制的话语霸权，传播权力回归社会，人们通过网络可以平等交流，包括发表异见而不必考虑被孤立的危险。但事情发展到今天，我

① 张志安、沈菲：《新传播形态下的中国受众总体特征及群体差异（下）》，载于《现代传播》，2014 年第 4 期，第 39 页。

们才明白情况并没有那么乐观。“信息生产背后的力量依然没有因为传播技术的变革而消失殆尽，反倒以更为隐秘的方式躲藏在草根和民主的幌子之下，网民稍一疏忽即成盘中之物，任人鱼肉而不自知。”[①]从这一角度来看，技术仿佛给“暴民”和“骇客”制造了诸多以前他们根本得不到的机会。就正如在媒介的异化中我们谈道：媒介在某一程度上将开始编撰人们的认知系统，吞噬人们的头脑和灵魂，让人们在媒介的情景中沉醉堕落而不自知，例如，绝大多数人们对媒介暴力不以为然的态度正是其中的一种结果。“在这样一个技术至上的时代，媒介暴力借助技术的发展不断走向夸张的道路，传统伦理上展现暴力的以暴制暴、引以为戒等目的，被现代技术理性主义中追求暴力对人们的‘愉悦’和‘刺激’的目的所取代。人们可以在保证自认安全的环境中，体验到暴力带来的心跳加速、瞳孔放大等刺激感觉。媒介技术越进步，人们能拥有越真实、越刺激的暴力体验；人们一旦有过刺激的暴力体验，便产生了对更刺激的媒介暴力的需求……如此以往，看似理性的技术，似乎让社会变得越来越不理性，人们也在这一过程中被理性的技术所控制了。”[②]对技术的认识我们需要具备辩证的心态，对技术的运用我们也需要谨慎的态度，在驾驭技术的轨道上，主动权在人们手里，但如果人们太过任性纵欲那就难说了。为此，有人指出在新媒体语境下若作为受众的主体性‘过剩’扩张，那么在实现‘自我’的同时，人们就会开始走向异化的‘非我’。人们在媒介技术无所不能的自我放逐里，一些行为看似是主体性的全面实现，实则却是走上了非理性、自我放纵和被驱使的背离自由的逆行道。[③]

（四）发展哲学的暗喻

结合当前的媒介发展现实以及各种社会矛盾的频繁出现，我们可以理解为什么在传播媒介上存在如此之多的非常态现象，因为这一切归根结底都是

① 芮必峰、陈夏蕊：《新传播技术呼唤新媒介素养》，载于《新闻界》，2013年第14期，第63页。

② 燕道成、黄果：《否定与重构：媒介暴力的伦理批判》，知识产权出版社，2013年版，第45页。

③ 刘文辉：《从“被时代”到“我时代”：新媒体语境下受众身份的重构与异化》，载于《上海交通大学》（哲学社会科学版）2013年第5期，第74页。

社会矛盾的反映。"如果受众生存的社会语境还根本无法使其获得基本的政治民主、社会正义、生命尊严和个体自由，那么受众在网络空间的主体性诉求，必然呈现出非理性的肆意妄为与心理宣泄的症候。确实如此，新媒体只是为受众的主体性建构提供了技术形式的优先性。受众最终实现主体身份的自由蜕变，其根本路径是要加快其存身的各种社会因素，诸如政治、经济、文化、法制、道德等与现代性的全球化对接，从而使受众的民主权利和自由意志能够在现实社会得以实现，进而形成涵化受众的良性社会语境。"①

今天马克思关于社会发展的观点为我们了解具体的社会矛盾和现象提供了非常基础的一种视角，例如一切事物的发展都处在不断前进的过程，它们是一系列由小到大，由简到繁，由低级到高级，由旧物质到新物质的运动变化过程。因此我们可以认为，人类社会的行进方式无论是正确的、平静的、保守的、合理的，还是错误的、狂躁的、激进的、极端的，似乎都不会阻碍社会前进的脚步，只不过是在前进的曲折性程度上这两种方式有差别而已，这是社会发展哲学告诉给我们的一个简单的道理。同时，在种种非理性的传媒现象中，我们也能亲身感受到一些具体的有意思的事情，如社会乱象在中止或停止时，人们会陷入短暂沉思，但不排除在以后的某个时候，同类的乱象再次发生，当发生的频率逐渐增多并被媒介充分反映出来，且被普通民众一次次地切实感受到时，人们才能拿出治理和杜绝乱象的决断去处理问题，找到最后的解决方法和途径。在这种循环往复中，人们似乎已经习惯了一种非理性地解决模式，即在传播媒介中，人们可以通过种种'非理性力量'进行一种整体的理性思考来控制和规范自身和他人在将来的行为，而这也许就是我们认识世界接近真理的一种特殊方式，这也是笔者站在历史发展的角度，从非理性传播现象中所能看到的一种的合理性。因此，当理性传播出现困境时，没有必要过分害怕和担忧，我们可以说它是媒介化社会的一个必经阶段，就如同社会经济的颠荡起伏，社会民主的由乱而治一样。

① 刘文辉：《从"被时代"到"我时代"：新媒体语境下受众身份的重构与异化》，载于《上海交通大学》（哲学社会科学版），2013年第5期，第75页。

二、理性传播中的主体责任分散

客观来说，非理性的传播现象中存在的各种合理因素并不是造成理性传播困境的首因。最主要的困境来自于理性传播的具体实践障碍。其中最为突出的一点就是理性传播中到底谁是对传播结果负责的主体。

最广受认同的一种观点是理性传播的责任应该归属于个人，比如有人认为理性传播主要是针对受众提出的，他们认为受众应该对媒介信息保持开放、质疑、反思、批判的态度。能够运用自己的认知能力和反思意识，对所接触到的媒介信息展开分析和评判，而不应满足于扮演一个消极被动的接受者的角色[①]。再如，“我们迫切地需要每一个媒介的接触者和使用者都具备作为一名具有主体性意识公民的质疑能力和思考能力。这种质疑不是一味地降低公众对媒体的信任度，更不是一味地抵触、否定不同的文化、态度和价值观，而是多元化认知和理解，批判性地包容和尊重。”[②]当然，亦有人认为将“公众”作为理性责任的主体更为准确，如“在新传播技术背景下，倡导这种理性就是要教育公众成为负责人和理性的信息传播者，将技术赋权与自我把关统一起来；尊重他人隐私，不做违反法律和道德的事情；对事件的评论和叙述要客观、冷静、平和、学会和善于表达自己的意见，与他人建立良性的互动关系；积极参与社会公共话题的讨论，不盲从，发挥新媒体的舆论监督作用而非破坏作用。”[③]其实，从本质上看，以上几种说法相去不远，它们都将责任主体放在了个人及其群体对象之上。

再如，有学者侧重从社会教育的角度讲到理性传播，并且许多专业人士以及教育学者已经充分认识到了这一点。中国新闻传播学者喻国明教授认为，网络时代媒介融合中将出现相互纠偏的“无影灯效应”，这种透明媒介

---

① 周葆华、陆晔:《受众的媒介信息处理能力——中国公众媒介素养状况调查报告之一》，载于《新闻记者》，2008 年 4 月，第 60 页。

② 陈安妮：《从单向度到多维度——论数字化批判性媒介素养的形成》，载于《东南传播》，2014 年第 5 期，第 82 页。

③ 芮必峰、陈夏蕊:《新传播技术呼唤新媒介素养》，载于《新闻界》，2013 年第 14 期，第 64 页。

的特点是会将网络上的错误和阴暗面逐渐照亮直至消除。网络“集体智慧”以及“联结职能”的认知建构能力可能成为培育理性的实践之途。由此看来，网络社交工具的控制必须充分考虑交互和参与性质的网络媒介语法和内涵：集体智慧，它是新兴的知识生产方式。网络的交互是一个动态的永不停止的过程，正是用户参与的动态过程可能纠正网络的非理性而逐步走向理性。①因此从发展的角度来看，倡导人们进行理性地传播是现代社会和未来社会的必然趋势，所以讲理性传播首先应该讲理性教育，因此学校俨然成了理性传播的最重要责任主体。

另外还有一种声音认为，理性传播的主体责任担当应该有政府以及相关社会组织的参与。以国内官方微博发展情况作为参考，截至2016年12月，经过新浪平台认证的政务微博达到 164522个，其中政府机构微博125098个，公职人员微博39424个。其中主要包括政府、公安、团委、交通、司法等机构政务微博，团委开设的政务微博数量最多，一共36494个，其次为政府机构，共开通36089个。政府为开通政府机构类微博数最多的部门，数量为33269个。而以上现象正是基于我国舆情引导的现实需要，“转型期的中国，各个阶层的利益彼此冲突，社会的共识很少，民众对社会的发展模式也没有共同的目标，这种情况下，更需要广大民众参与讨论的平台和渠道。然而，微博短平快的特点，并非一个适合培育理性、能充分讨论的平台，因为不是每个人都能通过微博达到理性和负责的态度。微博的多点表达和网络传播是其可以发声、参与表达的优势，也是谣言传播、压制反对者的有效手段，因为匿名性和海量传播让第三方分辨真伪和对错的可能性降低了。”②因此，这些官方或者社会组织新媒体作为责任主体纷纷披挂上阵，其主要目的在于通过实质性的参与来发布权威消息，维护网络环境，促进理性传播。

从以上种种情况看来，理性传播的主体责任是分散的，成年人和未成年人在传播上的主体责任存在不同，成年人具有完全的民事行为能力，人格独立，知识水平和道德判断能力应该具备正常和成熟的水准，因此对于使用各

① 余志为：《论新媒介时代的媒介控制》，载于《传媒》，2015 年 9 月，第 54 页。
② 张碧红：《从媒介工具化到媒介社会化》，载于《学术研究》2012 年第 6 期，第 53 页。

类媒介进行传播的成年人来说，他们一方面被赋予了完全自由的接受信息的权利，能够为自己的信息接受行为负责，所以不论他们看到或者听到什么内容，都是自己主动选择的结果。而未成年人则难分信息良莠，只注重表面好看或者刺激，他们分辨不出传播内容当中的问题和危险。所以这在一定程度上对于确定理性传播的具体规范以及追究主体责任带来了一些麻烦。同时，理性传播并不是只囿于某一个国家或者地区的事情，随着网络信息传播的全球化，我们看到了在它背后有更深远的国际传播秩序和规范的需要。比如随着文化消费的全球化依赖程度加深，在不知不觉中我们的思维和文化习俗就发生了潜移默化的变化。应对全球化带来的外来文化的输入，其策略不是简单地用“去粗存精、去伪存真”就能概括的。通过学习掌握异国文化的真实内涵，通过对话的方式扩大相互间了解。当前我国民众中存在的狭隘民族主义和崇洋媚外思想都是不健康的，也是缺乏对外来文化了解的表现。跨文化的交往沟通能力，表现为尊重异国文化但不媚外，是理性地看待全球化带来的技术文化、观念文化、制度文化等。①

一直以来，很多人都认为“理性传播”的理想色彩大过现实色彩。比如个人的理性或者应该说道德如何在传播中具体发挥作用，“中国的道德伦理文化（特别是作为它核心架构的儒家伦理）一向是以‘内圣’即个人良心为根基的，它发生作用的前提是个体对其所承担的道德义务的自然觉醒和主动践行。在现实世界中，人们既有的身份、地位及角色扮演，均形成某种制约，使他不能不有所顾忌；而在网络世界中，由于身份的隐匿性和行为的无约束性，自由宣泄的冲动很容易突破‘内圣’的藩篱，造成道德界限的僭越。网络世界的无约束性固然不能作为放弃个人‘内圣’的借口，但是这种情形的普遍存在和与日俱增却是不容回避的事实。而传统道德伦理体系的被突破、被消解，正是社会结构性变化的一个突出表征。”②这一段分析非常明确地指出了在网络（匿名）的条件下，君子“慎独”亦不容易，况小人乎。

① 陈龙:《媒介全球化与公众媒介素养结构的调整》，载于《现代传播》，2004年第4期，第29页。

② 程曼丽：《从历史角度看新媒体对传统社会的解构》，载于《现代传播》，2007年第6期，第95页。

尽管如此，理性传播确是媒介化社会迫切需要面对的现实问题，任何关于它的讨论和研究都可能有价值。我们所有人在享受现代媒介带来的便利时，应该认识到人人都需要承担相应的传播道义责任，这正是理性传播存在的基础。“使用和参与媒介活动的个人则拥有道德和法律两类媒介权利。其道德权利，是指个人在通过媒介行使言论自由时，必须履行对于社会利益的道德义务，如果有人运用媒介工具而损害了社会利益和其他社会成员的利益，那么就意味着他自己丧失了使用媒介的道德权利。但是即使个人丧失了媒介的道德权利，他同样拥有媒介的法律权利，这是因为法律不可能对于个体的道德程度做精密的判断，而且一个人道德上的缺失更需要有被告知的权利，以促使他履行道德义务。只有保证每个人都有畅通的充分发表意见和与其他人进行沟通的媒介权利，才能使那些因道德缺失而引发的社会矛盾从暴力转化为讨论。”[①]困难重重，我们需要考虑，理性传播，更需要考虑。因此，结合责任主体来研究理性传播及其相应具体伦理道德规范便是接下来我们要直面的问题。

---

① 南山：《青少年媒介素养与媒介权利》，载于《中国广播电视学刊》，2010年第10期，第37页。

第七章

传播主体的责任伦理

在社会媒介化的过程中，各种问题、矛盾和冲突都会被媒介集中表现出来，媒介所映射的社会现实越丰富越真实，就说明它与现实咬合得越紧密，这样一来，很多现实中存在的问题在媒介中必然出现。所以，一切非理性的传播现象其实都是社会现实的反馈，不同的是，现实社会受到法律、道德和一切文明秩序的制约，网络媒介却并不尽如此。因此考察和研究媒介化社会的传播伦理显得尤为必要。正如有观点认为："各种几乎完全相反的价值要求最终会在传媒组织那里发生碰撞，建立负责任的传播模式，不是要把这些要求简单地放在一起，而是通过一个合理机制来确定各种要求的优先顺序。只有当信息传播行为发生的前提是追求公共利益取向的道德信念的时候，才会有负责任的结果"①。因此媒介化社会需要一种理性及相应的秩序，并且人们应该懂得：只有人人都生活在尊重彼此权利的环境中，才能让他们自己克服一切狂热激情，从而形成平等、温和、妥协、忍耐、尊重独立的个人价值、避免使用极端手段的社会，这样的理性社会依赖理性传播，准确地说，依赖媒介化社会中的传播主体。

第一节　传播主体特征及其责任伦理概说

何谓"传播主体"？一般来说，"主体"意味着中心和控制，它是相对于"客体"而言。马克思在其《政治经济学批判导言》中说，主体是人，客体是自然。从认识论和实践论的角度看，主体是认识和实践的人，客体是主体认识和实践活动所指向的对象。主体具有主观能动性，能够认识和改造客体，是社会行为的主动方面和操作者；而客体作为主体的活动对象，是社会

① 燕道成：《媒介化风险与传媒责任伦理》，岳麓书社，2011 年版，第 224 页。

行为的受动方面和非操作者。[①]因此，这个答案在过去可能比较简单，它应当是指与“接收主体”，即与“受众”相对应的人。另外，在过去的新闻传播学经验体系中，传播主体应该就是指传播者，即记者、编辑、新闻主播、主持人、编导、栏目导演等，这个看法长期占据在新闻传播学界和从业界人士的头脑中，少见人反驳。

实际上，对于传播主体的认识，存在着从最广泛意义到相对狭窄意义上的各种不同认识。从狭义的角度来看，传播主体只是我们刚才所说的类似记者、编辑等这一类人，即大众传播机构从业人员，他们掌握着对信息内容的选择、编码、发布等一系列重要环节；但从最广泛意义上来看，传播主体包含了所有人，尤其是在当前新媒体勃兴的“人人皆可传播”的环境下，这一点不言自明。不论是职业传播者还是信息接收者，他们都具备传播能力，只不过借助的媒介有所不同而已；另外，从一般意义上来说，传播主体还应该包括报社、广播电台、电视台、通讯社等这样的专业机构以及具备传播平台的政府或社会机构、组织（后者在多数情况下与其所属机构合为一体具有职能部门性质，所以暂不列入研究）等，虽然在很多人看来，媒介从业人员就是其所属组织的代名词，但是必须看到这些专业机构是以整体组织的形式向社会发布各类信息，并集体承担相应的社会职能，所以其主体责任的内涵与前二者是存在差别的。

对于传播主体的研究其实就是对个人、职业传播者及其组织机构的研究，但由于传播组织的机构等具有明确的社会标签，其整体性特征比较突出，因此虽然它属于传播主体之一，但却与其他传播主体没有可比性。基于这一点，所以笔者考虑将重点从广泛意义上的传播主体角度，以及传播主体的职业属性差异角度来进行比较分析。但即便是这样，也较难对传播主体准确把握和描述，因此这里需要说明一点，不管我们接下来用何种方式去观察和研究传播主体，都仅仅只是提供一种思考和解释的维度，不能一言概其所有。

---

① http://blog.sina.com.cn/s/blog_4bdc59e3010008jj.html 谁是新闻传播的主体？项德生新浪博客。

一、传播主体的差异化特征

（一）作为传播主体的个体及群体之间的差异

若从广义角度看，传播主体本身并不具备像传媒从业人员和传播机构那样的典型特征。因为传播个体在性别、年龄、身份、财富程度以及知识修养等方面存在各种不同，因此分析个体特征意义不大。但如果从社会心理学的角度来看，传播主体中的个人与群体之间的行为模式存在非常大的差异，群体由一定规模的个体组成，可是一旦群体形成后其意志和行为将很难再受个体的主体意识影响，并开始表现出一系列行为特征，这为我们分析广义上的传播主体的特征提供了一个角度。

当然，即便是群体，也可能因为规模大小、成员特征差异等而存在千万种区别，所以我们不可能去精确描述各类群体的具体特征，只能删繁就简，从宏观角度将其与个体相比较，考察其一般性特征。古斯塔夫·勒庞在《乌合之众》中尝试将群体和个人放置在一起进行基本对比和研究，从而得出了群体在三个方面的共同特点。第一是由无数匿名者构成从而丧失了作为个体的人的本质的庞大群体。他们个体性格完全淹没，不再是原来的自我，会表现出迥异于个体的特征。也就是说，不论组成群体的个体在职业、性格或智力等方面有多少不同，一旦他们组成一个群体，那么便会形成属于这个群体的集体心理，并且可能由于在先天遗传以及后天性格形成的过程中我们无法观察到的一些因素，所以出现了集体无意识。在这种情形当中，个体的才智被削弱，无意识的品质占据上风。第二是群体中的情绪传染特点，勒庞认为在群体中，每种感情和行动都有传染性，其程度足以使个人随时准备为集体利益牺牲个人利益。这是一种与人的天性对立的倾向，如果不是因为成为群体中的一分子，个体是很难具备这种意向的。第三是群体极其容易接受暗示。勒庞将其描述为“群体中的某个人对真相的第一次歪曲，是传染性暗示过程的起点。耶路撒冷墙上的圣乔治出现在所有十字军官兵面前，在场的人中肯定有个人首先感觉到了他的存在。在暗示和相互传染的推动下，一个人编造的奇迹，立刻就会被所有的人接受。”①综合来说“有意识人格的消失，无意识人格的得势，思想和感情因暗示和相互传染作用而转向一个共同的方向，以及立刻把暗示的观念转化为行动的倾向，是组成群体的个人所表现出来的主要特点。他不再是他自己，他变成了一个不再受自己意志支配的玩偶。”②

从勒庞的叙述中，我们可以得出个人和群体分别作为传播主体时表现出的不同行为特点：首先，个体的传播行为往往依靠自己的智慧和认识，分析和判断，它可能是谨慎的，也可能是任性的，但不管其个体在传播的内容、方式等方面做出何种选择，最后它都会考虑其他人的意见，其中最重要的就是所属群体的意见，因此虽然我们今天看到网络上流传着无数不同的信息内容，但是每个内容的背后其实都有其传播的个体动机以及群体动机。其次，群体的传播行为在很多时候都是无意识、相互传染以及不断获得暗示的产物。很有可能对于个体来说本不会发生的事情，在一群人的影响下就能发生。勒庞将其描述为“他甘心让自己被各种言辞和形象所打动，而组成群体的人在孤立存在时，这些言辞和形象根本不会产生任何影响。”另外，需要指出的是，新媒体的出现让每个人都有了表达自己的机会，从表面上来看每个人说了什么，怎么说的等似乎都由自己决定，但是本质上它们由个体与群体之间的关系决定，当传播个体与群体协调时，他的言辞和想法都会表现出中性的、和谐统一的特点，反之则会表现得激烈、抗拒。并且这些相同或者不同的言论每天都会在微博、论坛等新媒体端出现。与过去相比，这些言论不仅信息量大，而且也容易导致传播沟通领域当中的非理性的“群体无意识”等现象级事件等。要补充的一点是，个体和群体在传播领域中的表现确实不同，但并不意味着群体的传播行为一定会带来最坏的结果，正义而又勇敢的群体传播行为最终将成为民意和民主的组成部分。

---

① ② 古斯塔夫·勒庞著，冯克利译，《乌合之众》，中央编译出版社，2014 年版。

（二）作为传播主体的专业性差异

自大众传播媒介出现以来到现在，记者、编辑等就是人们印象中传播主体的基本人物设定，几乎没有其他候补角色，并且长期以来也没有出现过其他传播者。所以，在很长的一段时间里，传播者被职业化，传媒领域也被视作有门槛的专业化领域。专业化的媒介和职业的媒体人就是传播主体的全部，即便在今天被新媒体重重包围，人人都可以做传播者的环境里，我们还是发现了非专业的传播者跟专业的传播者之间依然存在的差距，尽管从表面上他们应该相差无几。

过去，传媒及其从业者都要求具备较高水平的信息生产能力即包括采访、写作、编辑等之类的职业技能和专业素质，同时由于传媒业发展迅速，所以该行业很快聚集了一大批专业人才，他们在媒体传播的各个环节驻守，以保证信息传播活动的有序、高速和正常运行。如果媒体从业者业务能力不强、综合素质不高、主观能动性发挥不够，那么很有可能就会造成媒体工作的失误，而媒体的主持者、所有者、上层决策者和宏观管理者们作为影响传播主体的来源也会对传播主体形成相应的压力，这促使职业的传播者更加需要加强自己的专业水准。综合来看，传播主体的专业水平差异主要表现在如下几个方面：

首先，专业的记者和编辑在信息的编码能力方面较强。他们一般来说经过科班的、系统的专业学习或者经历过媒体内部有针对性的职业培训，因此在语言表达、稿件撰写、采访调查、信息整理等方面比其他人要更加高效、更加出色一些。特别是我们进入电子媒介时代以后，媒体本身的技术属性对传播人才提出了更高的要求，因此，这一时期的传播者不仅意味着要具备较好的文字和表达能力，还需要有类似于镜头捕捉、音频采集和录制、同期声采访、电视直播等一系列跨越此类专业技术门槛的能力，这使得传播主体在职业准入要求上更高，并且也使得媒体从业人员的地位水涨船高。

其次，专职的媒体从业者大多具备较高的职业敏感和技能，对社会热点、重大事件等保持较高的关注姿态，所以他们也理所当然地成为当代社会中具备警觉意识、监督意识和唤醒意识的一个特殊的群体和职业的队伍，在很多时候，媒体人可以去完成很多重要的、特殊的报道和发布任务，这对于非专业的传播者来说是不可能的。因此虽然我们当前处在一个人人就具有传播权利的媒介化社会，但是并不是每个人都有相应的信息传播和报道能力，而这一点不同就直接决定了不同的传播主体在具体的传播活动中所承担角色、责任和影响的不同，一般来说，专业的传播者会对自己提出更高的要求，并且较为注意自己的表达方式。但是一般的民众则对此不会过多考虑。

另外，传播主体的专业性差异在一定程度上决定了传播效果的好坏，一般来说专业的媒体人在对来源信息经过仔细地、有条件地筛选后，对于如何加工，以什么形式加工，通过哪种渠道来发布等都具有比较成熟的想法和经验，而且一般在他们的身后都是规模更大的、更有优势的、更权威的信息传播平台如报社、电视台、网站等，由他们精心编写和采制的东西能够获得更多人的信任，并且在传播的过程和效果上一般也会比普通的传播者或者一般的信息发布平台更加引人关注。而一般人虽然拥有随时发布消息的便利，但是若要想取得与传统的、权威的、主流的媒体一样的传播效果，那么很可能只能在媒体内容上去竞争，比如爆冷、搞怪、幽默。

（三）作为传播主体的多元化特征

当前的传播环境中，个人、群体包括职业传播者及其所属组织和机构在传播中的不同表现都可以视为传播主体日渐多元化和复杂化的必然结果，因此复杂和多元也是传播主体当下最主要的特征。

传播主体的复杂性随着我们对媒体的认识逐渐增多而被反映出来，例如有观点认为，传播的主体是一个由若干要素组合而成的能动系统，其中既含传播者，也含与传播媒介直接关联的上层决策者和宏观管理者。对于媒介资产所有者、上层决策者和宏观管理者，可称之为高位主体；对于传媒及其从业者，可称为本位主体。本位主体是新闻生产力的核心要素，其能动作用表现为传播功能的形成和发挥；高位主体是传播行为的调控系统，其能动作用表现为对传播过程的统摄和规范。[①]所以，传播主体可以是指与新闻传播活动相关的所有人，这些人的特点可以由他们对传播活动所起的作用来进行区分，如他们当中有传播机构幕后的政治、经济等控制因素等；也可以由他们在传播过程中所做的具体工作来进行辨别比如文字记者、美术编辑等。他们是传者，也是受者，是个体，也是群体，是职业人士，也是业余人士。总之，传播主体的构成基础是个人，个人可以组成不同的传播机构，聚成不同的信息传播部落，合则有群体属性，散则个性不一，因此传播主体它既是固定的、也是随机分散的；既是有组织约束的，也是自由的。

二、传播主体的责任伦理溯源

在自然社会和人类社会中，所有生命和事物都有其存在的使命和规则，这正是其合理性的来由，对于我们现在所处的媒介化社会来说，以上道理同样适用。既然媒介化社会的到来让我们不得不重新审视媒介、社会和人的新型关系，那么我们理所应当地会面临关于在新的媒体环境中如何自处、如何与他人相处以及如何对待媒介的变化等非常重要的问题，而这些都与人们在媒介化社会中的责任、义务等相关道德伦理联系在一起。

从哲学角度而言，事物的发展总是前进的、向上的，但其中的过程可能是迂回的、曲折的。社会作为一个能够自我调节、不断升级式循环的有机体，其运转的力量源泉来自于人，更具体地说，来自于人的创造力和克制力。也许说创造力大家还好理解，但是说到克制力，可能就不是那么容易想通了。举个简单的例子，在过去千万年的时间里，我们拥有了灿烂辉煌的物质和精神文明，我们不断地创造和发明了各种工具，我们的科技能够一夜之间一桥飞架南北，也可以顷刻之间摧平万丈高山，我们还可以盖摩天大楼，修海底隧道，生产各种电子、化工产品和机械用品等，但是当我们发现海水变黑了，天空变灰了，人们的眼神都变苍白了的时候，就已经意识到有什么地方不对了，所以从最早出现问题的发达国家开始，都要求将人类前进和发

① http://blog.sina.com.cn/s/blog_4bdc59e3010008jj.html 谁是新闻传播的主体？项德生新浪博客。

展的速度放慢，对环境和资源的开发减少，这些正是人们在一味地创造之后幡然醒悟的，适时的克制力对于自然和社会的发展同样重要，尤其是到了今天这样一个处于发展中期的自然界，人们理应承担放缓脚步的责任和义务，它跟我们努力前进的意义同样重大。而这，正是本节要讨论的“责任伦理”的基础。

（一）“责任伦理”的含义和基本特征

德国著名政治学家和社会学家马克斯·韦伯在20世纪提出了“责任伦理”这一概念，而另一名德国学者汉斯·尤纳斯则在1979年通过《责任原理：技术文明时代的伦理学探索》一书来帮助推动了责任伦理学的确立和发展。对于责任伦理的理解在很多领域都不同，因此含义比较广泛，在这里我们可以简单地理解为“善良意志的概念的体现”①。

一般来说，“责任”可以追溯到最古老的人类道德体系和伦理学范畴，但是正因为它是基础性质的规范，所以在日益庞大的道德伦理体系中反而显得愈加无足轻重。对于责任伦理我们首先应该了解它的本质特点，这里主要有三方面。

其一，责任伦理强调的责任具有前瞻性特点，这与一般意义上的责任伦理有所不同，因为以往的责任伦理内涵主要针对已经发生的过错和失责，它不能适用今天由于信息科技进步而联系异常紧密的社会环境。在今天的媒介化社会系统中，各种危机并存，它们原因复杂且常常出人意料，所以前瞻性的责任伦理或者说预防性的责任伦理及其相关内容更适用于今天的社会，它明确地针对人类当前的、正在发生的或者是未来的行为，以许多传播主体共同参与的活动为载体，对责任主体的行为进行评估，并且对未来发生的事情进行超前性的道德评价。今天我们经常看到的活动应急预案和紧急应对计划等都是责任伦理在具体活动中的体现。

其二，责任伦理的责任具有关心保护性的目的，其突出责任的开放性，

① 康德：《道德形而上学原理》，苗力田译，上海人民出版社，2002年，第12页。

所涉及的道德对象既包括个人，也包括群体或者组织。同时，这种关心和保护可以在时间和对象上进行追溯，例如其从时间上强调对过去、现在、将来的责任涉及方的关注，在作用对象上，它不仅要对人类自身负责，还要对动植物和所有事物负责 ，即不仅对同一时代的人的生存和发展负责，而且对后代人也要负有不能推卸的代际责任。

其三，责任伦理还重点关心一种整体性的责任。当今社会关系比较复杂，因为互联网的出现，人类的生产、生活领域都被连接成为一个看似自由但实则彼此时刻关联彼此深刻影响的庞大体系。“就个体而言，其生存和发展的空间变得愈发狭窄，这必然会导致个体责任伦理无法把握当前社会生活的方方面面，决策或行动必将带有集体性和整体性的特征……从严格意义上讲，责任伦理将视野扩展到人类的整体行为，关心社会生活各个领域的整体平衡与公正，并且以促进人类文明与社会的科学和谐发展为整体目标，以对行为全过程的责任认知为导向来引导和控制人们的整体行为。”①

以上三点分别对传播主体的传播行为在“对后人负责、对他人负责、对世界负责”等层面做出了基础性的规定和要求。

（二）传播主体的“责任伦理”内涵

社会进化的过程中，各种问题和矛盾层出不穷，开发和保护、创造和坚守等都是现代人应当注意的重大议题，其中还包括自由和责任。在媒介化社会的背景下，很多事情与信息传播行为联系在一起，因此“当代的社会风险，大多是由传媒的信息传播行为呈现出来的，因而是典型的‘呈现型风险’或者说‘媒介化风险’，普通人感受到的不是实际的风险，而是被传媒呈现后的风险，传媒报道、披露的风险信息，是一般社会成员能切身感知到的风险的关键性源泉。”②在这种情形下，传播主体在社会中所扮演的是责任主体的角色，其在履行其角色义务时，必须有所承担。在“责任伦理”的

---

① 燕道成：《媒介化风险与传媒责任伦理》，岳麓书社，2011 年版，第 67 页。

② 庹继光：《拟态环境下的“媒介化风险”及其预防》，载于《西南民族大学学报》，2008 年第 4 期，第 102 页。

框架之下来探索具体的传播主体责任，其首先应该是一种道德上的责任，而不是法律上的责任。在社会法治建设的过程中，无论是媒体还是个人或者其他，都应该承担相应的道德责任，当然，对于媒体机构来说，它们可能还应该接受相关法律规章限制和职业道德约束。其次，还要看到，传播主体的责任伦理在过去主要针对传播媒介组织及其从业者，并且作为他们的精神世界的价值导向系统而存在，但也需要看到，随着个人作为传播主体时代的到来，这一伦理系统的内容在不断地扩充和不断地更新。例如，我们分析个体传播者时，一般认为其责任伦理的出发点在于：一个良好的社会秩序应该建立在科学民主的社会基础和公民的自觉自律之上，培养公民形成良好的媒介素养，有意识地对自己和他人负责是当今时代给每个人的传播行为提出的要求。在媒介化会社会中，这个道理就是为人处世的基本道理。 因此我们在了解传播主体的同时，更需要了解其责任，了解其存在与发展的基本道理和原则。

对于传播主体的责任伦理，有人认为它是探索传媒组织和个人如何规范传播和表达权利的灰色道路上的一盏指路明灯，只有当它清晰明确时，才能有助于社会和传播主体自身的良性发展。但其作为责任伦理主要表现为“实质合理性”，因此不具备强制性，它是进行信息传播的内在评判，可以充分地发掘出传媒组织和个人的内在潜力。责任伦理从实际应用的角度确认了传播行为的权利和可能性后果，它也是传播主体进行自律和自我管理活动时所承载公共伦理精神及其基本要求。并且，最重要的是它超越了传统伦理理念，是传媒责任伦理找回合法性与价值和理性的根基和生成条件[①]。在媒介化社会中，传播主体的责任义务与过去相比被赋予了更多的内容和意义，我们可以分别来进行了解。

第二节　传播媒介组织的责任伦理

大众传播媒介是各种传媒组织、机构的总称，它以报刊、广播、电视

① 燕道成：《媒介化风险与传媒责任伦理》，岳麓书社，2011 年版，第 224 页。

（西方传播界将电影和期刊杂志也划入大众传媒之列）等为代表，长期以来都是人们认识和了解世界的窗口，尤其是在其实现专业化和现代化的数百年时间里，人们与它的关系从陌生走向熟悉，今天则变得异常紧密，无论从形式上还是在内容上的它的每一次变化都可能引起人类社会的诸多关注并产生重要影响。由于大众传播媒介存在的时间较长，且在世界范围内大众传播媒介要么已经属于比较成熟的传媒产业，有其自身完整的、商业的、高效的运转体系，要么它属于国家或政府的重要机构组成，有明确的、相对严格的任务和使命。世界上传媒机构虽然在性质、规模、内在标准和价值目标存在各种各样的差异，但它们也几乎共同遵守着一些基础的规范和原则，这里我们可以将其描述为共同职责，它与大众传媒的责任伦理密切相关。不过，从整体上来看，大众传媒的责任伦理源自于其“社会公器”的天然属性，虽然“社会公器”的说法由来不一，但是在报刊作为大众传播媒介出现之后，关于报刊应该是社会公器的看法就已经形成，并在相当长的时间里影响着人们对于后来出现的广播、电视等媒介的基本看法。

至于社会公器到底是什么，我们可以借助德国社会学家哈贝马斯在论述公共领域时的概念来理解：公共领域是我们的社会生活的一个领域，在这个领域中，像公共意见这样的事物能够形成。公共领域原则上向所有公民开放。公共领域的一部分由各种对话构成，在这些对话中，作为私人的人们来到一起，形成了公众。那时他们既不是作为商业或专业人士来处理私人行为，也不是作为合法团体接受国家官僚机构的法律规章的制约。当他们在非强制的情况下处理普遍利益问题时，公民们作为一个群体来行动；因此，这种行动具有这样的保障，即他们可以自由地集合和组合，可以自由地表达和公开他们的意见，当这个公众达到较大规模时，这种交往需要一定的传播和影响的手段。今天，报纸和期刊、广播和电视就是这种领域的媒介[①]。从这一论述中，我们能够很清楚地看到，从报刊开始的大众传播媒介其实就是公共领域的代表，它们天然地带有公共领域属性的烙印，当该属性与媒介的工具

① 汪晖、陈燕谷：《文化与公共性》，生活·读书·新知三联书店，1998年，第125页。

属性相结合时，“社会公器”的说法便水到渠成。有学者指出，“社会的含义是泛指由于共同物质条件而互相联系起来的人群。公器实际上成为工具的同义语，是一种手段，一种载体，一种媒介。但是这一工具与众不同的鲜明特征即体现在为社会公众所掌握，同时为公众利益而服务上面，具备了这样的性质的工具我们才可将其称之为‘社会公器’。”[①]从这个角度来考虑，大众传媒作为社会公器存在的主要特征表现在两个方面，一个是它的公共性和公益性；一个是它的工具性和服务性。而这两点也是大众传媒责任伦理的落点，下面我们依照这一思路进行简单的归纳和梳理。

一、大众传播媒介的公共性责任伦理

如果从大众传媒发展的早期来看，由于其传播的内容、范围和社会介入度有限，所以其公共性并不突出，但当进入到组织化和现代化的大众传播时代时，情况发生了变化，尤其是当早期的报刊上开始出现大量的时政新闻和重大的社会消息，逐步开始唤醒人们的政治、社会参与意识和民主观念，并且从不同程度影响到人们的现实生活时，人们才了解报刊存在的主要意义和现实价值，因此以报刊为代表的关于“公共领域”的讨论在一个多世纪前屡见不鲜。今天，人们普遍认为大众传媒的最大作用就是为大家发表意见尤其是针对社会重大关切发表意见提供场所，只要意见是针对大家共同关心的问题，关系到大家共同的利益，那么就具备在公共领域讨论的必要性。当公共决策符合公共利益时，就会得到拥护与实施；当公共决策有损公共利益时，就会受到批判或约束。在这一伦理层面，我们可以据理排斥大众传媒中大量的隐私性质的、个人性质的话题，即便它可以引发关注提高发行和收视率，但因为它们不具备公共性，所以不存在被拿来讨论和占据其他人精力和时间的必要特质。因此，尽管我们有时候会看到传媒的公共性与功利性在某些时候处于对立状态，但对于负责任的传媒组织来说，其价值建构一定不会是仅以传媒市场反应为基准，而是在涉及复杂的价值判断和规范时依然能够为公

① 高炜：《社会公器与新闻媒体》，载于《内蒙古大学学报：人文社会科学版》2008 年第 40 卷第 1 期。

共性服务。对于媒体人及其所在的媒介应该具有的公共服务特性，有学者这样认为“媒介应当在其社会责任的基础上开展自己的业务……因此其基本内涵是：为政治制度服务、启发公众和保卫个人自由、为经济活动服务要从属于为政治制度服务、提供‘好的’娱乐和不能将所有媒介绝对置于市场化运作之中。”①

二、大众传播媒介的公开性责任伦理

大众传媒要成为信息和意见的流通领域，必须先具备一个前提，就是让它们都能被看到，正如有学者说“由于‘社会公器’在于维护社会的公共秩序与保护社会公共利益，这就要求所有的“社会公器”在运行中坚持公开性原则，如 ‘社会公器’要求政务公开；规定的制定、实施、监督公开等。只有这样，才能为公众地使用“社会公器”以及减少公器私用提供可能。”②过去，信息和意见的公开发布不仅需经过相对复杂的筛选和检查，并且也囿于传播媒介的性质、功能、目的和宗旨的种种不同，所以对于媒介来说，合适的信息和有用的意见就可能被公开，但是对于媒介来说没有太多价值的信息和意见则不会被公开，很显然这种评判信息和意见价值的终审权力控制在各种大众传媒手里，可这些传媒并不能从整体上全面代表所有人的看法，包括所有人的价值倾向，因此，信息和意见的公开在过去始终只是部分的公开，有选择性的公开，并不意味着全面的公开，但只要能够进入公共领域，能被大家分享和交流，那么已经公开的这一部分就获得了相应的存在价值。所以关于大众传播媒介的公开性责任伦理在于：尽可能地让足够多的信息和意见通过媒体表达和反映出来，尽可能地去拓宽和发掘人们发表意见的渠道，容纳最大容量的信息、意见和声音，并让尽可能多的人能够方便地看到这些内容。这既是媒介自身的责任，也是媒介本来的使命，对于大众传播媒介来说这是它们区别于其他社会组织机构的工具优势，或者说这也是它的社会服务

① 南山：《青少年媒介素养与媒介权利》，载于《中国广播电视学刊》，2010年第10期，第37页。
② 黄基秉、向妍：《新闻媒体与社会公器辨析》，载于《成都大学学报》2009年第2期。

性特征的表现。在今天，我们很庆幸有了新媒体，这让信息和意见的公开变成了非常简捷的事情，但同时我们也需要看到，人们对信息和意见的公开提出了更高的期望，因为社会的媒介化，强化了人们对于信息的质量要求；身处全球化大格局中的人们对于信息需求在整体性、结构性和层次性上更加丰富且深刻。而承受信息超载压力的焦灼中的人们需要简约精要的信息产品以使他们对于世界的把握更加经济节省，更加富于效率。事实上，人们在自主意识、表达意识大大增强的同时，期待着秩序和引导，期待着简约和明快。因此，提供人们在不对称的社会认知中的关键性信息，便成为传媒的一种责任和价值。①

三、大众传播媒介的公平性责任伦理

公平和公正，是当下社会追求的共同目标，但是获得公平却是一个比较艰难的过程，不管在哪个领域都存在各种不平等，法律和道德的存在就是维持社会公平的一个底线和标准。而传媒组织的公共性决定了其职责在于促进和维护社会公平正义，但它的角色并不是代替法庭或者充当警察，而是作为信息传播的组织者，尽可能使信息传播符合大多数人的意愿并将公平正义推入人心。当大众传播媒介作为社会公器工具存在时，其推进公平性的主要手段就是保证意见的多样性，甚至一定要保证对立的、针锋相对的意见同时存在，这是大众传播媒介维持社会公平的最重要手段。因此，大众传媒领域的公平性伦理就表现在不排斥、不打压、不藐视各种意见，不论它是主流还是支流意见，也不管它是正确还是错误，一律平等接收，“信息自由流通的平台”“各种意见发表的空间”等说法的真正意义就在于此。此外，媒体推进公平性的责任也包括不为些小利益所动，按照平等、先后有序、不偏袒不漠视任何人的原则去对待每个人的合法权益等。不过，现实中的不公平现象是最常见的社会现象，并且“不公平”本身就存在相对性，表面上的不公平可能蕴含着暗地里的发展原则，或者说对某些人来说是公平的，但是对另一些

① 燕道成：《媒介化风险与传媒责任伦理》，岳麓书社，2011 年版，第 22 页。

人来说又是不公平的。在当下，社会在进步过程中正致力于消除相对的不公平，但是绝对公平可能比较渺茫。对于那些本身就从属于政党、集团等的媒体来说，一味地维护利益共同体并不能给它们带来更多的支持和动力，所以它们在一般情况下也会考虑尽量表现出公平。而公共性质的大众传媒在这一过程中的责任则相对较大，因为公平是他们的立身之本，如果说大众传媒进行各种立场上的站队或者失去维持公平的理智一边倒，那么这都是对公众的极端不负责任，在责任伦理层面上属于失职和失范。从大众传媒的公信力这一角度来看，人们对于失范媒体是不会产生任何认同和忠诚度的，尤其是它们无法获得社会当中精英阶层的认同，我国传播学者喻国明认为“一个好的媒介一定要是在社会上支撑这个社会运作的最具有行动能力的这群人所倚重的媒介，西方称为‘主流人群’，即中产阶级。‘主流媒介’是相对于‘主流人群’来说的”，“在知识领域，技术、管理、消费领域里，这群人拥有社会发展的基本力量，谁拥有这群人，谁就拥有了这个社会最大的社会影响，进而在很大的程度上影响社会的发展。主流媒介拥有的受众，在质量上应该是社会行动能力最强的一群人。抓到上游文化的这群人，你就可以覆盖中游文化、下游文化的人。”①

综合而言，传播媒介的责任伦理是一个比较复杂的认识体系，以上谈及的只是基础。早在20世纪，社会责任理论便提出了传播媒介自身在社会中应该承担相应的义务和职责，但具体来说其内容涉及面比较广泛，因此所需遵从的伦理规范相对复杂，尤其是当以各个国家和不同社会的具体法律、公共道德为定义标准时，媒介伦理也就有了较多的差异。有观点认为：“传媒责任伦理是一个‘不单纯的混合物’，是传媒服务于公共利益的责任，是建基于公正价值的责任，是内塑于道德信念的责任。它是由传媒组织的角色身份以及由传媒组织被授予的权利和所承载的义务决定的，在民主政治环境下，其传播行为最终应向公民服务，必须考虑做出信息传播行为的可能后果，并为其承担责任。”②然而，从最基本的规范层面来看，大众传播媒介的责任

① 华文：《媒介影响力经济探析》，载于《国际新闻世界》，2003年第1期，第82页。

② 燕道成：《媒介化风险与传媒责任伦理》，岳麓书社，2011年版，第150页。

还是对“社会公器”这一工具论的皈依，这种蕴含着服务公民的社会公器的责任伦理可以有效地为传播媒介在‘应该如何行为’诸方面考量中提供价值信念上的共识。从某种意义上来说它是为了维持合理的规则，修正或改变某些不合理的规则和存在，这种不合理并不针对个体，而是具有一种普遍性。同时，我们还要看到，各大众传播媒介组织内部有的媒体从业人员，他们的有序合作在整体上构成了宏观的传播行为，“这种行为具有一种无法归诸或还原为任何一个个体行为的独特特质，也具有无法由个体能承担的独特效果”①。所以，这里对大众传播媒介的责任伦理探讨，是组织责任的探讨，即将其视为社会的某一部分有机构成，这使其与个体责任主体区分开来，实际上，传媒组织机构超越个体的行为能力决定了它们也相应承担着个体责任无法替代的集体性的责任。

第三节　传媒从业者的责任伦理

诚如上文所说，大众传播媒介的责任伦理属于整体的、宏观的认识范畴，或者说它体现为传媒组织的生存和发展之道。对于传媒组织内部的成员即媒体从业人员来说，它是有影响力和一定的约束力的，但并非强制力，也不能对从业者产生更为具体的管束和制约效果。因此如果转而研究传媒从业人员的责任伦理，我们会发现它既与传媒组织的责任伦理存在很大联系，但也有诸多区别。传媒组织发展的合理化和有序化，需要媒体从业者的责任伦理作为基础，但由于东西方不同的用语习惯，我们将媒体人的责任伦理称作媒介工作者职业道德。不过，从伦理学的角度来看，传媒从业人员的责任伦理不仅仅指向职业道德，而应该更多地体现为个人道德、职业道德以及社会道德的三者合一。“传媒从业者个体是消除传媒失责的主要力量，他们的积极性如何，从某种程度上影响着消解传媒失责的成效。传媒从业者个体的道德状况，特别是他们的主观能动性发挥得如何，以及如何发挥他们的主观能

① 王天定：《谁的责任、向谁负责、负什么责任》，载于《科学·经济·社会》，2007年第2期，第126页。

动性，都将直接影响到传媒失责的消解成效，关系到传媒人的价值目标的实现。[①]”

一、媒体人的个人道德

媒体工作者首先是一个普通人，其行动受思想支配，其个体行为对整体机构所产生的影响可大可小。从“媒介控制因素”的讲述中，我们非常清楚媒体工作者个人不同程度地主导和控制着传播活动方向、过程和结果。在这其中，他们的责任感和道德感是构成传播媒介责任伦理的基础。例如传媒组织的公共性，要求媒体人将寻找公共性话题和挖掘公益性内容等作为自己的一大责任，这种观念反映到大众传媒内部则是：报社、广播电视台等大众传播机构的媒体人都将反映社会现实、直面冲突矛盾等作为自己的主要工作内容，他们所承担的是反映社会问题，维护公平道义的责任。如果媒体人道德感强，则会主动地承担相应责任，无论是通过事实关注、真相披露、追踪调查还是通过其他手段，媒体人秉承自己的为人道德以及理想信念才能进行到底，这才有可能去推动所在的传媒组织的发展。相反，如果媒体从业者自身的道德素质出现问题，那么他们则会选择逃避自己应该承担的责任，更不会主动反思自我行为来进行道德调控，有时他们做不到自我约束和控制，任凭欲望控制自己，有时则做不到自我解放和突破，表现得脆弱和胆怯。无论哪种情况，其实都属于逃避责任和推卸责任，也属于不能坚持独立的人格，不能坚守个人道德。如此一来，媒体人的个人道德的空缺势必架空传播媒介的责任伦理，并使其流于空洞。

传媒从业者的道德来源于人类社会庞大的道德伦理体系，与人类所有美好的品德特质都有关系，但是从传播媒介组织的发展需要这一角度而言，其对传媒人个体所提出的道德要求主要包括诚实求真、人道正义等，这些对于传播媒介来说，比其他道德品质显得更为重要。

诚实和求真，涵盖着对媒体人诚实地反映世界，传播事实真相的信念和

① 燕道成：《媒介化风险与传媒责任伦理》，岳麓书社，2011 年版，第 162 页。

道德要求，同时也体现了责任伦理当中“对他人负责”的基本诉求。在传播媒介这一领域，“真实”无疑是立命之本，而传媒所表现出来的真实正是依靠一个又一个媒体从业者通过自身追求和坚持“诚实本真”这一道德品质而得以保证，虽然传媒组织和机构各自的主要功能和服务方向存在差别，但只要是存在传播活动，就必然涉及如实反映各相关领域信息这一基础性内容，诚实意味着不欺瞒，求真意味着追寻真理，具体来说媒体人需要对信息的有无、真假、准确等关键要素进行核查，对事情前因后果、细枝末节等进行合乎实际的记录和追溯等来保证媒体人在整个传播活动中的信息品质和可信度。如果专业的传播者在传播活动中不考虑如何最大程度地接近真相，不清楚错误的报道可能带来的灾难性后果，那么他就丧失了作为一个媒体人的基本品格。

人道和正义，也是媒体人应该具备的道德品质，或者说这样的从业者更为传媒界所需要。传媒从业者的人道是指他能够尊重人、理解人、真正关心他人的内心世界，了解他人的艰难困苦，从而维护人的根本利益。通过对人类生存和发展中遇到的各种问题的关注，去诠释和表现人性，这是媒体人在世界人文精神图像中能够做出的最美的作品。同样，正义对于媒体人来说也是一个必然的道德要求。正义本来就是人类社会的基本原则，而传媒从业者作为现代社会的观察者和描述者，对正义应该有最深切的现实感受和最迫切的实践动力，无论是推动正义理念深入人心，还是揭示各种问题、矛盾、冲突，目的都是为了维护这个社会应有的秩序和公理，如果失去对正义的坚持，那么整个社会都会被邪恶绑架，人们的生存和发展也就无从谈起。媒体人则在这一过程中扮演着激浊扬清、革故鼎新，为正义请命的重要角色，其自身的正义感和责任感在中间发挥着极大的作用。所谓媒体人的个人道德，其最终指向的是遵从良知，它是人在诚实、正义等基础道德责任上的升华，对媒体人来说它们意味着对正确信念的坚守。一般来说，人人都存有分辨是非善恶的基本能力，但是对于能否抑恶扬善，每个个体都存在各种各样的差别，只有人们将道德化作为良知，将良知内化为信仰，那么它才能像铁石般不可动摇。

二、媒体人的职业道德

职业道德是指与职业行为紧密联系的符合职业特点要求的道德准则、道德情操与道德品质的总和，它既是对从业者在职业活动中的行为提出的标准和要求，同时又是该行业对社会所负的道德责任与义务。职业道德属于自律范围，它通过规定、守则等形式对职业生活中的某些方面加以规范。与传播媒介的责任伦理相比较，媒体人的职业道德类似于传媒行业内的集体行为规范。它有明确的约束对象——传媒从业者，他们在人类社会中属于较为特殊的职业群体，他们既是现代社会中对所有变化最敏感的一批人，也是这个社会中思想最活跃的一群人之一，媒体人其实是多种角色的合一，他是具有个人色彩的传播者，也是具有行业色彩的司职者，而作为司职者，他们明确地受到各传媒组织机构以及所在国家对媒体从业者在职业道德和伦理规范上的明确约束，甚至每个具体的传媒组织机构会在不同时段里对媒体工作人员提出更为精准的从业标准和要求。因此，媒体人的职业道德从过去到现在都是一个内涵丰富的话题。

如果从具体的职业道德内容来看，它们大抵会集中在如下几个方面：首先，真实、客观和全面仍是传媒组织面向所有的媒体从业者提出的最基本要求；其次，职业道德的作用是为了维护传媒组织机构形象及其存在合理性，承担其对所服务对象的应尽责任。因此帮助弱势群体、维护社会正义、进行批判监督等也是媒体人必须坚持的道德品质。除以上常见内容外，媒体人最重要的职业道德表现在他们的职业操守上，也就是职业化人格。媒体从业者的职业人格在于不以功利心来行使自己所拥有的媒介权力，这是媒体从业者的职业道德核心。不论是从过去的经验还是从当下的现实来看，人们对于媒体工作者这个职业的了解总是集中在他们与传播媒介的亲密关系上，例如人们普遍认为他们是掌握着“话语权”的人，是有特殊影响力的人等，事实上，这种看法不无道理。鉴于传媒组织强大的信息覆盖能力和社会影响力，人们往往对它们具有超出其职责范围的期待，正是这种期待为媒体人头顶上加封了一道桂冠——无冕之王，能够影响权力阶层的媒体人自身便拥有了无形的权力，而权力是可以被用来谋利的，所以在相当长的时间里，媒体从业者面前一直都有一道道的职业道德陷阱，比如通过金钱交易来传播不实消息，或者通过利益交换来掩盖事实真相等，甚至有些媒体人利用职业之便专事利己之事，这些情况并不罕见。然而，传媒从业者这种无视和践踏职业道德的行为正是人们最为深恶痛绝的，所以一旦出现，极易引起人们对媒体人乃至整个传播媒介组织和行业的失望。从这一点出发，我们可以认为对于传媒从业者来说，他们需要告诫自己在面对各种利益诱惑或者权势逼压的过程中，勿以金钱、名誉、地位等功利标准来判断和取舍，勿以牺牲诚信、公平、客观为代价，否则他们的行为将成为媒介形象堕落和媒体责任崩溃的罪魁祸首。我们也可以认为，珍惜传媒从业者的身份，捍卫媒体人的职业操守，懂得媒介权力滥用的后果，是每个从业人员应该具备的职业道德和素养。

三、媒体人的社会道德

社会道德是一种最具广泛约束力、最为普遍的道德体系，亦称社会公共道德。它以人们的普遍认可、默许和遵循为基础、以服务和促进社会文明和进步为目的，旨在帮助建立合理、公平和有序的社会环境，简单来说它是从社会发展角度对人们各种社会行为施加的道德压力。从这个意义上来说，媒体人的社会道德就是指一般意义上的社会道德，它并没有因为媒体人职业身份的不同而出现不同。从具体的内容来看，社会道德中以社会成员之间的关系的处理，社会环境与社会成员之间关系的调整等为重点，如中国作为历史悠久的道德之邦，一直推崇尊老爱幼、爱护公物、文明礼貌、讲究卫生、遵守公共生活秩序等。这些无一不包含了是全体公民在社会交往和公共生活中必须共同遵循的行为准则，是社会普遍公认的最基本的行为规范。

在一般的情况下，所有人的行为或者活动都会在社会道德的框架之内进行，因为凡是超出该框架的行为都会遭到社会的指责，但是对于传媒从业者来说，由于职业的特殊性，他们可能会出现社会道德与职业道德之间的权衡取舍，即责任冲突。这对于媒体人来说并不是新鲜事，而且随着媒介化社会的到来，这种责任冲突时有发生。最为典型的就是在隐私权和公众知情权之间、暴力血腥或其他不幸事件与社会人文关怀责任之间，媒体人通常很难做出两全的选择，因此产生了诸多的道德困境。这是媒体人在职业生涯中可能最不愿碰到的。有观点认为在这种道德选择中最后体现的都是对道德价值大小的判断，一般来说我们会将价值更大的对象优先考虑，比如我们知道生命是无价的，一般它都会被放置到最受保护的位置，但是生命也是有区别的，当人的生命与其他生命相并遭遇险境，那自然是以人命为大，依照这一原则，我们一般可以逐一排除其他选择的可能性。此外，无论媒体人如何选择，我们都需要结合具体的、现实的情况去判断。比如事情的紧急、轻重程度也会对道德选择提供一定的参考标准，“事缓从恒，事急从权”这个说法就很好地展示了前人在道德困境中的一个选择标准，在紧急情况下，牺牲价值小的事物就是避免更大伤害的最佳办法。最后，对于媒体人处理社会道德与职业道德之间的矛盾冲突来说，由于前者是人们作为社会成员最为普遍的自然的责任，所以即便媒体人需要承担职业角色，履行职业担当，那也需要以服从更为基本的社会道德为优先选择。如果可以，笔者在这里愿意奉上一个脑洞大开的解释和论证：媒体人首先是作为社会人存在的，而职业身份是媒体人后来获得的，即便是按照先来后到的原则，我们也需要将社会道德放在首位。

综合来看，媒体人的个人品德、职业道德以及社会道德构成了传媒从业者的责任伦理内容。深入分析来看，社会道德与个人道德既有联系也有区别，它们一个表现为社会外在的道德要求和道德压力，一个表现为媒体人自身所具备的道德素质水平，社会道德是社会所有成员必须遵守的，而个人道德是个体自身的品德，它属于个体特有。有学者认为它们之间的联系则是只有把“社会道德责任要求内化为传媒从业者个体的需要和体验，只有在一定程度上完成道德内化的传媒从业者，才会感到自己有责任在完全不受监视和无外在压力的情况下遵行道德规范，从而促成自身道德本质力量的发挥。①”再来看看社会道德与职业道德的关系，既然传播媒介是社会的组成部分，那

① 燕道成：《媒介化风险与传媒责任伦理》，岳麓书社，2011 年版，第 167 页。

么媒体人既是“职业人”也是“社会人”，职业道德强调职业群体的集体规范和协同发展原则，当媒体人作为专业的传播者区别于其他职业身份的普通人时，其职业道德便成为人们评价这个职业群体的标准。社会道德则要求媒体人削弱其职业色彩，将自己置于更大的社会环境中，突出其作为社会成员时应该发挥的作用以及应该遵守的品行，两者之间虽存在冲突的可能性，但也只是道德价值观念的冲突，并不涉及是非善恶。从道德伦理体系这一宏观角度来看，以上三种道德分属于不同的伦理层次，各具意义，且从本质上来看它们是不存在冲突的。

第四节　个体传播者的责任伦理

相对于大众传媒这样的传播主体组织或机构来说，传播主体中出现越来越多的，非职业化的个体传播者，这是一件略显意外的事情，这也是网络等新兴媒介带来的最大变化，但是我们也清楚地看到了，虽然这类传播主体在数量规模上、活跃程度上、影响深度上虽然正在不断地加大和加深，但却并不代表他们具备了类似于大众传播媒介一样的社会地位和作用力，很多时候，尤其是当他们作为个体进行分散地传播时，其力量是相对单薄的。不过问题在于当他们集合起来的时候，这种由个人传播到群体传播的力量绝对不容小觑，甚至在一定程度上，在一定范围内我们都能看到他们在传播活动过程中扭转、改变、推动或阻碍事件发展等难以预料的结果。在当今社会，技术和媒介所带来的种种传播事件会让人感慨和惊讶，无论其结果好坏。站在新媒体发展的第一个阶段（如果我们从互联网民用开始计算且将20年作为一个时间段的话），我们都应该及早地开始反思技术规范和人文精神之间、媒介逻辑和道德伦理之间的关系，就像媒介社会学家和批判哲学家们那样去思考。这样一来，最主要的问题出现了，我们如何用适合媒介化社会的基本规则和伦理来规范人们使用媒介进行传播的行为，并且将其作为建设文明社会和维护世界秩序的一部分，这里涉及的便是普通传播者个人，即以前我们称之为“受众”的责任伦理规范。

传播活动作为一种社会互动行为，关涉各种社会价值系统，包括道德价值系统。传播行为及其过程中所关涉的道德关系、道德现象、道德规范，统称为传播道德或传播伦理。[①]依据传统观点，传播伦理分为传者伦理和受众伦理两部分。无论是传者还是受众，都应该享有充分的权利，都应对社会、对对方、对自身承担道义责任，这是传播伦理的核心。理查德·约翰尼斯曾指出，所有参与会话或对话者的共同伦理责任在讲真话（Truth-telling）、仁慈（Humaneness）、自律（Autonomy）、敬业（Stewardship）和公正（Justice）方面是相似的[②]。詹姆士·奥考恩则在《对大众传播者来说的受众伦理的含意》一文中对两者进行了比较。其认为两者伦理规范具有相通之处，它们包括：精确、真实、公平（讲真话和公正）；真诚地对待其他理解/相反的证据并尊重他人（仁慈）；鼓励坦率、自由。[③]

可以看出，我们过去虽然对传者与受众都存在道德伦理约束，但是他们二者之间的责任和义务范围却是不同的，比如说，传者伦理多以职业道德伦理的形式出现，具有一定的强制性，甚至被法律化，另外，传者的伦理道德的适用会因具体条件不同进行，并且，传者基本伦理在新闻传播学研究中已经基本定型。但是受众伦理却在新媒体背景下不断发展，作为信息接受主体，其自身的道德因素及其在传播过程中被赋予的道德权利和应承担的道义责任是今天新媒体环境下的受众研究的新领域，尤其是当受众的角色不再是单一的信息接受者时，受众伦理的发展也起着推动传者伦理的拓展和更新的作用。北京大学传播学教授陈汝东认为，受众在享有自由信息接受权利的同时，也被赋予尊重、保障他人和社会的信息传播自由权利的责任和义务。受众的信息接受自由不能以影响、限制、禁止或牺牲他人的传播权利、信息接受权利为前提。人们应以礼貌、合作的态度参与传播，应给予传者适时、适当的回应，应客观、公正地解析、评价传者的信息。受众不但应该对传播

---

① 陈汝东：《论传播受众伦理规范》，载于《道德与文明》，2013 年第 3 期，第 128 页。

② Richard L. Johannesen, *Ethics in Human Communication*. Third edition, Illinois: Waveland Press, Inc.,1990, p.136.

③ James Aucoin, "Implications of Audience Ethics for the Mass Communicator", *Journal of Mass Media Ethics,* Provo: 1996, Vol.11, Iss.2, p.78.

者、社会承担道义责任，同时也应该为自身承担社会道义责任。①因此，受众伦理规范的建构和维护不仅有助于传播伦理秩序的建构和维护，同样有助于人类道德秩序、生活秩序的建构和维护。以上虽然是针对受众论及的伦理与规范，但是由于传播行为是人类生活中最基础的行为，所以其在人类社会伦理规范中也就占据了非常重要的地位。随着媒介化社会的到来，受众伦理规范甚至可以看作是人类普遍伦理规范中的组成部分。另外，受众这个角色不是固定的，他们早已转变为传播主体之一，因此我们所说的受众在媒介化社会中是指我们每一个人。既然如此，普通传播者的责任伦理规范在将来很有可能就是媒介化社会里需要人们共同遵守的公共道德，其内容应该属于媒介化社会基础伦理规范的组成部分。目前，对于这一问题的关注和讨论非常之多，但令人遗憾的是，绝大部分观点依然没有从传统的受众伦理框架中解放出来。因此笔者以为认识和研究个体的传播者，并由此确立其传播伦理规范，首先应该将其看成一个有主观态度和意见、有传播意识和心态、有成熟的媒介经验、能够对媒介信息进行独立分析和并能够担当相应传播责任的人。为此，关于传播者个人的责任伦理研究主要应该围绕以下几个方面来展开。

一、传播动机伦理

动机是人们行为的心理前提，从传播活动角度来看，人们使用媒介进行传播时都存在相应的动机，不论是分享乐趣、传递知识、告知提醒还是其他，这些动机都是人们正常的传播心理。从某种意义上来说，这些动机是在媒体自身功能覆盖的服务范围以及法律允许的授权范围之内的，它们不反常、不叛逆、不具有危险性、不存在违法可能。正是因为这些动机是我们使用媒体的行为基础，所以我们往往忽略了隐藏在正常的动机之下或者这些动机附带出的其他欲望、邪念、执念等。有观点认为，传播行为的道德价值很大程度上取决于传播动机的伦理价值，在传播过程中传播主体实际上都不同

① 陈汝东：《论传播受众伦理规范》，载于《道德与文明》，2013 年第 3 期，第 129 页。

程度地对其动机进行价值判断、推理及评价①。人们在传播不同的信息内容时都存在这种行为结果的价值预判，例如，浏览新闻本是最为普通的行为，人们在网络上或者手机客户端上每天都能看到相当多的内容，这些内容来自政治、文化、经济、社会等多个领域，但是从各种不同的内容占比来做大致分析时，我们会发现无论它们来自哪个领域，只要是耸人听闻的、前所未有的、惊世骇俗的、秘密煽情的，那么这样的新闻便会是人们钟爱的传播内容。

为什么这种现象如此普遍，其实大家多少能猜到相关原因。笔者谨从传播动机和心理两方面来做归因陈述：第一，人们依据信息资源的稀缺属性来判断其传播价值以及效果。当传播价值够大时，人们正常的传播动机会被其他欲望和想法覆盖或者绑架，因此产生不合时宜的传播行为。在这里，稀缺的信息资源便是我们不能经常看到的消息或者说极少发生的事情，基于投放这类内容到人群中所能引起的巨大关注热度，人们不自主地迅速传播，这样既能享受到作为信息发布者的特殊满足感，又能套牢其他人的注意力，这属于人类所有的常见心理，同时也反映了长期以来以受众身份存在的普通民众在获得传播权利之后的一种权利释放心态。第二，现代社会中的人想法多元，心理状况也远比过去复杂难测，因此他们存在着各种各样的传播动机和心理，比如有的人希望通过传播某一类信息来获得认可，也有的人希望通过传播一条重大新闻（哪怕这类新闻会引起社会争议或者动荡不安）来获得对事态的远瞻旁观优势抑或是通过制造混乱而获得控制者的感觉等，这些异于常人的想法显然会导致传播局面的失控，也让人瞠目结舌。

在上述原因的分析之后，关于传播动机的伦理规范便有了非常明确的指向。

首先，不论是传者还是受众，所有使用媒介的人，应该需要完善自己成为一个心理和情绪健康，能够正确认识和使用传播平台的人。在极度愤怒、痛苦、偏激或者其他负面情绪刺激下的人都可能产生不良的传播动机或者说

① 陈汝东：《论传播受众伦理规范》，载于《道德与文明》，2013 年第 3 期，第 131 页。

变态的传播心理，这个时候进行传播活动可能会存在态度极端、出言不逊以及反应过激等状况。当出现上述情形时，我们应该采纳心理咨询家们提供的最为简单的办法，就是让自己安静地独处，而不是将手边的东西、房中的摆设拿来扔掉或者摔碎当作发泄，同理，也不宜将污言秽语像垃圾一般地倾倒在网络及社交媒体之类的传播媒介之上，将来的媒介社会与现实社会的重合度会越来越高，那么如果要想获得良好的媒介传播环境，首先应该从培养珍惜和保护媒介环境这一重要意识开始，就如同我们今天提倡环保，拥抱蓝天白云一样，自然环境的保护与媒介环境的保护都应该从每个人做起，从拥有良好的传播动机以及为媒介环境提供点滴网络文明开始。

其次，我们提倡理性传播，即便在特殊情况下要继续使用各类媒介来学习或者工作时，亦能够做到克制好自己的情绪，能够明确传播动机，提前判断某次传播的不良后果，从而能够理智地决定到底是否发布文字或图片等，知道该以什么样的方式来发帖或者评论，以及如何避免造成其他人不悦的发泄式传播。很多人认为在网上发泄是再好不过的方法，不会轻易得罪人，也能够将情绪全部外化出来，并且还认为不会妨碍其他人。实际上，如果将这些内容设定为私密级别或者“仅自己可见”，那么应该是不会造成重大影响的，如若传播的内容没有进行分类或者私密级别设定，一旦进入公共领域暴露于公众视野，那么这些内容不可能不对其他人产生影响。当我们在公共场合讲话、在电视媒体上露面以及接受媒体记者的采访时，我们可能都会下意识地提醒自己掌握说话的分寸以及注意措辞，避免言而不当或情绪激动，那么同样地，这种意识在网络以及其他新媒体上应该延伸。从道德角度看，人类信息传播的动机应符合社会道德要求，总之，我们不能携带着不够善良的传播动机把媒介尤其是新兴媒介用作吸睛和发泄的个人领地。

二、信息选择伦理

“选择”是人们在传播信息前的一个必经环节，但是选择的规范却被经常忽略，并且在传统媒体的环境中，所有的信息选择只是针对专业的媒体记者和编辑提出的要求。一般来说，哪些对象能够被选择成为新闻媒体报道的内容，这在传统媒体中是有明确选择标准的。第一阶梯的标准是新闻价值，这是媒体业内的一个共同标准，它们是新闻事实中所包含的一切能够引起人们关注的要素或者特征如时新性、重要性、显著性、趣味性等，如果新闻价值标准得以满足，那么事实素材就具备了被报道的可能性。但新闻价值要素并不是决定其能被选择成为报道内容的最终标准，在它之后需要考虑的还有媒介自身的倾向和立场、报道的时机，在很多情况下还要考虑报道的后果等。从这些来看，信息的选择并非是一个简单的过程，它是媒体人经过了千挑万选、反复琢磨、多方权衡、精细加工的系统工程，在这一工程中，无数事实被反复淘洗，很多报道题材被选择后又被放弃，很多采访材料被加工后又被搁置，一路披荆斩棘之后才能出现在人们面前，正是这个过程，突显了媒体工作的专业性、繁杂性以及琐碎，而上面提及的只不过是传统的信息选择工程中再普通不过的一类情况。

传统的新闻选择之所以如此繁复，有多方面的原因，但总的来说，是出于媒体报道的内容限制、容量限制、质量要求和效果要求等方面所致，媒体需要经过最佳选择的新闻素材，以传达最好的、最重要的、最为需要的信息。例如，从内容上来讲媒体要求选择符合人类、国家、民族利益的信息，选择积极健康的信息，选择有益于社会、公众、他人以及人们身心健康的信息；拒绝、抵制危害人类进步、国家安全、社会稳定、违反法律法规的有害信息；选择真实的、文明的信息，拒绝虚假的、满是污言秽语的信息；选择客观的信息，拒绝片面的信息；选择具有可靠来源的信息，拒绝谣传和流言蜚语等。这种选择的理念是媒体界长久以来奉行的，但是对广大的普通公民来说却是相对陌生的。可以说，在新的媒体环境下，公众虽然掌握了传播权和媒体接近权，但却对这两种权利的使用要求视而不见。在笔者看来，人们在使用网络或者社交媒体进行传播时，适用于传统新闻选择的标准和相关要求同样也适用于今天的新媒体，信息选择能力其实是属于传统的媒介素养指标之一，今天来看，它也是我们进行理性传播的基础中的一部分。但不可否认，由于处在新媒体时代的背景之下，我们的信息选择伦理和规范与之前相比确实应该有所不同。

从信息选择的内容和形式规范上来看，新媒体的内容所传播的内容和形式在很多方面都要比传统媒体丰富，只要是合乎道德的、不违法律的内容，即便其形式非常戏谑或者不同于常规，那么也可以被传播。在这一点上，新媒体的优势大大超越了传统媒体，成为媒体自身优势之一。因此信息在新媒体上的表现可以不拘一格，完全突破传统媒体所限，内容和形式选择的多样性毫无疑问给新媒体带来了活力。

从信息选择价值规范来看，它突破了传统的、主流的媒体长期以来相对单一的基调例如认为只有政治正确式的、主旋律式的才是重要的，而允许和提倡价值的多样化、利益的多边性、观念的多元化等，由于价值规范的变化，所以人们在信息选择时感觉到更自由、更轻松、更主动。

另外，从信息选择的时间和时机来看，人们可能较少考虑所选择的信息是否在当时适合传播，但是在传统媒体中，专业的媒体人却会经常考虑这一因素，这涉及人们所选择的信息是否符合当时的政治、经济、人文社会环境，也与人们普遍的心理承受能力和情感倾向有关系。举例来说，一条庆典活动的消息在国难日发布可能就会被忽略或者招来非议。

总之，信息选择伦理和规范对于各类传播主体来说都是适用的，尽管人们使用新媒体发布信息时都会进行不同程度的选择，但大多数人用于选择的时间都非常短暂，有时候几乎不假思索，在这种情形下，理性的信息选择就有了意义。中国俗语“三思而后行”可能并不适合今天的媒体节奏，但是其道理却适用。选择传播内容时也需要我们多一点思考例如：“这条消息真实可信吗？”“事实被夸大了吗？”“其他媒体也有报道吗？”“主流的官方的媒体对此有什么解释吗？”“我对这件事情的反应过激了么？”等，也许就能够避免散布谣言、困扰于极端情绪等很多问题。因此，对于信息选择的伦理规范，我们可以将其认为是人们使用媒介进行传播时适用的信息筛选机制，它不同于本书第三章谈到的媒介控制，并且该机制的存在不是为了控制信息的传播和流通，而是为了帮助创建更好的、更有序的信息传播环境。

三、信息采集伦理

信息采集在当代社会是一个普遍现象，依据采集主体的不同我们将其划分成两类不同的采集活动。第一类是专指特殊机关和有关组织、机构针对采集客体进行的有组织的信息收集行为，这类行为一般有明确法律约束。如每个国家在各类法律法规中对于重要部门和领域的信息采集都有明确规定，我国在《国家安全法》第四章第二节对国家安全机关、公安机关、有关军事机关依法搜集涉及国家安全的情报信息就做出了明确规定，并要求情报信息的报送应当及时、准确、客观。从这一点来看，信息采集实际上早已被视为一类需要法制约束的规范化活动，尤其在信息化社会，当信息日益成为一种社会资源并可以带来相应的利益时，信息采集的规范就成了日益迫切的问题。例如有专家指出，依据是否涉及个人隐私为标准，可以将个人信息分为敏感信息和非敏感信息。敏感信息是指涉及隐私的那部分个人信息。各国关于敏感信息的规定存在一定差异，但涉及信息主体的种族起源、政治观点、宗教信仰、身体和精神健康状态、性生活、犯罪记录（指刑罚结束后重新走入社会的人）、财产状况等一般都会被划入敏感信息范畴。非敏感个人信息则被称作“琐细个人信息①”，是指信息公开不会导致信息主体隐私受到不法侵害的那部分个人信息。不管如何，非法盗取个人敏感信息的行为是法律明确禁止的，也是刑法惩罚的对象，所以通过非法手段获取的个人信息，其信息控制人不享有法律规定的权利，也不能用于开发利用。例如2017年初，“自然人的个人信息受法律保护，任何组织和个人应当确保依法取得的个人信息安全，不得非法收集、使用、加工、传输个人信息，不得非法买卖、提供或者公开个人信息”这一内容被提请写入我国民法总则草案，离正式实施之日亦不远。因此，无论从历史角度还是法律角度来看，信息采集的伦理与规范是一个正处建设过程中的事情，它与国家、社会与个人之间关系比我们想象的重要。

第二类信息采集活动是指包括媒体工作者在内的所有人获得信息的行

---

① 张才琴、齐爱民、李仪:《大数据时代个人信息开放利用法律制度研究》，法律出版社，2015年。

为，它既包括新闻媒体工作人员通过采访、拍摄、咨询、录音、搜索等手段对事实原场景、原话语、原描述等进行收集、录入以及整理。在今天，它也包括了其他非专业人员利用各种可录入设备如手机等将事件现场还原出来，或者将有关的文字、图片、影像等信息重新搜集出来。一般来说，这类采集行为多数受到道德规范的约束，其中也有可能涉及法律禁区。例如大家获得信息的手段以及途径不能以侵害人类、国家、民族、团体、他人的利益为代价，自然也不应侵害他人隐私。人们可以获取社会公开的、法律允许的信息，但窃取国家机密或者非正常地攫取举报人信息或者举报信息等，都有违道德和法律。对于专业媒体人来说，通过偷拍和暗访途径获得的信息在公开之前都会先考虑其公开的必要性，事关公众利益的理应公开，这使得偷拍和暗访等一系列目前没有被明确定性的信息采集方式有一定的存在合理性，但是它在媒体采访领域从未被推广，正是人们出于对这种“处于法律道德边缘”采集手段的顾虑。

对于普通人的信息采集行为，我们看到的是大部分人目前基本停留在“文图转发”“录制上传”等已经建立在公开传播基础上的简易的采集活动层面，鲜有人能够具备例如黑客或者私家侦探之类水平或者通过各种隐秘的、骇人听闻的手段进行非法采集。因此在信息采集这一环节，我们所提倡的伦理规范主要集中在对采集内容的甄别处理，其中最需要被限制的信息包括：私生活信息（婚姻、感情等）、个人信息（身份证号、照片、身高、体重、职业、学历、家庭状况等）、暴力血腥信息、黄色淫秽信息、恐怖信息、部分不正当交易信息等。以上内容大多被纳入网络后台技术监控对象范围或者由相关部门实行针对性监管，但私生活信息和个人信息的网络传播却不在此列，由于当下个人的信息保护意识不够强，部分信息管理机构的安全保障不力，以及某些媒体传播平台和媒体人的道德观念淡薄，这类信息被盗取和传播的机率相对比较大。更容易被侵犯，因此法律必须对个人信息的收集使用予以规范。就普通民众来说，他们在日常生活中也可能“无主观刻意”地获得这类信息，如果再经过随意的传播，那无疑就给类似“人肉搜索”“明星私生活曝光”等非理性行为创造了机会。例如在“人肉搜索”出现之始，点滴信息的累积效应在网络上迅速达到了类似公安机关依据嫌犯特征画出人脸的特有效果，而恰好与被搜索目标对象相关的零星特征信息很可能因为其他原因早已存放于网络，经过网络中临时的目标整合与定位，这些信息被快速地搜集并传播了出去。这可能令当初的搜索者们也无法预料，它竟有如此惊人的搜索速度，能带来一系列无法想象的后续结果。因此，不管人们是否在公开场合或者是否出于某种目的而获得了个人私生活信息或者个人信息，这类行为在信息采集的伦理规范中都需作出警戒，因为今天人们不经意地采集和暴露相关信息后，都有可能给其他人的生活带来意想不到的困扰。

另外需要补充的是，“人肉搜索”最初的情形与今天人们有意识地组织搜索活动以曝光当事人有所不同，后来的参与者们显然并不会理性地约束自己或者考虑相应后果，因此关于信息采集的伦理中还需要注意的一点是，获取信息的过程中应多考虑事情发展的可能趋向，在冷静的预判下做到中止或者停止参与信息的传播，以避免集体式推波助澜，导致发生意外。这一点，对于普通的个体来说有可能难以做到，因为人们使用媒体的动机都不一样，如果一个以看客心态或者带着发泄心理来使用媒介的人获得了相应的信息，那么他可能很难理性地主宰自己的传播行为，这可以解答我们为什么最先谈到的是传播动机的理性。在传播的动机与信息的采集这两者之间，前者正好决定了后者信息采集的取向，它们接下来决定了信息传播的一系列行为性质。

四、信息解读伦理

信息解读能力属于媒介素养的题中之义，当人们接触到媒介内容时，理解和消化内容是第一步，但是由于人们的受教育程度、理解领悟能力、社会生活阅历等诸多方面的不同，所以对同一信息的体会和感受是不同的，媒介素养内容中的分析解读能力即针对提升人们自己的信息理解水平而提出。然而，不管每个人的解读能力高低如何，首先应该做到的是遵循信息解读规范，在媒介化社会中信息解读伦理规范意味着信息传播的基本规范。它不仅是针对信息接收者，更是针对信息传播者，因为在当代社会的信息传播过程中，没有人站在信息传播链的顶端，也没有人在其末端，我们每个人既是受者也是传者，这是媒介化社会赋予人类的双重角色。理查德·约翰尼斯在《人类传播中的伦理问题》一书中曾针对受众的责任做出过论述，其认为受众在传播过程中的角色不同，他们应当承担的道义责任也不同，如果受众被看作迟钝、被动、不设防的信息接受容器，他们就几乎不承担任何责任。相反，如果传者与受者积极参与传播过程，传播则可以被视作一种互动，他们则互相担负道义责任。①进一步分析来看，受众有责任给予传者适当的反馈，在某种意义上说即互动需恰当，大多数情况下，人们的回应应该是我们真正理解、信仰、感觉或判断的诚实、准确的反映。不然，传播者就得不到他们借以做出决定所需的相关准确信息②。

以上观点虽然是针对受众提出，但是对于普通的传播者而言同样具有意义，因为他们在整个传播过程中道义责任更大。这是因为：信息的传播者应该是最先了解和掌握事实信息的源头，但如果他们对于事实原委的认识最开始便存在偏见，那么接下来所传播的内容便不可能客观和全面，虚假、失实、臆断等错误信息便会散播开来；再者，信息传播者如果想要让接收者准确地理解自己的意图，那么首先应该做到用恰到好处的表达方式和最易被理解的符号元素来表现出事实的原貌，这要求传播者自身能够先解读好他们所掌握的相关信息，因此传播者的责任是准确传达，不被误解；另外，今天的传播者所面临的信息环境与传统媒介环境不同，各种信息陷阱到处可见。例如人们现在需要注意信息碎片化特点所带来的预设话语倾向，意即我们在媒体尤其是在网络上所看到的信息大都经过了多次转述和修改，它们早已不是事实本身。在信息传播的每个中间环节中，人们都可能会根据自己的立场、判断、感觉等来对信息进行不同程度的加工，哪怕是为原始信息配一张图或者添加一条评论等，都有可能影响后来的接收者对该条信息中所包含的事实

① 彭雪松、黎滢：《试论微波传播中的受众伦理》，载于《理论导报》，2012年第1期，第49页。

② Richard L. Johannesen, *Ethics in Human Communication*. third edition, Illinois: Waveland Press, Inc,1990,p136

的评价，因此对这些信息中蕴藏的各种目的保持一定程度的清醒认识是必要的。

那么，对于信息解读，我们到底需要满足什么样的伦理规范，笔者认为这主要跟解读的意愿和态度有关。

首先，人们对信息的解读是一种自觉的、下意识的行为，但是每个人的行为方式却有所不同，有人愿意对信息进行耐心听阅，哪怕多花一点功夫去弄明白信息中的不解之处，而有些人的解读方式却显得颇不耐烦，阅读未毕便已生情绪，极可能没有心情全部仔细听完和看完。这两种解读的方式和态度存在明显区别，前者应该说是保证正确解读的一个行为规范，后者却可能导致我们对事实性质的判断过早、失准。因此，信息解读需要我们先具备认真对待信息的态度。

其次，人们能否正确解读信息，有时与人们的知识水平没有太大的关系，而与他们的解读意愿存在莫大关系。我们的生活中并不缺乏刻意扭曲作者原意以及文章寓意的例子，而且有时候也不乏有人出于其他目的利用所谓科学的、专业的理论来肢解、曲解和歪解信息。在这一点上，有学者特地指出“信息解析动机应该是善的，是符合所处社会的道德规范的。同时还应切合语境，充分考虑传播行为、传播文本和信息产生时的社会背景、传受者及其社会心理因素，充分考虑传播文本的上下文，应真实、客观，应与传者和受者自身相联系，尤其是与传播双方的社会角色关系相联系。①”

另外，解析信息还需要人们不断地去提高自己对人、对事、对社会、对国家、对世界的综合了解水平，这是暗藏在信息解读伦理当中的学习规范，人只有在不停地学习、观察、了解世界的条件下，才不至于对周围的人和事充满执拗的看法和无端的质疑。一般来说，个人的知识和经验越广博越丰富，那么其解读信息的程度就越客观越全面，个人的品德和修养越良好越出众，那么其解读信息的效果就越精辟越深刻。

本章在此指出，不论从哪一层面来分析传播主体的责任伦理，其目的都

① 陈汝东：《论传播受众伦理规范》，载于《道德与文明》，2013 年第 3 期，第 132 页。

是改善传播环境，约束传播行为，倡导理性传播。关于传播主体的责任及其伦理的叙述并不是封闭式的，它期待更多的补充，包括更有说服力的论证，只要媒介化社会中的信息传播活动在继续，那么关于责任和伦理的内容就会在不断更新之中，所以虽已接近本章文字之尾，但笔者想要在此处给它加上最后四个字：“未完待续”。

第八章

表达自由及其理性范式

2017年1月22日中国互联网络信息中心（CNNIC）发布第39次《中国互联网发展状况统计报告》，截至2016年12月，中国网民的人均周上网时长为26.4小时，网民在手机端最经常使用的APP应用是即时通信。调查显示，79.6%的网民最常使用的APP是微信；其次为QQ，占比为60%。其中，即时通信用户规模达到6.66亿，占网民总体的91.1%，其中手机即时通信用户 6.38亿，占手机网民的91.8%。

另外，截至2016年12月，中国网络视频用户规模达5.45亿，其中，手机视频用户规模接近5亿。随着 4G网络的进一步完善以及手机资费的下调，网民在微信、微博等主流APP上观看短视频的行为变得更加普遍。国内所有即时通信工具的每天使用时长在1小时以上者超过88%。具体来说，使用Microblog（微博）的每日时长超过10分钟以上的达到76.3%，而使用Wechat（微信）的每日时长超过10分钟以上的占比93.1%,其使用频次每天10次以上者达87①%。

再将眼光投放到大洋彼岸，尼尔森于2017年初发布的美国最常用APP排名中，Facebook仍居第一。去年第一季度月活跃用户数量为16.5亿，移动用户数量为15.1亿；日活跃用户数量为10.9亿，移动日活跃用户数量为9.89亿。到第四季度时其月活跃用户数便增到18.6亿人（增长12.7%）。其中移动端的登录数达到17.4 亿（增长15.2%）；日活跃人数则增至12.3 亿人（增长12.8%），有 11.5亿是通过移动设备登录（增长16.1%）。在其Instagram、WhatsApp、Facebook Messenger等下属业务中， Instagram 突破6亿用户；Facebook Messenger 的用户里每月有约4亿人会使用音频、视频通话服务；WhatsApp 的月活跃数据为12亿人，每天能产生500亿条讯息。

另据之前统计，Twitter每天发布的信息量都超过4亿条，视频网站Youtube每月大概有8亿的访客量，视频上传的频率达到了一分钟60余次，平均一秒钟

① 此处采信的是 2016 年公布的中国社交应用用户行为研究报告中的数据。

就有一段长度为一小时左右的视频被放到网上。Facebook每天更新的照片有超过3.5亿张，人们每天在上面点赞45亿次[①]，人均发表评论30余条。

以上所有数据以及情况反映出两个问题：第一是美国仍是社交媒体最为发达的国家之一。以Facebook为代表，其用户规模和信息发布数量在十余年中一直保持惊人的增长。第二是中国的网络用户增长速度惊人尤其是移动网络用户，并且中国网民越来越青睐使用微博和微信等社交应用。美中两国基本代表了当今世界发达国家与发展中国家在社交媒体上的发展情况，社交网络平台日益成为现代人除学习、工作和日常生活交流领域之外用以联络、交流的最主要场域，世界上越来越多的人习惯在网络和社交媒体上说话，甚至其与真实的交流空间无异。因此，上述内容及数据的幕后景象是人们每天、甚至每分每秒都在利用移动网络等平台进行表达。在发图、发帖、发送文字等简单的传播行为背后，人们毫无疑问有着各种动机和需要，但其中亦有大部分是来自曾被压抑和限制的自由表达欲望，因此，进入网络和社交媒体时代，当人们同时具备了技术、渠道、内容和需要等各种因素时，自然也迎来了从表达个体到表达内容的数量双高。

在这一背景下，网络空间的个人表达及其规范等诸多问题开始受到关注，从笔者看来，这依然属于理性传播的讨论范畴，只不过传播主体以个体为主，并且其关注的是更为具体的、理性的表达范式问题。实际上，表达范式如果出了问题，那么很可能就会成为大部分非理性传播问题的诱因和表征，所以，关于个人表达的研究是理性传播研究的基础，其现实意义不言而喻。

第一节　个人的表达自由及其途径

表达，是人类区别于其他生物的一个重要特征，也可以说是人类天性。人们运用各种途径来发表意见和传达感情，这是基于人们自身知识、情感等

① 依照腾讯科技 http://tech.qq.com/a/20160428/015704.htm，以及 http://www.linuxidc.com/Linux/2017-02/140155.htm 所供数据整理。

外化的需要。从表达主体的构成来看，它主要包括公民个人，另外也包括作为公民个体的组合和延伸的社会化组织。而对于那些代表国家公权机构而发表言论的人员来说，其表达行为是有专门表达逻辑和约束力的规范化职业行为，在本质上与公民和公民组织存在不同。因此，在谈及表达尤其是表达自由时，我们一般把个人的表达自由作为关注重点，其权利是公民组织表达自由的基础。

一、个人表达自由的内涵

广义的表达自由包括集会自由、游行自由、结社自由、请愿自由、投票和选举自由等，但一般情况上，我们所指的表达自由是指言论（出版）自由，它是表达自由的核心。表达自由的源头可追溯到十七世纪欧洲的自由主义理论，该理论长期以来在西方资本主义世界中占据统治地位，表现为一种充分尊重人的自然权利的思想体系和意识形态。经过古典自由主义、国家干预式自由主义以及复古自由主义等一系列发展，自由主义在今天已经广泛地影响了政治、经济、文化等各个具体的领域，而关于表达自由这一部分，则主要通过十七世纪深刻影响英法等国的报刊出版自由及其相关改革而来。

英国思想家和大作家约翰·弥尔顿是争取印刷物出版自由权利的先锋人物之一，其著作《论出版自由》至今广为流传。在接下来数百年的时间里，与出版自由、报刊自由和言论自由等有关的讨论从未停止，直到今天我们仍然能够看到各类关于自由言论的讨论，只不过与过去单纯地将公共场合谈论和报刊言论作为关注焦点相比，我们现在多了包括广播电视和网络等多种媒介形式在内的研究对象，并且网络等新媒体的表达自由在很大程度上成为当前我们热议和密切关注的领域。实际上，发生在该领域的包括表达自由等在内的各种问题都是媒介化社会过程中不可回避的问题。

《牛津法律大辞典》把表达自由作为公民享有的主要公民权利之一，认为公民在任何问题上皆享有以口头、书面、出版、广播或其他方法发表意见或看法的自由（Freedom of Speech and Expression），这是世界公认的对表达自由较为简洁和清晰的说法。亦有观点认为表达自由是“公民依法使用任何方式或媒介，在不妨碍第三方利益的前提下，将所见所闻所思公开表现出来而不受干预的自主状态。作为一项基本人权，名之为表达权，因为表达权追求的目的就是公民表达的自主状态，即表达自由。”[①]综合来看，关于表达自由的含义非常之多，但大体上我们可以看到大家的理解重点集中在三个方面：

第一方面是关于“表达”这一本体。表达在我们一般的概念中是指“说出来让其他人知道和了解”，“表达”的形式非常多，比如说在人际交往中，我们可以使用除了口头语言以外的语音、语调、表情、手势等来反映自己的所思所想；在书面文章中我们可以说明、叙述、议论、描写和抒情等方式写出来；在网络交流中，我们可以调动的符号和表现元素更多，它囊括了以上所有形式。不过以上表达行为包含了一个重要条件，就是将内容以公开的形式传播和发布，否则个人的表达就只能是内心独白、思想斗争，或者是我们写给自己日记以及写给他人信件，显然，这些与表达自由没有太大关系。另外，沉默也是一种表达行为，无声的力量在某些时候比有声更强大，只要你的沉默被人看到或者感受到。

第二方面是关于表达的渠道，或者说是公开的途径。在较长的一段时间里，公民进行表达主要通过在有其他个体共同参与的环境中发言和讨论，或者通过投票、选举议员和代表等方式集中表达自己的政治主张、态度并提供建议，或者公民个体通过社会团体、组织等表述自己的看法和意见等。当然，现代社会中，我们更加倚重的表达渠道是新闻传播媒介及其相关传播渠道。随着媒介化社会的到来，这类渠道将成为公民进行信息传播、意见反馈、观点公开的最为基础和重要的渠道，甚至在很多时候，我们把表达自由与媒介直接关联，说到表达自由时，就直接指向了通过媒体这一渠道进行表达。因此，从狭义角度来讲，表达自由在某种程度上就是指媒介表达自由。

第三方面是关于“自由”的理解，自由这一概念本来便具有丰富而复杂的具体含义，无论是从其内涵发展的历时性过程来看，还是从法律角度来

① 邓瑜：《媒介融合与表达自由》，中国传媒大学出版社，第 15 页。

看，对“自由”的界定和判断都需要针对具体情况或个体案例来进行。不过，表达自由作为“自由”含义下的子概念，其主要作用和功能与“自由权利”具有一脉相承性，我们可以认为凡是涉及公民发言、表态等方面的自由权利是建立在尊重他人和不损害他人利益的基础之上的，它从本质上符合“自由”的相对性，一般会以社会和大众的公共利益为先，以个人的利益和自由权利为后。正因为如此，所以表达自由在当下“人人都是发言人”的媒介化社会中，便拥有了更加基础性的法学和伦理学意义。

实际上，表达自由所涉及的内容非常之多，但从现实需要和集中研究的角度来说，我们将表达自由主要限定为纯粹言论的自由，它与其他表达行为存在一定差别。如美国将言论的表达分为三种：纯粹性言论、象征性言论和附加性言论。其中只有纯粹性言论是指口语、文字、图画、音像以及肢体语言等纯粹用于表达、展现思想、技艺而不与外界或他人直接发生物理学意义上的冲突的形式和手段。而且按照美国司法系统的判例解释，纯粹言论是受到最高程度的法律保护，并被写入宪法第一修正案中。至于象征性言论和附加性言论，则分别是指辅助性地，有助于表达和沟通的非语言交流行为，以及在特定时间、空间以特定方式表达出来的特殊言论行为。[①]在一般情况下，纯粹性言论是人们关注和了解的主要对象，也是表达自由中被关注的核心与焦点。

二、个人表达的内容区分

作为表达主体，每个公民都可以将自己感兴趣的、想表达的内容通过相应的渠道来公开，而被表达的内容范围极广，可以说无所不包，一般认为，凡是未被法律明文禁止或伦理道德忌讳的话题都构成了表达的内容。从内容特点这一研究角度来看，我们可以将其大致区分成三大领域，它们分别是情绪表达、意见表达和自我表达。

---

① 甄树青：《论表达自由》，社会科学文献出版社，2000年版，综合整理。

（一）情绪表达

情绪表达是我们在日常生活中最为常见的表达行为，其源自最直接的情感抒发心理需要，一般来说，人的情绪多达百种，其中有些是生来便具有的基本情绪如喜怒哀惧等，这些情绪即使襁褓中的婴儿在没有任何学习和经验的情况下亦能表现出来，所以这种情绪带有一定的普遍性。另外，还有一些是后天在基础情绪上形成的复杂情绪，比如在汉语中我们了解到的一些词语和俗语如“哭笑不得”“悲喜交加”“五味杂陈”等，这些情绪则难以形容。不管情绪属于哪一种性质如积极的、消极的、强烈的、寡淡的，它们都是人们正常的心理活动。在生理学家看来，情绪是植物性神经活动的产物，也就是说在受到外界正向或者反向刺激之后先引起了生理变化，然后才会出现心理变化并将其外化出来。在这一过程中，情绪主体的作用体现在最后，即人决定了是将其表达出来还是隐藏在心里。

从科学角度来看，所有的情绪都有释放的必要性，尤其是负面情绪和悲伤情绪，否则会对个体自身产生身心伤害，但是大部分情绪的释放都只与情绪主体自身有关，或者说需要发泄情绪的人可以找到合适的对象来倾吐自己的感受，而不需要考虑对方的感受。因此在一般情况下，人们的情绪表达属于私有领域中才可能发生的事情。当情绪的释放需要面对其他大多数人进行时，则意味着表达主体意在通过情绪去表明自己的立场或者态度，比如人们在政府面前游行示威，高举字牌，面色沉重，很可能是因为想表达自己对政府行为或者某一事件的不满和愤慨。或者他们也可以用沉默和转身来面对媒体采访，表达不感兴趣或者不开心，总之人们在表达情绪时除了说出“开心、高兴、不满、遗憾”等明确的词汇之外，一般都伴随着相应的肢体动作或者辅助表情。

（二）意见表达

意见表达是指人们对于社会中各类对象所发表的个人意见，公民是承担一定社会责任的个体，其作为社会成员之一，对于社会中出现的各种现象都会自然地予以关注，而对于他们感兴趣的事情则会密切观察，并说出自己的看法和观点。一般来说，人们所表达的意见多为主观见解，他们了解真实情况后，根据自己的经验以及自己所代表的群体利益来判断、推测、评价相关事实，而在他们所评论的对象中，上至国家大事，下至百姓琐事，无所不包。长期以来，意见表达成为所有社会成员履行公民义务的任务之一，当各种意见以其各自内容和立场的不同区分开来，最后又各自分类集中在一起时，便会形成各种舆论意见，因此，意见表达是社会舆论形成的源泉，也是人们参与社会事务的主要途径。

需要特别指出的是，意见表达中有一类内容是关于政府决策行为的评价和讨论，它往往被称之为政治表达，在过去往往通过人们集会、请愿等传统的合法方式来进行公开表达。政治表达与发表其他意见和评价不一样，其具有更为重要的意义。马克思曾指出人们如果能够认识到自由社会言论的崇高价值和内容尊严，那么自由社会言论在国家生活的其他领域，在首先感到需要这种言论的领域——政治信仰的领域，在国家生活的这一真正主要的精神领域就可以通行无阻。[①]这说明，国家及政治领域的表达自由最为要紧。对马克思恩格斯新闻传播思想有深入研究的陈力丹教授也曾指出，所谓的发表意见的自由，不是指无关紧要的聊天或者出版闲书，而是按照自己的意志，发表与政治有关的意见的自由。实际上政治表达自由即为表达自由的核心，政治意见和政治态度是所有意见中最具价值的意见，在民主和法治国家中，人们关于政治的关心和了解程度直接决定了政见的数量和质量，也是在这些国家中，政治意见是执政者最为重视的意见内容。

（三）自我表达

自我表达原来并不属于传统的表达自由范畴，因为“自我”是认识主体对自己的性格、能力、品性、行为习惯包括身体和心理等各方面的认知，从本质上来说，“自我”是私密属性的，也是潜藏在人们自己内心中不为其他人所体察和感觉的，所以在一般情况下，表达自我是一种个人行为，一般不

① 《马克思恩格斯全集》第50卷，第509页。

在公开场合进行，也不太可能为他人所知。但是随着社会环境的变化，尤其是自广播电视等媒体出现以来，我们发现在公共领域中开始出现了不同的表达内容，比如人们通过拨打媒体热线来讲述自己的情感故事，寻求心灵慰藉；又或者人们利用各种渠道分享自己的内心感受，让其他人能够了解自己的经历和故事，从而获得某种社会支持等。虽然，自我表达中包含着情绪的传递，但是表达情绪的主体却不一定是在表达自我，或者说自我的表达应该是指表达主题注重展现全面的、丰富的、连续的个人形象和特征，并不仅仅局限于情绪的抒发，它们还包括自己生活和工作等多个方面的内容。

在电子媒介出现后，自我表达因为人们的各种需要也随之出现，但是其成为一种常见现象却是在新媒体诞生之后。这一种特殊的表达在今天似乎成为人们的一种时尚，它与网络和新媒体本身的特性不无关系，我们将在下一节中具体说明。

三、个人表达自由与其他权利

表达自由作为公民的一项基本权利，与社会公众享有的其他权利存在联系和区别。

若是将表达自由权利与受众权利比较，可以发现这二者都涉及人们意见的公开和发表权利。比如以表达自由与传播权来说，前者是一个相对成熟的概念，其历时性突出，含义丰富，且大都被法律明文规定和保护，其重在讨论言论被说出来或者反映出来的可能性，后者则是随着传播媒介尤其是电子媒介等的出现而进入人们视野的概念，其重在确保人们有使用传播媒介尤其是在传统媒介环境下接触媒介的权利。从两者关系上来讲，后者属于前者内涵中的应有之义，但是其关注的内容更为具象和细致。与受众权利中的其他内容相比较，我们还可以发现表达自由是人们实现监督批评等权利的基础，如果表达不自由，那么监督无意义。

再如表达自由权与媒介自由权之间的关系也经常容易引起人们的讨论。从权利主体来说，它们二者显然不同，前者是以广大的公民作为权利行使主体，重在保护个人在社会中的各种意见表达诉求；后者则是以新闻媒介作为主体，重在保护这类机构在对社会各相关事件进行报道时的自由权利，因此也称报道自由。在很多时候，个人表达中的内容会上升为媒介报道的对象，而媒介的报道也很可能反映为个体意见的集中表达，这是两者之间最为紧密的关系。但是报道自由和表达自由也可能存在冲突。曾两次获得普利策奖，被誉为公共知识分子的美国著名记者安东尼·刘易斯曾经对新闻媒介所拥有的报道自由非常警惕，他认为新闻界不应该在美国宪法第一修正案中为自己寻找任何特权，也不应该不相信司法机构或者以保护消息来源为借口与司法诉讼对抗，更不应该借报道自由权利去损害意见相反方的利益。

总之，表达自由的内涵有其独特性，从整体上与其他概念有所区别，但又在不断与其他权利概念相互作用和融合。

第二节 表达自由的边界

一般从法律角度来说，作为自由行为主体的人必须在法律允许的框架之下活动，如果人们的行为超越了法律的底线，那么就会受到制约。从另一角度来说，法律对人的自由进行限制的同时也予以了充分的保障。在法律观念的统摄下，我们能够理解表达自由作为人的自由行为之一，其以“自由”的形式存在，也就自然存在以上所论及的相对性特质。

表达自由的限度一直存在，政府在保护每个公民表达自由的同时，也限制每个公民滥用表达权。当年第一个把‘自由’概念引入中国的严复先生在翻译密尔的《论自由》时，唯恐“中文自由中常含放诞、恣睢、无忌惮诸劣义’使中国国人误解自由为‘为放肆、为淫佚、为不法、为无礼’，特别煞费苦心地采用《群己权界论》的译名，点出自由的意义在于划出群己权利的界限。”[①]从这一点来看，表达自由意味着权利，同时也意味着表达边界。所以，真正了解表达自由的人首先需要了解言论自由的边界在哪里，尤其当表达自由在实际应用中发生诸多问题时，关于表达自由的批判便会突显出来。

① 邓瑜：《媒介融合与表达自由》，中国传媒大学出版社，2011 年版，第 204 页。

然而，我们需要注意的是，批判的最终目的不是因为要将自由锁在笼子里，而是因为对自由无比珍视并且了解自由给人们带来的福祉。正如诺贝尔经济学奖获得者阿玛蒂娅·森在《以自由看待发展》一书中所分析的：凡在具有民主制的政府和相对自由的传播媒体的任何独立国家，从来没有发生过重大饥荒。虽然饥荒曾经发生在古代王国和当代权威主义社会，发生在原始部落和现代技术官僚专制体制等，但饥荒从来没有发生在以下国家：独立，经常举行选举，有反对派提出批评，允许报刊自由报道，并可对政府政策是否明智提出疑问而不受严密审查的国家。[①]既然在阿玛蒂娅·森看来传播媒介的相对自由对国家不无裨益，那么以政府、专家和学者为代表的群体自然明白表达自由这一公民基本权利与媒介发展、社会进步之间的相互作用，在这一基础上，他们越发明白，所有尊重和了解表达自由的民主国家及其公民都应当对这种自由更为小心和谨慎，并且这一点应该作为公民共识被推广开来。

实际上，包括美、德在内的各个国家在表达自由这一议题上有过相关规定。另外在国际上，我们也能看见相应的明确内容。根据《公民权利与政治权利国际公约》第19条的规定：“（一）人人有权持有主张，不受干涉。（二）人人有自由发表意见的权利：此项权利包括寻求、接受和传递各种消息和思想的自由，而不论国界，也不论口头的、书写的、印刷的、采取艺术形式的、或通过他所选择的任何其他媒介。（三）本条第二款所规定的权利的行使带有特殊的义务和责任，因此需要受到某些限制，但这些限制只应由法律规定并为下列条件所必需：（1）尊重他人的权利或名誉；（2）保障国家安全或公共秩序，或公共卫生或道德。”[②] 因此，综合以上内容，我们可以考虑与表达自由边界相关的框架大致如下。

一、以国家安全为边界

国家安全涉及一个国家的基本利益，其概念内涵很大，从领土、主权安

① [印]阿玛蒂娅·森：《以自由看待发展》，于真 等 译，中国人民大学出版社，2002 年版。

② 摘自《国际人权法教程》第二册，中国政法大学出版社。

全到政治、军事安全，再到经济、文化安全等无一不包，同时它还包括生态和信息安全等，它几乎涵盖了从过去到现在所有的传统安全要素和非传统安全要素。其中，国民安全是作为国家安全中最基本的内容是备受人们关注的。

但从表达自由领域来看，其可能造成国家安全威胁的因素很多，如我们所了解的不能以表达自由为借口出卖和泄露国家在政治、经济和军事等方面的机密，如不能以表达自由为理由拒绝来自国家和有关部门的针对性讯问和调查等。当然，对于国家安全这一界限还需要看具体的批判对象，一般来说普通公民的日常表达内容是难以触及泄露国家安全这一高压线的，而对于国家相关公职人员和专业人员则有比较特殊和严格的规定，如情报人员、军事工作等。实际上，表达自由和国家安全之间的冲突一直存在，政府和民众往往会各自从不同的角度看待这一问题。如2008年瑞典出炉一项新法案，该法案授权瑞典国防部文职处和瑞典国防无线局搜集和分析进入瑞典境内的互联网及其他电子通信数据，包括带有敏感词的国际电话、E-mail和传真等，以维护国家安全。虽然该法案通过三年时间进行酝酿，最后以非常微弱的优势获得立法通过，但是在其颁布之后仍然遭遇到了来自瑞典国民的非议和反对，其中最大的争议便是该法案以国家安全为名目却可能带来公民个人资料的泄露和表达自由的限制，但是从最终结果来看，瑞典显然已经选择了将国家安全和国家利益放置于公民表达自由权利之上。有观点认为这是价值取向的问题，但纵观世界各国情况来看，包括美国、英国、韩国以及我国在内的大多数国家几乎都将国家安全摆在首位，其中，美国自1947年就出台《国家安全法》，2013年美国的斯诺登“棱镜门”事件中美国政府的立场也再次说明了这种价值取向是具有世界性的。特别是当互联网成为通行于全球的一种言论传播工具之时，表达自由与国家安全之间的矛盾会以更为迅速和更具冲击力的形式表现出来，这几乎给所有国家敲醒了警钟。另外，我们通过实际情况可以了解到，互联网上各种具备意识形态攻击的自由言论给一个主权国家所带来的文化冲击和信仰危机也非常之大，而文化安全正是国家安全的组成部分，也是国家用以号召和团结国民最为重要的工具。因此从这一角度来看，保护国家安全，就意味着对于存在着不同文化传统和价值观念的体系进行有选择性的接纳和吸收的问题，即存在对于所有自由言论的限制。综上我们可以明确，国家安全作为最高利益，超过了其他所有自由权利，这其中如文学创作自由、媒介采访自由、学术研究自由等，公民的表达自由权利也不可避免。

二、以法规明令为边界

众所周知，以宪法为代表的法律体系是社会最具强制力的控制手段，其他规定、条约或者公约等作为整个法律体系的有力补充，也具有一定约束效力。综合观察，世界上复杂而庞大的法律体系中，无一例外都对表达自由做出了相应的解释和限制，如我国宪法第三十一条即明确规定了公民在行使自由和权利的时候，不得散布煽动民族仇恨的言论，或者制作传播淫秽物品等。因此我们认为，凡是以法律法规等形式明确规定下来的，对行使表达自由权利有比较清晰的解释的内容，就是表达自由的“红线”和“雷区”，这些作为表达自由的边界线理应被人们广泛了解，比如上文中所提到国家安全法，国家保密法中的详细规定，另外再如刑法中规定的与侵权责任、传播相关非法言论之类的具体内容等。表达自由权利在上述所有的明文禁止规定内容前受到限制，这符合自由权利和法律法规之间的基础关系模式。即“无论从哪一方面，表达自由作为一条人类文明的原则，在超出宪法规定之外都是无所适用的，必须是把法律作为人自由表达的存在，以宪法和法律为依据。同时，表达自由不能简单地归结为实现愿望的权利，还包括尊重法律，对权利进行的自治，从而保障人类能在合法的、理性讨论问题的理念中，实践对权利的真正意义。”①

不过，关于表达自由方面具有争议的问题往往发生在明确的规定之外，也就是说，人们对于已经通过立法形式确定的、禁止发布和传播的内容基本没有异议，问题是在现实情况中存在另外两种情形，会让表达自由的边界模

---

① 王怡红：《国家安全与表达自由的冲突处理》，载于《中国地质大学学报》（社会科学版），2009 年 11 月，第 57 页。

糊或者说难以确定。第一种情形是虽然我们能够确定哪方面的内容禁止表达和公开，如美国在其司法体系中规定淫秽、诽谤、挑战性言论，煽动即刻的、具体的武力暴动言论等都属于禁止公开范畴，但问题是我们如何来确定已经公开或者将要公开的言论确实存在具体的违禁和非法属性，这无疑需要花费很长的时间和较多人力物力。这种情形使得表达自由产生了一种先发优势，在确定其表达内容的性质之后再来考察原来的表达边界，就会发现这条边界其实已经变得模糊，因此所谓的“明令禁止”内容中亦存在较大争议空间，如果说其规定本身就是不精确的，那便可以推断这种边界亦不是绝对边界；第二种情形，无论是在欧美国家还是我国，为保障表达自由权利几乎都默认了“无法律规定无罪，无法律规定不罚”这一原则，这种原则我们可以理解为“最小限制原则”，它是对政府公权力限制公民表达自由的限制，也是从最大程度保护公民的基本权利。有学者认为表达自由是一项基本人权，所以法律在限制该权利时，应当体现保障为主、限制为辅的精神。因此要求在限制表达自由时，尽量降低限制程度。既然我们的最终目的是防止国家权力对表达自由的过度束缚，自然就要求其限制必须是合理的、必要的、最小限度上的。相应地，对表达自由的限制不得侵害表达自由的本质，在确实需要限制表达自由的情况下应遵循最小限制原则：限制应在最小范围内进行；存在多种限制手段时，应尽可能采取对自由损害较小的形式；限制表达自由的程度与表达自由可能造成的损害应当有所权衡比较等。①

三、以公众利益为边界

从表达自由的具体实践来看，除了国家安全和法律缘由之外，能够对表达自由权利产生影响和制约作用的还包括公众利益这一因素，它从某种程度上能够弥补法律法规内容不够完善或者滞后等一系列缺陷，“因为法律首先存在因跟不上不断变化的形势而僵化的问题。其次，具体的国内法律还存在如何与国际人权条约确定的人权标准协调的问题。适用法律的时间、地点、

① 蒋永福：《信息自由及其限度研究》，社会科学文献出版社，2007年版，第209页至210页。

方式和对象的不同，也会对法律本身提出挑战性的要求”[①]。而公众利益作为表达自由权利中的另一边界，其是以当前社会中绝大多数人的共同的、现实的利益作为参考标准，对于可能危害公众合法利益的表达内容和行为进行约束和监督。“在法治国家，公益成为设定表达自由法律界限的重要参照，一切立法行为都必须基于公益而非私益，是罗马时代以来的法律常识，所以举凡法律的正当性以及法律的权威性，都是建立在追求公益的前提下。”[②]

具体来说，人们在公共领域进行表达时，应基于公众利益设置相应的表达禁区如不可公开传播未经核实的小道消息，编造社会流言，夸大其词危言耸听等，如果因为这些原因造成社会舆论震荡，或者致使人心惶惶，又或造成一定程度的社会危害，那么相关人士应当承担起相应的社会责任，尤其是当人们因为社会上散布的某些消息或者言论而产生了公共安全方面的突发事故、公共卫生领域的盲目行为或者公共道德层面的滑坡等结果时，我们便清楚知道对于至关重要的公众利益和人民福祉来说，不负责任的内容和无中生有的猜测很可能会带来意想不到的问题。例如，由于我国相关法律条文的缺失，现有法律并没有对“违法、犯罪言论”给出较为客观、易操作的标准。这导致类似事件争议不断，因此出现问题时一般需要综合考虑以下因素：一是言论者随后的行为是否为进一步制造恐慌创造了条件；二是社会公众是否相信了此言论,进而产生了恐慌；三是公安机关和言论指向者是否因此言论采取了针对性的防范措施。如果具备上述因素之一，那么我们可能会认为这种内容表达需谨慎。

但亦有学者就中国社会当前的情况提出一个观点：“在当代中国，媒介信息技术的进步使谣言产生、传播和影响的速度、广度和深度都远远超过传统谣言时代；而转型期日益加剧的社会矛盾使谣言更能契合普罗大众的诉求，从而拥有星火燎原的能量。我们不得不接受一个事实——谣言不再是‘畸形变态’的社会舆论，而是一种‘常态’的民意表达”[③]。如果谣言传

① 王四新：《表达自由——原理及应用》，中国传媒大学出版社，2008 年版，第 219 页。

② 王峰：《表达自由及其界限》，社会科学文献出版社，2006 年版，第 146 页。

③ 周裕琼：《群体性事件中的网络谣言》，载于《媒介化社会与当代中国》2010 年，第 128 页。

播特别是网络和新兴媒体上谣言普遍存在的事实被视作人们的表达自由权利中的默许内容和常规状态，那么可以推断公众利益这一边界也并非一成不变。因为媒体环境的变化，人们对各种反常规内容愈发见怪不怪，在这一过程中，人们对诸多新奇、异常、真假难辨的消息和内容的适应性也在相应增强，同时增强的可能还包括内容分辨能力以及判断力。由此我们得到的结果是公众利益的边界线在公民权利日益受到重视和保护的信息透明社会中，逐渐被日臻完善的民主和法治制度擦除，表达自由的可用范围明显扩大，而边界可制约的范围则相对缩小。这种情况很有可能在将来发生，站在将来看现在，就如同我们在当下回望过去一样，我们会发现公民的表达自由限制在很大程度上被放宽。

四、以互不侵犯为边界

"互不侵犯"多见于国际关系中，也多诉诸于武力侵犯，它是指各个国家不得以任何借口进行侵略，不能以违反国际法的任何其他方法使用武力或以武力威胁侵犯另一国的主权、独立或领土完整，不能以战争作为解决国际争端的手段。同时，互不侵犯还可以指代人际关系中的一种相处方式，例如每个人都努力做好自己的事情，从而不去影响和打扰别人，从这个词语的本义上来说，它重在构建让双方都觉得合理的相处关系，并在这种关系模式上保持联系和交往的动态平衡。

但是在表达自由边界中，其意义有更加具体的指向，它主要体现为提倡一种不干涉的、可包容的态度，或者说是保持中立的原则。有学者认为，"中立原则要求：政府不能因为担心民众会对某个观点、信息、意见产生不良反应就对其进行限制，政府也不能因为某种观点或理论特别适合自己的政策就利用自己所掌握的各种资源，包括从立法上对其进行资助。中立原则还要求，当政府不得不对表达进行限制时，应当尽量从时间、地点和方式等方面对表达进行限制，而不应当对表达的内容进行直接干预。政府应当对观念市场上的各种观点、想法、意见保持中立。政府在制定与言论有关的法律时，应当尽量避开对言论自由内容的限制。如果政府的法律或行政措施涉及言论的内容，就应当接受更为严格的司法审查。”[①]那我们可以这样理解，就政府与人民之间的互不侵犯关系而言，应该是在人们需要进行请愿或者示威游行时，政府要做的不是阻止或者镇压游行的发生和进行，而是确定游行的地点、规模、性质，并对其进行合法保护；而对于人与人之间的相处关系来说，只要在彼此评价和交流的过程中不存在人身攻击和恶意诽谤，那么任何观点都可以接受，不论赞美或者表扬；对于国家与国家之间来说，在表达自由领域中的互不侵犯则包含在对国家主权、领土、独立等问题的公开表态和声明中保证不挑衅、不干预、不妨碍各国内部事务等。从以上分析中，我们可以得知互不侵犯的一个基础条件：无论国家还是个人，做到互不侵犯的先决条件是约束自身的表达行为，然后才是包容对方的行为，并且当我们首先以可接受任何批评的态度来对待一切具有善意的批判主体时，所谓的“干涉”也就不存在了。但是互不干涉绝不意味着任凭宰割，其前提条件非常清晰，它以国家利益、公众利益、民众感情、个人名誉为基准，如果言论的核心内容对这些造成了伤害，那么“互不干涉”的边界就被打破，此时表达自由的问题可能会演变成国际关系和法律侵权等严肃和具体的事件，这样一来，问题的性质发生变化，也就超出了单一的表达自由研究领域。总的来看，互不侵犯是通过将关联双方的相互容忍限度调到最高级别而形成的一种边界概念，它也是当今我们在处理各项复杂事务和人际关系的最佳方式，在表达自由领域，它不失为一种灵活程度最高但却能达到有效控制的约束机制。

表达自由对于媒介化社会来说，既是制度基石也是发展结果，更是与每一个个体紧密相关的一项基本权利。它对于我们的意义就像一般意义上的自由理念对于现实发展的意义。“自由作为一种崇高价值不在于它是与现实生活相互隔离的，也不在于仅仅能够对现实生活中的苦难叹息给予精神的慰藉，其根本则在于它是对现实生活世界不断加以改进的唯一真正之可能途

① 王四新：《表达自由——原理及应用》，中国传媒大学出版社，2008年版，第222页。

径，因此，自由在人类现实生活世界中具有基础性的地位。”①

第三节 新媒体时代个人表达的优势

今天，我们习惯性地将表达自由与传播媒介这一表达渠道统一，因此表达在实际情况下成为传播的一种固定方式，只不过在两者不同的字面意义上来看，表达以表达主体的主观意愿为主，侧重于发出声音。传播则以传播主体的客观责任为主，侧重于交流沟通，在这两者之中，后者更注重效果和反馈。实际上，不管差异如何，依据今天的现实情况来看，大家都几乎将个人表达与传播媒介这一渠道捆绑在了一起，而诸多研究也选择以个人表达与媒介、大众之间的关系入手，这也是可以理解的。

新媒体和传统媒体之间的多维度差异，无论从技术角度、人媒关系变迁角度、传播者角度或者接收者角度等，都存在无数不同，这正是我们为什么对新媒体如此好奇和惊讶的原因，因为它带来的变化涉及方方面面，数不胜数，一言难尽。这些变化也无一例外地反映到了我们的个人表达领域，并且人们可以真切地感受到在新媒体中进行表达时所拥有的各种便捷和惊喜。比如，从来没有哪一种媒体能像社交媒体等新媒体一样如此具有个性化特征，这是我们看待新旧媒体不同的另一个新角度，更是我们理解媒介表达自由的基础。但是新媒体的个性化特征仁者见仁、智者见智，它从个人与媒介的具体交互出发，涉及媒介内容、传播风格、交流方式、共享渠道等诸多方面，更主要的是媒体的个性化离不开与技术条件和媒介环境的支持，换句话说，网络平台、Webx.0技术、社会的自由开放背景等是媒体实现个性化的先决条件，新媒体正是这些条件综合后的集成受益者。新媒体的个性化特征从本质上而言建立在其“低技术门槛”，“低成本消费”及“高效率管理”等基础特征之上，经剖析后我们可以将其具体表现归纳为以下几个方面。

---

① 黎玉琴：《理性范式的转换与自由的可能性问题》，载于《福建论坛·人文社会科学版》2002年第4期，第39页。

一、新媒体平台可以个人搭建且过程简单

众所周知，无论是过去还是现在，创办类似报刊、广播电视台等传统媒体都需要投入大量的资金和具备非常专业的技术条件，即便规模再小或者发行范围再有限，开办这类媒体的一切软硬件条件也都必须齐备，包括经营申请、实体选址、设备采购、人员招聘等一个环节也不能少，这是传统媒体创办的程序，并且在部分国家和地区，媒体的创办甚至比上述过程还要复杂，必须经由专门管理机构或者政府、军队等特别授权。

这种情况在新媒体时代则发生了重大改变。首先，互联网是一个无门槛的、畅通的、面向所有人开放的自由平台，在这里每个人都可以根据自己的需要来开拓自己的“个性化疆域”，即便你想要创立一个正式的、大型的专业网站或者综合网站，需要涉及注册或者购买域名、申请服务器空间以及软件技术服务等环节，那也要比传统媒体的申办过程相对简单许多。如果你只是想在网上建立个人主页，或者开设论坛，那又简单了一些，按照相关的网络专业服务商提供的步骤进行便可在短短几分钟内迅速完成。今天，博客、微博、微信等之所以日益成为人们青睐的新媒体代表存在很多原因，其中原因之一正是因为人们只需要通过注册这样一个步骤便可以轻松拥有属于自己个人的网络空间，并且不需为此付出额外成本，所以这类新媒体在人群中容易推广，且发展速度非常之快。这一优势的存在意味着所有人都可能拥有一个属于自己的平台来充分表达个人意见。

二、新媒体内容完全个性化且相对自由化

从媒体内容的组织和表现形式来看，不管是新媒体还是传统媒体所用元素并无特殊不同，都是包括了文字、图片、声音、图像等基础元素，但是新媒体尤其是微信能够在此基础上使用类似动图、表情包等这样生动幽默具有鲜明风格的独特表现元素，无论是在互动聊天中还是长文发布中，这些元素都能够较好地吸引人眼球。在某些软件技术的支持下，新媒体的使用者可以将专属于自己的素材、设计、灵感整合起来变成新的内容推送出去。

除表现的形式极具个性以外，新媒体平台的内容也非常具有特点。每个使用者完全拥有对自己所要上传的内容的决定权，实现中心话题自我控制。在新媒体这个平台上，“人人都是传播者”成为现实，所以人人都可以既看到来自其他人或者专门机构发布的各类信息，还可以无障碍地发布自己认为值得分享的事情，它们包括一般的新闻链接和资讯信息，也包括与个人经历、情感、认识等密切相关的文字、图片和影像等内容，这些内容与传统意义上的媒体内容相比显然更具个人特征，并且往往表现为发布者的亲身感受和经验，从某种角度来说，它比传统媒体的报道更具贴近性和可感性，类似于实现了人对人的直面交流和传播。而这种点对点的自由交流效果是传统大众媒介望尘莫及的，因为点与点之间信息传送的私密性和相对受限的传播范围等特点，所以人们可以更放心、更不受约束地袒露自己的情绪、想法和观点等。正因为如此，所以在新媒体上我们可以完全依照自己兴趣和表达能力来表现自我，也正因为新媒体提供了如此之多的表现手段和便利条件，人们也愈发热衷于表达自我，体现个性。

三、新媒体传播活动可灵活组织不受限制

传统媒体有一个重要特征，就是其传播活动需要相应的组织部署和职业化的人员现场参与，同时也只有专业化的媒体才能承担的重大传播活动，这种传播组织方式与新媒体相比显然要复杂烦琐很多，当然必须说明的是，规模相对宏大的、有较高制作要求的活动仍然必须由专业的传统媒体来承担。但同时我们也能看到，今天我们使用微博、微信以及现在备受关注的网络直播平台时，一般的文字、图片和视频信息传播活动已经成为新媒体的日常活动内容，一台电脑或者智能手机接入互联网后，便可完成大部分传统媒体的基础工作。并且某些媒体应用还可突破传统媒体的限制，如“充当最新的个人出版形式，使得个人的文章、言论能够以个人主页、个人博客、网络论坛、评论反馈等方式自由地发布，通过连接和搜索传播到更大的范围。”①

① 陈少华:《新媒体的个人化趋势与媒介管理和控制》，载于《南京邮电大学学报》(社会科学版)，2007年3月第9卷第1期，第5页。

另外，新媒体的内容传播并不需要严格依照传统媒体工作常态化、周期化的要求，我们可以在家中作业，也可以在公司或组织机构进行。并且在以个人使用为主的新媒体平台上，我们可以根据自己的时间和需要不定期地来更新自己的网络和社交空间，也可以根据不同的目的去选择转发，如“博客基本上由个人拥有，发布权都归个人自己。这种个人化的网志，通过RSS技术应用，能够被聚合成一个个松散耦合的虚拟社群，社群成员完全平等，而信息则分布寄存在各自的网志内，保持个人信息的独立性和完整性。”[①]总之，个性化和非组织性的特点让大家既享受到了使用媒体传播的乐趣，又不受具体约束。这种可以自由选择和机动的组织传播方式让人们看到了利用新媒体进行表达的好处，而又不必以牺牲时间自由、空间自由和兴趣自由为代价。

四、新媒体的个人内容可积累和创新使用

新媒体有“混血媒体”的特质。言下之意，它们既有面对所有人传播的一对多的特点，也有沟通两点之间的功能，所以即使是个性化内容也完全具备人人皆知的可能和效果，这正是新媒体传播结构的最特殊之处，因为它打通了个人信息作用于公众空间的桥梁。新媒体是个人网上展示和与他人沟通交流相结合的空间，体现了个人性与公共性的结合。[②]由于个人在新媒体上可以存放自己的各类信息、资料和素材，且又能非常方便地来管理这些内容，所以随着使用媒体的时间的增加，这些内容可以不断地积累，最终成为每个人的信息和知识库，同时由于这些知识库是面对大众开放的，所以它们也成了所有人的知识搜索来源和智力支持。“个人化媒体（如博客）比较容易实现个人信息资源的积累，而专业的个人媒体更是具有很好的社会资源价值，易实现出版物的积累效应。由于新媒体传播过程的参与者赋予个人的主动性、积极性方式又是交流共享式的，因此个人化媒体在传播效果上更有利

① 陈少华:《新媒体的个人化趋势与媒介管理和控制》，载于《南京邮电大学学报》(社会科学版)，2007年3月第9卷第1期，第5页。

② 庞大力：《传播学角度的博客研究》，载于《当代传播》，2006年第2期，第38页。

于创新，这正是传媒所要追求的效果。”[①]此中所谓的创新实际上是一种“共享”创新和智力激发，我们在新媒体中可以发现很多来自于个人空间的知识和信息，虽然它们不能与系统的、严谨的教科书相比，但是对于每个信息搜索者而言，它们有着非常及时的参考价值。从媒体的基本功能来看，新媒体无疑是将媒体的教育和咨询功能进行了继承、创新和提升，这对于表达主体来说也同样具备资源调用的可能性，有利于保存和吸收媒体上各类意见和知识，为自己发表意见或者集成自己的看法提供便利。

在当今的新媒体环境中，我们似乎可以看到个人表达的无限可能，与传统媒体时代相比，它提供了近乎无限大的表达空间、近乎无限制的表达内容以及代价近乎为零的表达成本等，也就相当于刺激了几乎人人都有的表达欲望，所以对于本章开头的那一段数据介绍，我们找出了更合理的解释。网络和社交媒体对于个人表达活动的促进绝不是其他媒体能望其项背的，我们也由此相信，人们只要有一个可以表达平台，便可以改变很多事情。

第四节　个人表达的理性范式

美国人亨利·马丁·罗伯特的《议事规则袖珍手册》（Pocket Manual of Rules of Order）于1876年出版，几经修改后于2011年推出了第十一版。这本长达千页的英文手册极尽详细地记录和分析了在美国的国会、法院和大大小小的会议上必须遵守的会议规范，人们必须了解相关制约，不允许不受限制的争执。比如若有一个人对某动议有不同意见，他首先必须想到的是，按照规则是不是还有他的发言时间以及是什么时候。其次，当他表达自己的不同意见时，要向会议主持者说话，而不能向意见不同的对手说话。在不同意见的对手之间你来我往的对话，是规则所禁止的。总之，罗伯特议事规则的内容非常详细，包罗万象，有专门讲主持会议的主席的规则，有针对会议秘书的规则，当然大多还是有关普通与会者的规则，有针对不同意见的提出和表

① 陈少华:《新媒体的个人化趋势与媒介管理和控制》，载于《南京邮电大学学报》(社会科学版)，2007 年 3 月第 9 卷第 1 期，第 5 页。

达的规则，有关辩论的规则，还有非常重要的、不同情况下的表决规则①。正因为议事规则在美国被广泛运用，所以我们看到那些形形色色的自发社团，几乎没人领导、指导、教导、督导，议事和决策却能做得有板有眼；那些公司、企业等机构组织的正式会议，其秩序井然程度则更甚。各种类型的会议不论大小，尽管有简有繁，但议事程序却是高度一致的，所以即便是在复杂和棘手的情况下，会议也能够得以顺畅地进行。今天来看，这本诞生于100多年前，其初衷是为了美国人在开各种会议时方便使用的手册，俨然成为当今美国的一笔精神财富，甚至世界上其他国家已经开始借鉴和参考《议事规则》当中的部分内容，中国也是其中之一。2011年12月1日，我国相关学术调查机构的中国推动者计划发布了《2011中国城市人群罗伯特议事规则意识调查报告》，调查显示国内了解该规则的人为数不多，但是却有超过80%的受访者表示对该项规则感兴趣，并且认为其在中国的普及前景十分乐观。

无疑，《议事规则》背后的逻辑和道理对我们研究公共领域的个人表达有重要的借鉴意义，当在网络和新媒体上进行议论、发表意见日益成为生活常态时，建立能够让大家普遍接受和认可的表达方式、规范和规则等已变成迫切需要思考的问题。而《议事规则》的出现和发展至少在三个方面给我们提供了参考维度：其一是个人表达规范化的可能性。在类似会议这样的公开表达场合，人们进行符合共同议事规范的讨论、辩论、表达等行为是可能的，也是必要的。由此，作为其延伸领域的网络、新媒体等其他公共领域也需要规范化，个人作为理性传播的主体必然承担着对社会其他成员的相应责任，这是个人理性使然，也是网络和新媒体环境所需；其二是个人表达理性规则的实用性。《议事规则》中所涉及的内容规范非常具体，操作性强，正如网络评价所说“议事规则是在洞彻人性的基础上 ，经过精心琢磨而设计的。正是这种对细节把握得精致完美的规则，才最大化地实现了公平与效率②。”这预示着如果要对个人的传播行为制定行之有效的规则，就必须通过足够细致和深入的梳理，包括对各种情形的预测、判断、分析和建议等，其

① ② http://baike.so.com/doc/5417732-5655880.html

必定比《议事规则》所涉细节更为具体和复杂，但唯有通过这种方式，才可能使表达规范具有操作性和实用性；其三是个人表达规范的相对性。《议事规则》到今天为止历经多次修改，出版十余次，这充分说明规则并不是死板的，规范亦需要适应时代变化及时更改。因此，我们对个人表达的规则进行讨论时，应该以发展的眼光去看待各类问题，同时还需充分考虑规则的调整余地和空间。

总言之，对于媒介个人表达规则的讨论存在着清晰的出发点和归宿点，它从共同创造网络和新媒体良好环境这一客观需要出发，最终保护的是每个公民的传播权利和表达自由权利，因此其意义非同一般。但是迫于本书篇幅的有限，加之对于该理性范式的讨论除了法律法规、公众利益和道德等内容之外，其涉及范围极广，细节极多，过程也极为复杂，所以除去之前提及的表达自由边界内容之外，我们只能通过对个人表达所需满足的应用性规范即具体的范式要求进行讨论和说明。

一、以文明表达为主的符号范式

哈贝马斯认为理性论证是公共领域的通用话语，当然理性是个人在公开表达时所需要的，本书在理性传播论证过程中曾指出“人的理性”具有理想主义色彩，因为它不是公共话语体系的唯一特征，更多的时候，人们在网络和新媒体上的表达伴随着强烈的情绪。这一现实提醒我们再也不能将理性和情绪放在互斥角度去看待，而是应该将二者的关系重新梳理，即个人表达如何能够做到既理智又有激情。“好的公共话语应该是理性与情绪兼备，富于交互性，对困难话题也从不畏缩，即使那样做会显得无礼。同时，它也需要同情心。古希腊思想告诉我们，人类生活在根本上是脆弱的。古希腊人充分懂得，不管出于多好的动机，生命常以悲剧告终，原因可能不是别的，就是运气不佳而已。鉴于此，富于同情心是一种理性行为。与他人建立纽带不会消灭个人的脆弱性，但它能够使个人在事情出岔的时候与他人分摊风险，寻求相互帮助。[①]”从这个意义上来说，同情、怜悯、哀伤等情绪比嘲讽、冷漠、愤怒等更适合公共领域的个人表达。

掌握理性和情绪的交相作用是文明表达的基础。另外表达的细节上更需要遵守相应的规则，其中关键便是我们使用什么样的语言。语言作为表达沟通的一种符号，自身有非常复杂和强大的表意功能，同时它承载了不同语言使用者们自身的文化、传统、信仰和世界观等。而根据传播主体的不同，我们可以看到媒体上所使用的语言有的具有明晰的规范化特征，如专业新闻媒体机构及其从业者，“大众传播是一个过程，在这个过程中，职业传播者利用机械媒介广泛、迅速、连续不断地发出讯息，目的是使人数众多、成分复杂的受众分享传播者要表达的含义，并试图以各种方式影响他们。”[②]为此，他们遵守新闻传播中语言符号使用的基本要求，如“简洁”“准确”“真实”“客观”等；而对于普通的个人来说，其所使用的语言则没有类似的要求，他们有截然不同的语言使用习惯，不受约束地进行自由表达，这造就了网络和新媒体中言论和意见在语言表达形式上的丰富多样性。虽然我们都知道使用礼貌文明的方式来表述观点是公认的表达规则，但这并不是强制要求。

弗洛伊德认为，人类精神生活的大部分以无意识的形态存在，有意识的表达相当于浮在海面上的冰山，而无意识则深在水下。人普遍有一种把内心积蓄的力量外发的倾向，这种愿望得到适当满足便会有一种快感，否则便会感到压抑。[③]因此，人们现在推崇释放和自我，并默认如果要从海量的信息中脱颖而出，那么“出语惊人”是最简单有效的办法，因为一般的表达确实很难吸引眼球，而夸张的、出格的、反传统的或者超级搞怪的用语和内容才能引起注意。所以今天我们看到新媒体上的各种用词让人感觉惊悚和不可思议，原本在私聊或者玩笑时用到的表达方式开始大面积入侵网络，如各种怵

① 胡泳：《众声喧哗——网络时代的个人表达和公共讨论》，广西师范大学出版社，2013年版，第282页。

② 邵培仁：《传播学》，高等教育出版社，1998年版，第29页。

③ 陈力丹：《舆论——感觉周围的精神世界》，上海交通大学出版社，2003年。

目惊心的内容标题《一变态男狂砍路人8刀致火车站陷入混乱》《高丽战车碾过巴林》，或容易激起集体反感的标题如：《中国从15日其全面中断赴韩团体游……“萨德报复”的直接炸弹》（2017年3月16日《韩民族日报》）、《记者们在病房外焦急地等待着她的死亡》等；另还有一些污言秽语或吊人胃口的用词，如某些社区、论坛、贴吧等故意用一些敏感词汇来吸引人们的注意力，如“老牛吃嫩草”“被强奸、被指小三，而今成为人生赢家”等。“这种表达变形是基于新新媒介的高度去中心化的，个体的破碎并没有简单地还来主体的自由，而是使自我的认知与表达成为脱缰的野马，变得放荡不羁。人性中一切肮脏的东西开始滋生，自我实现变成了自我麻醉，自我解放变成了自我放纵，自我思考变成了自我娱乐。[①]”因此，我们说公共领域理性失范的一个重要表现就是，其与私人领域的语言符号界限不分，对于在公共领域来进行表达的个体来说，正确理解其他人的意见以及发表意见的背景和环境，并使用恰当的词汇、句子表达意见，保证意思表达的完整、不令人产生歧义等是非常重要的。例如勒庞认为“词语只有变动不定的暂时含义，它随着时代和民族的不同而不同，因此我们若想以它们为手段去影响群体，我们就必须搞清楚某个时候群体赋予它们的含义，而不是它们过去具有的含义，或精神状态有所不同的个人给予它们的含义。”[②]由此，他特地指明政治家最基本的任务之一就是对流行用语，或至少对没有人感兴趣的、民众已经不能容忍其旧名称的事物保持警觉。因为名称的威力很强大，如果选择得当，它足以使最可恶的事情改头换面。那么以这一道理来推断媒介上的个人用语，我们是不是也可以得出同样的结论：无论传播主体是机构还是个人，最重要的任务之一就是对人们关注和喜欢的新名词和新事物保持高度敏感，并且根据绝大多数人的喜好去谨慎选择自己用来表达立场、观点、情感和意见的各类词语。

笔者认为在文明表达的用语实践层面，应提倡下列方式来规范语言符号

① 陈安妮：《新新媒介中大学生的表达变形与主体重构》，载于《东南传播》，2013年第8期，第115页。

② ［法］古斯塔夫·勒庞：《乌合之众》，冯克利 译，中央编译出版社，2014年第二卷，第80页。

的运用。

（1）使用相对词。人们在批判时如无必要则不应当直接点名道姓，也勿要“一竿子打翻一船人”，事实证明喜欢用否定一切、批判一切等绝对性用词的人本身就是不理性的或者是情绪化的，因此多尝试使用能够引起人反思而不是激化矛盾的词语，多使用留有余地的而不是咄咄逼人的词语。

（2）使用假设词。如果多使用条件假设或者进行事实举证，则可能会规避掉大部分意见冲突，如“不妨这样想”“假设你处在这种场合”等，因为人们在意见表达中往往将自己置身事外，站在道德审判至高点指手画脚，而忽略了身在其中的评论对象自身的处境。所以“在高度多元化的、非绝对的和复杂的语境中，对一个命题的价值、假设与条件的经常性反思是十分必要的，这不仅是因为真理被相对化了，也是因为情况变化过快，导致价值和假设无法长期站住脚。这种反思性不仅必须在个人层面上展开，也必须在系统层面上展开。”①

（3）使用中性词。在个人要释放情绪时，无论是褒扬还是斥责都希望能淋漓尽致，这是正常的。但是我们也可能无法做到一以贯之地用强烈情绪来表达意见，因为这是一种消耗性行为，对表达主体来说是这样，对接受者来说更是这样，动辄发怒或者习惯性赞美都会使表达自身贬值。所以长久来看，还是中性的、理智的、不偏不倚的表达更好。

（4）先予以认同。我们提倡对个人意见的合理部分先予以认可，再对错误和不当进行批评，如“有一点确实没错”“听上去很合理”等，这样既能够照顾到反对意见的情绪和立场、缓和矛盾，也能更好地表达自己的观点，体现公正客观。这道理简单得就如老师教育学生，劈头盖脸先一顿大骂只会让学生惊愕不知所措或者对

---

① 胡泳：《众声喧哗——网络时代的个人表达和公共讨论》，广西师范大学出版社，2013年版，第283页。

立叛逆情绪更浓，因此先软化再讲理是最好的方式。

此外，个人的文明表达意识需要被刻入媒介化社会的文化核心价值体系，因为只有进入到文化深层的东西才是最终影响人们一般行为的根本要素，人类学家霍尔指出“文化是人类生活的环境。人类生活的各个方面无不受到文化的影响，并随着文化的变化而变化，或者说，文化决定人的存在，包括自我表达的方式即感情流露的方式、思维方式、行为方式、解决问题的方式等。正是这些在一般情况下十分明显，习以为常，然而很少加以研究的文化细节，正以最深刻和最微妙的方式影响着人们的行为。”[①]这就如我们熟悉的各种传统礼节和习惯，长时间来就如同我们品德行为的培养器皿，影响人们言行及观念至深。

二、以利益兼顾为主的制衡范式

意见表达的背后，往往是表达主体所代表的各自利益起着关键作用，所以对于网络上各种争吵不休的观点，我们应该采取尽量满足各方面利益的原则来协调，这是一种类似“釜底抽薪”的制衡机制。当然，从本质上来讲这并不可能从根本上彻底解决不同利益的保护等问题，但是至少它是保证个人言论发表的一种合理要求。要做到利益兼顾，笔者认为应首先考虑以下几个方面：

（一）回应的规则

在以论坛和社交媒体如微博等为代表的网络环境中，各种信息庞杂、各种观点交错，有些内容或链接在短时间内能够聚集数量庞大意见，人们不断跟帖，讨论就不断升温，在对问题的看法出现较多争议时，意见场内剑拔弩张，有时甚至吵个面红耳赤不可开交。这类情况的出现以“提出问题”或者“曝出矛盾”为前提，且依靠人们迅速和热情的回应为基本条件得以进行。

① E.T.Hall, *The silent Language*,Greenwish,preface,Conn,1959

但是我们也可以看到另一种情况，即无人回应。在网络中无人回贴，或者说在意见的争锋中部分人的观点和立场被忽略，这都是客观存在的现象，因为媒介上的交流不是直面交流，论坛的参与者也并不觉得自己有义务来回答所有问题或者必须有问有答，所以说话者不需要遵守社交谈话的往来礼节。而且，即使有些人虽然予以回帖，但也可以不用理会其他发言者在说什么，亦可不用考虑自己的回帖内容与讨论核心之间有无关系，来一段内心独白或自说自话后便消失，这种只有倾诉却没有倾听的非正常交流行为，也常常导致网络上意见的混乱无章。因此“回应”作为一种个人表达需要予以重视，“回应”在这里应该包括三层含义，第一层含义是指回答提问，表明听到了问题；第二层含义是我们的回应需要围绕核心议题来完成，而不是离题千里，转移焦点；第三层含义是保持回应的节奏，不要突然沉默不言。除非是故意选择沉默，实际上沉默也是一种回应和一种态度。詹姆斯・S. 费什金认为，如果某些参与者的论辩被他人忽略，如果有助于更好理解某种主张的信息被其他杂音淹没，又如果某些人不愿意或者不能够分辨争论中的其他观点时，那么谨慎和理智的议论过程就不可能实现①。因此，在回应规则这一项里，突出的是对利益主体的关注和保护，而不至于被其他人拿来调侃或者沦为谈资。因为回应是正式的，而不是轻描淡写的，是理性的，而不是冷嘲热讽的。

（二）对等的规则

在《罗伯特议事原则》极简版第3条中有一条“机会均等原则”：任何人发言前须示意主持人，得到其允许后方可发言。先举手者优先，但尚未对当前动议发过言者，优先于已发过言者。同时，主持人应尽量让意见相反的双方轮流得到发言机会，以保持平衡。这种议事原则对于我们今天的网络个人表达极具借鉴作用，由此我们可以将个人表达中的均等原则理解为如下：首先，让每一个个体平等地、不分先后地、充分地发表意见，这在新媒体环境

① Fishkin，James S.,*The Voice of the People,* New Haven:Yale University Press,1995(41)

中已经基本实现；其次，在媒体的意见发布区域将对立的意见以明确的、平等的方式呈现出来，我们可以学习《纽约时报》的评论版中将对立意见同时刊发在一个版面形成强烈对比这样一种形式，它可以避免后来的参与者因为偶然性原因只能看到完全一边倒的意见，也有助于人们看到对立意见争议的焦点所在，同时，不同的利益主体从中可以知道各自的问题所在，也会由此从对方角度和立场去做一些思考；再次，保证所有人尤其是那些当事人有足够的机会和平静的环境向媒体公开发表自己的意见或者声明，不考虑他是否存在犯罪嫌疑或者道德错误，给他们应有的个人意见表达机会是对所有利益主体的权益的尊重。总之，个人表达的意见在最后都会逐渐归拢，要么归为赞成派，要么归为反对方，要么保持中立，至于更为具体的意见和分析，则需要用更规范和更有说服力的表达形式被反映出来，成为人们了解整个事情结果的最后定稿版本。这与我们之前说到的意见动态的平衡是一个道理，但重点是在通往平衡点的过程中，我们要确保意见表达的公开性、平等性和充分性。

（三）匿名的原则

匿名，是一种极其有用的手段，很多人都认为能够自由发表言论和意见是使用网络等新兴媒体最大的优势，而使得这种“绝对自由”得以实现的关键因素便是网络用户从不以真实身份示人，这相当于给人们发表内心最真实的意见提供了保护伞。所以，在一般的情况下，我们对于匿名这一基本原则应予坚持。但是匿名原则并非绝对，在特殊的问题或者敏感的领域应该提供匿名和实名两种选择，或者在重要话题的讨论中根据需要来确定匿名或者实名的相关政策。例如“应允许匿名在某些场合和地方使用，但应有清晰的界定。尽管匿名会产生一定的害处，然而经由匿名产生的价值还是高于人们不得不付出的代价。……社区则最好根据自身的特点决定有关匿名的政策。与此同时，网民必须牢记，在网上，不存在完全匿名的保证。网络一度似乎为人们提供了隐姓埋名的机会，但现在人们在网上的行动很容易被追踪，网络也因此成为反对匿名的强大工具。最终大家会认识到，每个人都有权在网上保持匿名，而匿名却并不一定是网络交流的最好办法。”①

三、以自动监管为主的技术范式

在以网络技术为基础的各类新媒体中，维持自身媒体环境的活跃度和有序性是各网络运营者一直都在思考的问题。实际上，对于脱胎于互联网技术的新兴媒介，最有效的管理和运营方法仍然是依靠技术，这技术论者的观点，也是当前我们可以依靠的另辟蹊径的手段。技术的管理应该主要体现在两个方面，第一是直接利用全新的技术或者算法，彻底颠覆原来的监管和控制途径；第二是通过提供后台技术保证，并发动网络参与者来共同监督和管理。网络提供了信息等内容的同时，也提供了人们发挥智慧的空间。由此，有观点认为网络等新兴媒介使用户深度卷入，其拥有的低定义度意味着一种没有清晰交代具体内容和信息的架构，它是一个待激活的空间，这些节点上的信息需要由用户去补充，是用户主动去填充联结点之间的信息，调整信息之间的关系与距离。②换句话说，用户可以根据网络所提供的技术框架做一切可能的事情，其中就包括由用户亲身参与和营造的意见管理机制，当然技术框架的设置是由研发者的目的来决定的，比如，Slashdot的内容过滤系统就是一个典型的例子。

总部设在密歇根州的Slashdot是一个完全以网络用户免费提供各种内容，并汇集了各种意见评论的资讯类网站。其创始人鲍勃・马尔达（Bob Malda）为保证网站质量，避免网站被垃圾言论和邮件占用过多资源，特地开创了一种可以自动运行、精准过滤的评分系统。在这个系统中，计算机每过半小时就会检查所有的帖子，并给在线用户打分。由此每时每刻系统都会生成大约300~500名用户名单，这些用户积攒足够的分数后，其中的一部分被随机筛选成为主持人。主持人成为最受信任的用户后本身可以被分配一定的分数，从而获得对刊发内容进行评估的权力，三天内他们拥有该权限并需要用完所有

① 胡泳：《众声喧哗——网络时代的个人表达和公共讨论》，广西师范大学出版社，2013年版，第278页。

② 余志为：《论新媒介时代的媒介控制》，载于《传媒》，2015年9月，第54页。

分数，否则过期作废，其具体的打分原则如下。

（1）人工过滤：所有留言采用人工打分的方法进行过滤。5分为最佳留言，-1分为垃圾留言。

（2）匿名用户留言默认分为0分，注册用户为1分。

（3）评分员（Moderator）有权为每条留言打分。打分的方法采用分配形容词，所有可用的形容词分别为一般发言（Normal）、与主题无关（Offtopic）、挑拨（Flamebait）、没有价值（Troll）、废话（Redundant）、启发性（Insightful）、有趣（Interesting）、提供有用信息（Informative）、搞笑（Funny）、评价过高（Overrated）和评价过低（Underrated）。所有正面的形容词为+1分，所有负面的形容词为-1分。

（4）评分员由系统从活跃的注册用户中随机抽取。每一次，系统会分配给抽中的评分员5分，每评一次就减少1分，换句话说，评分员最多只能给5条留言打分。打分的有效期为3天，过期未使用的分数自动作废。

（5）经常被打高分的留言用户，道德值（Karma）会提高；经常得到低分的留言用户，道德值会下降。道德值高的用户，留言时会自动+1分；道德值低的用户，留言时默认为-1分，系统将自动将其发言过滤。

（6）系统还会随机抽取注册用户，请其对评分员的评分进行二次评估，判断评分是否公正。经常被认为不公正的评分员，其道德值会下降。

（7）系统默认全文显示3分及3分以上的留言，2分的留言只显示标题。但是，用户可以自己设置显示的“门槛”（Threshold）。

（8）所有在显示门槛之上的留言，按照得分高低降序排列。得分高的留言就是最有价值的留言，会出现在最前列。①

① http://baike.so.com/doc/889887-940662.html

经过以上评分规则过滤后的留言无论是从表达的语言水平，立场的鲜明程度等来看质量比较高，技术控制效果非常明显。同时，在数量庞大的用户基础上运行的过滤系统无疑比网站管理人员的筛选结果更具科学性、民主性和客观性，它应该属于目前较为强大的意见内容检测技术，并且对于所有的用户来说其操作过程几乎毫无痕迹。除Slashdot之外，中国、韩国以及中国台湾地区等国家和地区的网络媒体其实都存在类似的自动管理模式。

实际上，世界互联网技术公司以及政府主导的网络信息管理机构，对技术控制管理这一环节投入不菲，所以在不久的将来，网络上的个人表达秩序所依赖的可能不是略带理想色彩的理性口号，也不需我们在道德范围内进行苦口婆心地规劝，而是被直接纳入技术管理范畴。

例如，作为软件工程师在谷歌和微软供职11年的大卫（David Auerbach）在今年发文时指出。提供在线服务的公司处在被人们指控漠视骚扰性言论和压制言论自由中间。但是现在谷歌公司可以使用人工智能来减少这种数字化评论带来的悲剧。该公司的技术孵化器Jigsaw（其前身为谷歌智库Google Ideas）可以通过一款自动化程序Conversation AI来识别并删除数字骚扰信息。正如Jigsaw负责人杰瑞德（Jared Cohen）所说，“我想利用我们拥有的最好的技术去处理那些引战帖和非正当战术（这些非正当手段使得那些敌对声音占据了不相称的比例），并且尽我们所能来提供一个公平的环境。”目前，Conversation AI主要用于简化社区审查过程（这一过程目前主要由人类完成），因此即使无法根除那些糟糕的网络行为，它也可以为一些网站积累更多更好的言论。现在，Conversation AI可以为《纽约时报》阅读其中的1800万条评论，并从中学习如何检测被拒绝的评论，包括没有实质性内容的评论、偏离主题的评论、垃圾内容、具有煽动性、攻击性的评论、包含淫秽信息的评论等。《纽约时报》社区编辑Bassey Etim估计，最终大约50%～80%的评论可以实现自动审查，从而使得人工版主能够将更多的精力用于其他部分。①

① http://tech.163.com/16/1222/08/C8SHOF2B00097U80.html

四、以成员规则为主的社区范式

社区在当今世界被赋予了越来越多的功能，比如居住、养老、医疗、保健、教育和其他服务等，社区必然存在所有成员需要共同遵守的管理规定，其目的是为了社区的良好发展和人们之间的和平共处。如果说，社区模式被采用到网络等新兴媒体之中，其实也可能极具现实推广价值。事实上，整个网络世界就是一个最大范围的社区，在这个社区之下，我们以国家、地区、语言、兴趣等无数种显著标签作为划分依据而结成无数个中、小型，甚至微型社区。而个人在网络上的活动正是以加入到某一论坛、成为某一虚拟社区成员等形式进行的，例如游戏社区、讨论社区、办公群、学习群等某些兴趣、生活和工作圈，由于这些成员之间形成了一种社群约束关系，所以人们在这些标志性的社区、圈子或者群组里说话、聊天、讨论时，一般都会下意识地会提醒自己注意说话方式以及审视对话内容，有人因此认为虚拟朋友圈其实就是一个小型的社会，凡是现实社会中有的道德公约和限制在朋友圈里也同样会起到作用。胡泳在《众声喧哗》一书中对营造网络社区化氛围做出过相关论述，他提出埋想的公共领域应该给予参与者一种社区归属感，就像现实社区一样，良好的网上社区需要精心照顾和培育，成员希望有人出来解决分歧、确定基调、寻找赞助者，还需要有人维护数据库或是令对话正常进行，并制定社区的规划，在社区利益发生变化的时候对这些规划加以修改。因此好的社区一般都奉行一些基本规则：

每位参与者都清楚他应该付出什么，又希望得到什么，总体说来，虽然每个人的愿望都会有所不同，但是这些愿望应该互相吻合。

人们在社区内必须能够自由表达，参与的目的是为了得到他人的承认。

应该有某种办法区别谁是社区成员，谁处在社区之外。否则的话，社区就失去了意义。

社区成员应该有这样的感觉——因为他们在社区中投入很多，所以离开社区是一件困难的事情。在一个紧密团结的社区内，最严厉的惩罚是禁止、开除、剥夺、放逐……所有这些词都显示了如果被一个社区拒之门外会有多么可怕。

社区的规则必须十分清晰，违者必须追究责任。规则的目的是形成更好的社区交流，最大限度地减少不负责任的行为[①]。

这些规则对于网络上存在的大小规模不等的社区来说，具有一定的参考意义，但毕竟这种规范和约束是以社区成员的自觉性作为基础，如果成员自身对社区要求熟视无睹，那么社区规则也无法起到真正的作用。与真实的社区管理相比，网络社区的特点就是成员因为匿名保护，所以身份难以辨认，无法将成员义务和规则落实到具体个体之上。诺贝尔文学奖得主莫言曾经说，人一上网，马上变得厚颜无耻，马上变得胆大包天。正因为参与讨论过程中的人们身披多个马甲（注册多个虚拟身份），所以他们并不在乎出言不逊会给自己的真实生活带来什么影响。无论是在各个论坛还是在博客、微信等媒体上发表的评论内容中，都充斥着人们漫无目的、口不择言的例子，很多人来了又去，去了又来，没有组织的束缚，也就没了责任的担当，因此在广泛的网络讨论中，我们很难看到个体的责任感，至于社区成员身份形成的约束则更无从谈起。除非他们的真实身份被知晓，出于维护身份、名誉、地位等，也出于不招致仇恨被报复等担忧，人们才会注意自己的言行。不过我们也看到，当下的网络社区中已逐步开始建立相对较为严格的成员行为守则，而新开发的媒体应用中，社区成员的言论和行为如果存在重大问题，比如使用禁用或敏感词汇，以及社区成立时严令禁止的内容，那么网络基层管理者便可能提出警告，言行太过极端或者引起大家共同不满者则可能被社区踢出开除。

总的来说，个人表达的范式和要求不管是从语言符号、技术工具角度，还是从利益平衡和群体规约角度等来看，都会面对比我们现在想象的还要更多的困难，并且这种理性范式本身足以支撑起一个内容和意义极端丰富的标准体系。尽管目前我们还在探讨和建立该体系的初期阶段，规则极不完善，但无论如何，我们已经成功确立了这样一个观念——网络上的个人表达规则

① 胡泳：《众声喧哗——网络时代的个人表达和公共讨论》，广西师范大学出版社，2013年版，第275页至276页。

是非常重要的，它胜过自由、任意和无规则。虽然，我们依然不能确定什么样的规则是最好的或者说是绝对正确的，因为社会和环境在不断发生改变，规则的变化也包含在其中。不过这没关系，因为只要我们一直在追求理性规则或者或恰当规则的过程之中，我们就会因此而受益。自始至终，对媒体发展和社会进步规律有所了解的人们几乎都明白这样一个道理，我们和我们所处的环境从来不会以静态的、终结的形式去固定彼此之间的联系。在媒介化社会中，适用于网络和新媒体的表达规则一旦被建立，也就意味着它随时会被新的问题打破，那么新的规则也会随即再次建立，在这种不间断的循环向上的过程中，规则当中的经过长时间的验证并确定为有效的内容，则会构成我们媒介化社会中的文明规约被固定下来，就犹如罗伯特的《议事规则》，经过百余年的补充、更新和发展，它已经变成了一本内容丰富、无所不包的实用指南。那么个人表达的理性规范和原则可否也能成为我们默认的媒介文明呢，不妨拭目以待。

后 记

终于到了这一部分，撰写后记。

在这部书稿未完成之前，我就已经想过后记应该写些什么，但是真的来到这一部分时，却发现很多想法并不能在这里完整地表达了，因为它们有些已经发生了变化，有些已经记不清晰，还有些现在正从心里汩汩地涌将出来。

还有先从书名开始说起吧。

《荀子·修身》中有云：君子役物，小人役于物。

北宋司马光在《训俭示康》中有云：君子寡欲则不役于物，可以直道而行。

其实，本书书名最开始的灵感源泉便来自于此，因为，我觉得这是一种科学使用和对待传播媒介的理性，也是面对所有技术带来的欲壑时所应持有的态度。

几年前在《天津社会科学》期刊上曾看到一篇文章，文章作者的一句话让我打了好一个激灵，“在今天，不能设想在大众传播媒介缺席的情况下，人们怎么来组织生活，夸张一点说，大众传播媒介的缺席会导致社会生活的瘫痪。”所以，我开始想两个问题：第一是如果真的让传播媒介完全淡出人们的生活会怎样？第二个是如果我们的社会真的被传播媒介填塞得密不透风又会怎样？在这两个问题中，我给出的都是极端假设，但并非没有意义，若不将情况推演至绝对情境之下，我们可能很难找到确定的答案。反过来，不管答案是什么，其实我们所关注的依然是我们人类自身的状况。在本书中，我的关注焦点在于人作为媒介化社会中的个体存在时可能遭遇到什么，媒介化社会绝不是一个假想名词，它到来的速度之快和带来的影响之大应该不亚于第一次工业革命，它追上了以知识和信息作为关键变量因素的后工业时代，并且以与现实社会平行发展的方式重构了两个世界。那么还是原来的问题，人们在这种社会巨变中碰见了什么，又被改变了什么，人文社会科学中所有的问题几乎都是围绕这一核心来进行。媒介化社会以互联网的出现为开端，批判学者们也从那时便开始思考网络对人们可能产生的影响。当人们在网络上肆无忌惮的行为愈演愈烈时，便有人惊呼网络是混乱和危险的。

数年前，各种网络社交平台和应用出现，国内外知名的社会化媒体成为所有传播媒介中增长速度最快者，也日益超越传统媒体真正达到了一秒间可以影响全世界的效果，人们亲眼目睹这种效应，便不由自主地开始了对新媒体的疯狂崇拜，人们欢悦，人们兴奋，人们愤怒，人们沉沦等都是因为它，媒介化的社会中，媒介主宰了人们的喜怒哀乐。这种情况其实让包括我在内的很多人感觉复杂，一方面我们享受着传播媒介进步所带来的各种福利，一方面我们也发现自己处在这种环境中不知所措，网络欺凌、骚扰性评论、社会羞辱和令人反感的言论像瘟疫一样在各处蔓延，尤其是当你碰巧引起了错误的关注的时候更是如此，我们被那些恶意的辱骂、不辨是非的言论攻讦，被不明就里的围观者肆意批评和误解。而我们以为只要自己保持理性，懂得包容，知道如何表达才不会致人伤心难过就可以了，但是现实却告诉你不行，有的时候你也被激怒，甚至也很想抛出语言的利刃，狠狠地扎在满口胡言之人的胸口，这个时候你才会震惊，怎么连自己被媒介驱使奴役，还掉入了极端不理智的陷阱。所以个人的理性是基础，众人的理性是追求，独晓其理是自己对自己负责，它只能形成独善其身的小格局，而探知属于大众的伦理规范则是网络和新媒体环境中所需要的大格局，也是媒介化社会亟需。西塞罗是古罗马最具才华的政治家之一，《论责任》是他以书信体的方式写的一部伦理学著作。他指出，生活中一切有德之事均出于履行道德责任，而有德之事源自于下面四个方面：一是充分地发现并明智地发展真理；二是保持一个有组织的社会，使每个人都负有其应尽的责任，忠实地履行其所承担的义务；三是具有一种伟大的、坚强的、高尚的和不可战胜的精神；四是一切言行都稳重而有条理，克己而有节制。因此任何一种生活，无论是公共的还是私人的，事业的还是家庭的，所作所为不管是关系到个人的还是牵涉他人的，都不可能没有道德责任，而如果大家都将理性的传播和表达作为自己的责任，事情就会变得极为简单。因此，理智的传播者应该是这样，他在网络的汪洋中可以游弋自如，沉而不溺，善用媒介，同时也知道在专注和思考的时候需启动'独处模式'，及时摆脱杂音的干扰。在怒火被那些抨击激起时可以回击，但不会人身攻击，当各种流言四起时会自己分析和判断，而不会轻信。总之，自己掌握自己的情绪，而不是反过来被媒介掌握和控制。

最后，用英国小说家、诗人拉迪亚德·吉卜林（Rudyard Kipling）的这首诗来结尾，期共勉。

如果

如果所有人都失去理智，咒骂你，
你仍能保持头脑清醒；
如果所有人都怀疑你，
你仍能坚信自己，让所有的怀疑动摇；
如果你要等待，不要因此厌烦，
为人所骗，不要因此骗人，
为人所恨，不要因此抱恨，
不要太乐观，不要自以为是；

如果你是个追梦人——不要被梦主宰；
如果你是个爱思考的人——不要以思想者自居；
如果你遇到骄傲和挫折
把两者当骗子看待；
如果你能忍受，你曾讲过的事实
被恶棍扭曲，用于蒙骗傻子；

或者，看着你用毕生去看护的东西被破坏，
俯下身去，用破旧的工具把它修补；

如果在你赢得无数桂冠之后，
然后孤注一掷再搏一次，
失败过后，东山再起，
不要抱怨你的失败；
如果你能迫使自己，
在别人走后，长久坚守阵地，
在你心中已空荡荡无一物，
只有意志告诉你“坚持！”；

如果你与人交谈，能保持风度，
伴王同行，能保持距离；
如果仇敌和好友都不害你；
如果所有人都指望你，却无人全心全意；
如果你花六十秒进行短程跑，
填满那不可饶恕的一分钟——
你就可以拥有一个世界，
这个世界的一切都是你的，
更重要的是，孩子，你是个顶天立地的人。

参考文献

中文文献：

1. 尼尔·波茨曼：《娱乐至死》，章艳译，广西师范大学出版社，2004年。

2. 古斯塔夫·勒庞：《乌合之众》，冯克利译，中央编译出版社，2014年。

3. 阿玛蒂亚·森：《以自由看待发展》，任赜、于真译，刘民权、刘柳校，中国人民大学出版社，2002年。

4. 马歇尔·麦克卢汉：《理解媒介：论人的延伸》，何道宽译，商务印书馆，2000年。

5. 于尔根·哈贝马斯：《公共领域的结构转型》，曹卫东等译，学林出版社，1999年。

6. 保罗·莱文森：《数字麦克卢汉——信息化新纪元指南》，何道宽译，中国人民大学出版社，2001年。

7. 米克尔·约翰：《表达自由的法律限度》，侯健译，贵州人民出版社，2003年。

8. 尼古拉·尼葛洛庞帝：《数字化生存》，胡泳 、范海燕译，海南出版社，1997年。

9. 西奥多·罗斯扎克：《信息崇拜》，苗华健、陈体仁译，中国对外翻译出版公司，1994年。

10. 戴维·巴特勒：《媒介社会学》，赵伯英、孟春1986版译著，社会科学文献出版社，1989年。

11. 曼纽尔·卡斯特：《网络社会的崛起》，夏铸九等译，社会科学文献出版社，2003年。

12. 维克托·迈尔·舍恩伯格：《大数据时代》，周涛译，浙江人民出版社，2012年。

13. 史蒂文·卢克斯：《个人主义》，阎克文译，江苏人民出版社，2001年。

14. 道瑞斯·A.戈瑞伯尔：《大众传媒与美国政治》（第七版），张萍译，南京大学出版社，2011年。

15. 希伦·A.洛厄里，梅尔文·L·德弗勒：《大众传播效果研究的里程碑》（第三版），刘海龙 等 译，中国人民大学出版社，2004年。

16. 尼克·库尔德利：《媒介、社会与世界：社会理论与数字媒介实践》，何道宽译，复旦大学出版社，2014年。

17. 魏然 周树华 罗文辉：《媒介效果与社会变迁》，中国人民大学出版社，2016年。

18. 郑金雄：《媒介化法律》，法律出版社，2015年。

19. 李沁：《沉浸传播》，清华大学出版社，2013年。

20. 杨艳琪：《新媒体与新闻传播》，社会科学文献出版社，2015年。

21. 童兵 等著：《媒介化社会与当代中国》，复旦大学出版社，2011年。

22. 程予诚：《新媒介科技论》，苏州大学出版社，2005年。

23. 吴飞：《平衡与妥协——西方传媒法研究》，中国传媒大学出版社，2006年。

24. 夏德元：《电子媒介人的崛起》，复旦大学出版社，2011年。

25. 燕道成：《媒介化风险与传媒责任伦理》，岳麓书社，2011年。

26. 燕道成 黄果：《否定与重构——媒介暴力的伦理批判》，知识产权出版社，2013年。

27. 邓瑜：《媒介融合与表达自由》，中国传媒大学出版社，2011年。

28. 曲直：《知情权：阳光下的觉醒》，中华工商联合出版社，2004年。

29. 郭庆光：《传播学》，中国人民出版社，1999年。

30. 李良荣：《新闻学概论》，高等教育出版社，2001年。

31. 晏辉 等著：《公共生活与公民伦理》，北京师范大学出版社，2007年。

32. 胡泳、范海燕：《网络为王》，海南出版社，1997年。

33. 胡泳：《众声喧哗——网络时代个人表达与公共讨论》，广西师范大学出版社，2008年。

34. 孙旭培主编：《中国传媒的活动空间》，人民出版社，2004年。

35. 蒋永福：《信息自由及其限度研究》，社会科学文献出版社，2007年。

36. 谢岳：《大众传媒与民主政治》，上海交通大学出版社，2005年。

37. 王晓升：《哈贝马斯的现代性社会理论》，社会科学文献出版社，2006年。

38. 彭兰：《网络传播概论》，中国人民大学出版社，2012年。

39. 谢耘耕：《新媒体与社会》（第一辑），上海交通大学出版社，2011年。

40. 张昆：《大众传媒的政治社会化功能》，武汉大学出版社，2003年。

41. 王玲宁：《社会学视野下的媒介暴力效果研究》，学林出版社，2009年。

42. 王君超：《媒介批评——起源·标准·方法》，北京广播学院出版社，2001年。

43. 李希光 刘康等：《妖魔化与媒体轰炸》，江苏人民出版社，1999年。

44. 龙耘：《电视与暴力——中国媒介涵化效果的实证研究》，中国广播电视出版社，2005年。

英文文献：

1.Arendt, H., *Crisis in the Public,* New York: Meridian, 1961

2.Benedikt, Michael, ed.,*Cyberspace: First Steps*, Cambridge, MA: MIT Press,1991.

3.Davis, Richard, *Politics Online: Blog, Chatrooms and Discussion Groups in American Democracy*, New York: ROutledge, 2005.

4.Garfinkel. Simson, New Technology: ‘What They Do Know Can Hurt You’, *The Nation*,Vol.270, Feb.28,2000.

5.Gillmor, Don, *We the Media: Grassroots Journalism by the People, for the People*, Sebastopol, CA: O’Reilly Media, 2004.

6.Gitelman, Lisa, *Always Already New: Media, History, and the Data of Culture*, Cambridge, MA: MIT Press, 2006.

7.Godwin, Michael, *Cyber Rights*, New York: Random House, 1998.

8.Hewitt, Hugh, Blog: *Understanding the Information That’s Changing Your World*, Nashville, TE: Nelson Books, 2005.

9.James Aucoin, ‘Implications of Audience Ethics for the Mass Communicator’, *Journal of Mass Media Ethics*, Provo: 1996.

10.Kellner，*D Media Spectacle. London*：Routledge.（2003:12）.

11.Knut lundby：*Mediatization*，New York：Peter Lang（2009）.

12.Livingstone, S. ‘New Media, New Audience’, *New Media Society* 1(1).

13.Livingstone, S. *Young People and New Media*. London: Sage. 2002.

14.McKenna, K.Y.A., A.S.Green and M.J..Gleason., ‘Relationship Formation on the Internet: What’s the Big Attraction?’ *Journal of Social Issues*,58(2002)

15.McQuire, S. *The Media City.* London: Sage. 2008.

16..Richard L. Johannesen, *Ethics in Human Communication*. Third edition, Illinois: Waveland Press, Inc.,1990.

17.Robbles, A.C., ‘The Internet and Democracy’, *Panorama*,3(2001).

18.Snow, R., *Creating Media Culture.* Beverly Hills: Sage.1983.

19..Spinello,Richard A., *Cyber Ethics: Morality and Law in Cyber*, Sudbury, MA: Jones and Barlett Publishers, 2006.

20.Wenger, E. *Communities of Practice.* Cambridge: Cambridge University Press.1999.

21.Wrong, D. *The Problem of Order*. New York: Free Press.1994.

22.Turner, G. *Ordinary People and the Media.* London: Sage.2010.

23.Zelizer, B. ‘Journalism in the Service of Communication’, *Journal of Communication 61*(1).2011.